Kriminologie
Jugendstrafrecht & Strafvollzug

Hemmer/Wüst/Grützediek

Februar 1998

Informieren Sie sich über unsere Kurse:

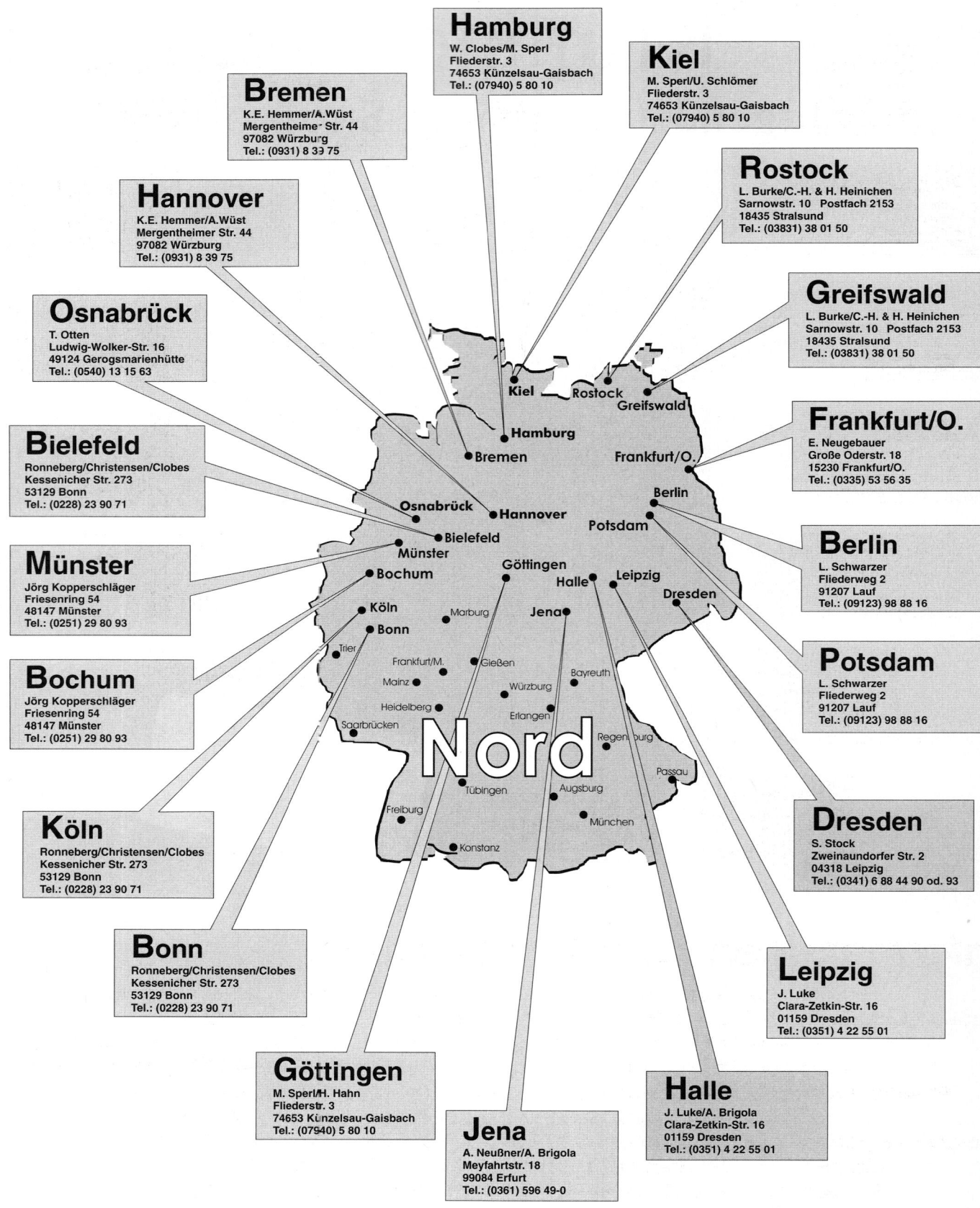

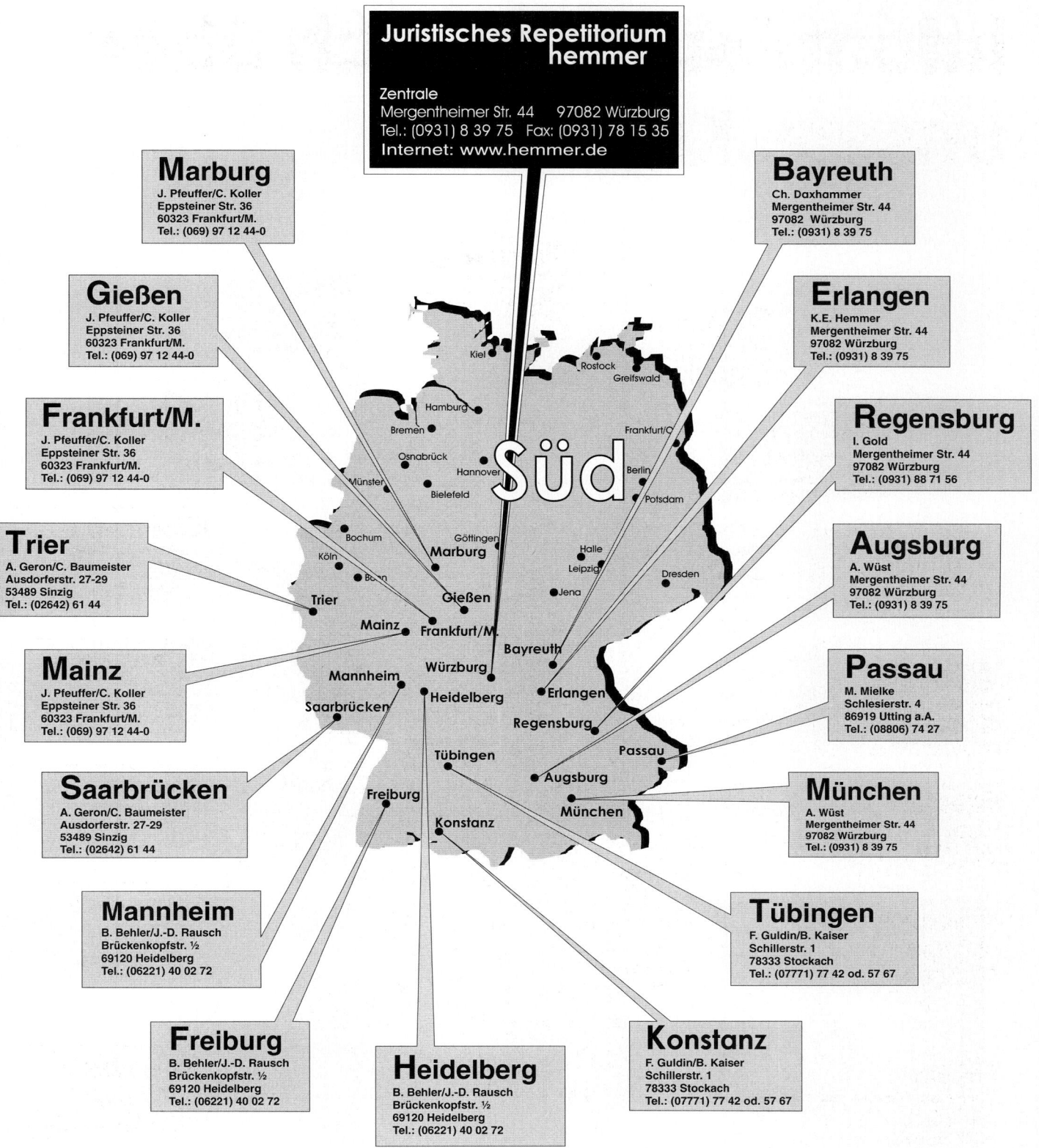

Informationen über Assessorkurse:

Bayern: RA I. Gold, Mergentheimer Str. 44, 97082 Würzburg; **Tel.: (0931) 88 71 56**
Baden-Württemberg: RA F. Guldin, Schillerstr. 1, 78333 Stockach; **Tel.: (07771) 77 42**
RA'e Behler/Rausch, Brückenkopfstr. ½, 69120 Heidelberg; **Tel.: (06221) 40 02 72**
Hessen: RA J. Pfeuffer, Eppsteiner Str. 36, 60323 Frankfurt; **Tel.: (069) 97 12 44-0**
Rheinland-Pfalz: RA J. Pfeuffer, Eppsteiner Str. 36, 60323 Frankfurt; **Tel.: (069) 97 12 44-0**
RA. A. Geron, Ausdorferstr. 27-29, 63489 Sinzig; **Tel.: (02642) 6144**
Nordrhein-Westfalen: A. Ronneberg, Kessenicher Str. 273, 53129 Bonn; **Tel.: (0228) 23 90 71**
Thüringen: RA A. Neußner, Meyfartstr. 18, 99084 Erfurt; **Tel.: (0361) 596 49-0**
Sachsen: RA J. Luke, Clara-Zetkin-Str. 16, 01159 Dresden; **Tel.: (0351) 4 22 55 01**
Mecklenburg-Vorp.: RA M. Henjes, Sarnowstr. 10, 18435 Stralsund; **Tel.: (03831) 378 40**
Hamburg: U. Koblenz, Fliederstr. 3, 74653 Künzelsau-Geisbach; **Tel.: (07940) 5 80 10**

hemmer-Skripten

Plz	Ort	Name	Straße
16278	**Angermünde**	Schmook Buchhandlung, Ehm. Welk	Rosenstr. 3
86150	**Augsburg**	Buchhandlung Pustet	Karolinenstr. 12
86150	**Augsburg**	Kittel+Krüger Taschenbuchhandlung	Im Färbergässchen 1
86150	**Augsburg**	Schlossersche Buchhandlung	Annastr. 20
33014	**Bad Driburg**	Buchhandlung Bettine Saabel	Lange Str. 86
96047	**Bamberg**	Görresbücher Universitätsbuchhandlung	Lange Str. 24
96047	**Bamberg**	Wissenschaftliche Buchhandlung Willi Schmidt	Schützenstr. 1
95444	**Bayreuth**	Buchhandlung Gondrom	Maxstr. 18
95444	**Bayreuth**	Markgrafen-Buchhdlung Inh. R.-J. Geilenkirchen	Maximilianstr. 32
95445	**Bayreuth**	Charivari, Inh. M. Ebersberger	Hussengutstr. 47
95447	**Bayreuth**	Uni-Buchladen Peter Kohler	Emil-Warburg-Weg 28
51465	**Bergisch-Gladbach**	Buchhandlung Potthoff	Am Alten Pastorat 5
10117	**Berlin**	Akademische Buchhandlung Am Gendarmenmarkt	Markgrafenstr. 39
10117	**Berlin**	Schweitzer Sortiment Mitte	Französische Str. 13
10178	**Berlin**	Berliner Universitätsbuchhandlung am Alex GmbH	Spandauer Str. 2
10623	**Berlin**	Buchhandlung Kiepert KG	Hardenbergstr. 4-5
10719	**Berlin**	Schweitzer Sortiment Berlin	Meinekestr. 24
10785	**Berlin**	Fachbuchhandlung Struppe & Winckler	Potsdamer Str. 103
12277	**Berlin**	Hugendubel	Buckower Chaussee 116
13187	**Berlin**	Buchhandlungen im Kietz GmbH	Breite Str. 29
14193	**Berlin**	Georg Westermann Buchhandlung	Flinsberger Platz 3
14195	**Berlin-Dahlem**	Fachbuchhandlung Struppe & Winckler	U-Bahnhof Thielplatz
14195	**Berlin-Dahlem**	Kiepert a.d. Freien Universität	Garystr. 46
13505	**Berlin-Konradshöhe**	Bücherstube Jutta Winckelmann	Falkenplatz 9a
10117	**Berlin-Mitte**	Kiepert an der Humboldt-Universität	Georgenstr. 2
33602	**Bielefeld**	Fachbuchhandlung Struppe & Winckler	Friedrich-Verleger-Str. 7
33615	**Bielefeld**	Buchhandlung Luce Benedikt Luce	Universitätsstr. 25
44801	**Bochum**	Universitätsbuchhandlungen Schaten GmbH	Querenburger Höhe 221/222
53111	**Bonn**	Book Company	Nordstr. 104
53113	**Bonn**	Behrendt Buchhandlung	Am Hof 5a
53113	**Bonn**	Bouvier Fachbuchhandlung	Am Hof 32
53113	**Bonn**	Bouvier Juridicum	Nassestr. 1
38100	**Braunschweig**	Johannes Neumeyer, Inh. M. Zieger	Bohlweg 26a
38114	**Braunschweig**	Bernhard Thalacker GmbH & Co KG	Hamburger Str. 277
28195	**Bremen**	Buchhandlung Kamloth: Recht * Wirtschaft * Steuern	Ostertorstr. 25-29
28359	**Bremen**	Universitätsbuchhandlung Bremen	Bibliothekstr. 3
96450	**Coburg**	Buchhandlung Gondrom	Spitalgasse 21
96450	**Coburg**	Buchhandlung Riemann	Am Markt 9
08451	**Crimmitschau**	Behles Buchhandlung	Markt 8
64283	**Darmstadt**	Fachbuch Gebicke	Mathildenplatz 11
94469	**Deggendorf**	Buchhandlung A. Högn, Inh. Hermann Högn	Pfleggasse 1
06847	**Dessau**	Fachbuchhandlung Hein & Sohn	Elisabethstr. 16b
44145	**Dortmund**	Litfass - Der Buchladen	Münsterstr. 107
44137	**Dortmund**	Buchhandlung C.L. Krüger	Westenhellweg 9
01069	**Dresden**	Buchhandlung Technische Universität	Rugestr. 6-10
01187	**Dresden**	Goethe Buchhandlung Teubing GmbH	Westendstr. 3
40001	**Düsseldorf**	Buchhandlung Antiquariat Stern-Verlag Janssen & Co	Friedrichstr. 24-26
40211	**Düsseldorf**	Buchhandlung Sack	Klosterstr. 22
40549	**Düsseldorf**	Goethe Buchhandlung Teubig GmbH	Willstätterstr. 15
99801	**Eisenach**	Karlsbuchhandlung & Verlagsgesellschaft mbH	Karlsstr. 22
38875	**Elbingerode**	Bücher & Schreibwaren, Th. Schreiber	Rohrbachstr. 5
99084	**Erfurt**	Buchhandlung Peterknecht	Lange Brücke 57
99084	**Erfurt**	Haus des Buches Carl Habel GmbH	Juri-Gagarin-Ring 35

im Fachbuchhandel

Plz	Ort	Name	Straße
91054	Erlangen	Mencke-Blaesing Universitätsbuchhandlungen	Universitätsstr. 16
91054	Erlangen	Rudolf Merkel Universitätsbuchhandlung GmbH & Co.	Untere Karlstr. 9-11
91054	Erlangen	Universitätsbuchhandlung Theodor Krische	Krankenhausstr. 6
60311	Frankfurt/M.	Buchhandlung an der Paulskirche, Erich Richter GmbH	Kornmarkt 3
60318	Frankfurt/M.	Nibelungen-Buchhandlung Arno Juhre	Spohrstr. 41
60388	Frankfurt/M.	Bücherstube Berger	Marktstr. 15
60313	Frankfurt/M.	Hugendubel Buchhandlung	Steinweg 12
60313	Frankfurt/M.	Juristische Fach- und Versandbuchhandlung Rolf Kerst	Klingerstr. 23
60316	Frankfurt/M.	Juristische Fachbuchhandlung Hermann Sack	Günthersburgallee 1
60325	Frankfurt/M.	Universitätsbuchhandlung Bockenheimer Bücherwarte GmbH	Bockenheimer Landstr. 127
60486	Frankfurt/M.	Buchhandlung Th. Hector GmbH	Gräfstr. 77
15230	Frankfurt/O.	Ulrich von Hutten, Inh. Robert Kiepert	Logenstr. 8
79098	Freiburg i.Br.	Buchhandlung Rombach GmbH & Co Handelshaus KG	Bertoldstr. 10
79098	Freiburg i.Br.	Walthari Buchhandlung GmbH	Bertoldstr. 28
36037	Fulda	Buchhandlung Joseph Uptmoor	Friedrichstr. 20
07545	Gera	Kanitz'sche Buchhandlung, Inh. Hennies und Zinkeisen	Markt 3
35390	Gießen	Ferber'sche Universitätsbuchhandlung	Seltersweg 83
35390	Gießen	Kurt Holderer Universitätsbuchhandlung	Neuenweg 4
35390	Gießen	Ricker'sche Universitätsbuchhandlung	Ludwigsplatz 12-13
99867	Gotha	Buchhandlung Rudi Euchler, Inh. Manfred Seyfarth	Waltershäuser Str. 10
37073	Göttingen	Deuerlich'sche Buchhandlung	Weender Str. 33
37073	Göttingen	Robert Peppmüller Buchhandlung und Antiquariat	Barfüßerstr. 11
37079	Göttingen	Ottiger-Hogrefe GmbH Buchhandlung	Robert-Bosch-Str. 25
17489	Greifswald	Rats- & Universitätsbuchhandlung	Lange Str. 77
17489	Greifswald	Unibuchhandlung Gustav Weiland Nachfolger GmbH	Markt 5
03172	Guben	Buchhandlung Pohland	Frankfurter Str. 21
57627	Hachenburg	Buchhandlung Schmitt, Inh. F. & H.Schmitt	Wilhelmstr. 27
06108	Halle	J.F. Lehmanns	Universitätsring 7
06108	Halle	Unibuch Dausien	Universitätsring 9-10
20095	Hamburg	J.F. Lehmanns	Hermannstr. 17
20095	Hamburg	Thalia-Fachbuchhandlung Erich Könnecke	Hermannstr. 18
20146	Hamburg	Mauke W. Söhne Buchhandlung	Schlüterstr. 12
20146	Hamburg	Reuter & Klöckner Buchhandlung	Schlüterstr. 44
22415	Hamburg	Buchhandlung Uta Selck	Langenhorner Markt 2a
63450	Hanau	Albertis Hofbuchhandlung, Inh. Jürgen Borisch	Langstr. 47
30159	Hannover	Buchhandlung Schmorl uv Seefeld	Bahnhofstr. 14
30159	Hannover	Decius Fachbuchhandlung GmbH	Marktstr. 52
30167	Hannover	Uni-Buchhandlung Witte	Königsworther Str. 4/6
69115	Heidelberg	Universitätsbuchhandlung Gustav Braun KG	Sofienstr. 3
69117	Heidelberg	Universitätsbuchhandlung Kurt Ziehank	Universitätsplatz 12
37308	Heilbad-Heiligenstadt	Eichsfelder Bücherstube Karin Pradler	Wilhelmstr. 69
74072	Heilbronn	Buchhandlung Zimmermann, Inh. Gisela Preiß-Syhre	Wilhelmstr. 32
38350	Helmstedt	Paul Fröhlich's Buchhandlung	Papenberg 7
95028	Hof	Buchhandlung Gondrom	Altstadt 43
55743	Idar-Oberstein	Carl Schmidt & Co., Inh. Erika Schwarz	Hauptstr. 82
89966	Inning	Buchhandlung Lichtstrahl	Hauptstr. 1a
58636	Iserlohn	Buchhandlung Alfred Potthoff	Wermingser Str. 41
07743	Jena	Buchhandlung Thomas Mann	Eichplatz 1
07743	Jena	Jenaer Universitätsbuchhandlung	Schlossgasse 3-4
76133	Karlsruhe	Fa. Hermann Karl Sack GmbH, Bücher für Rechtswissenschaft	Karlstr. 3-5
76133	Karlsruhe	Metzler'sche Buchhandlung W. Hoffmann	Karlstr. 13
76137	Karlsruhe	Buchhandlung Mende Stammhaus	Karlstr. 76
34117	Kassel	A.Freyschmidt's Buchhandlung. Inh. Dr. Hans Eberhar	Obere Königsstr. 23

hemmer-Skripten

Plz	Ort	Name	Straße
34127	Kassel	Buchhandlung a.d. Hochschule, Joachim Fischlein Gmb	Holländische Str. 22
24100	Kiel	Universitätsbuchhandlung Mühlau	Holtenauer Str. 116
24105	Kiel	Dawartz Universitätsbuchhandlung	Holtenauer Str. 114
24118	Kiel	Brunswiker Universitätsbuchhandlung	Olshausenstr. 1
24118	Kiel	Campus Buchhandlung GmbH	Leibnizstr. 4
38486	Kloetze	Buchhandlung Metzing	Breite Str. 2a
50676	Köln	Vereinigte Universitäts- und Fachbuchhandlung	Rubensstr. 1
50859	Köln	Deutscher Ärzte-Verlag DAEV Versandbuchhandlung	Dieselstr. 2
50937	Köln	Fachbuchhandlung Deubner - Die Bücherpost	Universitätsstr. 20
50937	Köln	Universitätsbuchhandlung W itsch	Universitätsstr. 18
50968	Köln	Verlag Dr. Otto Schmidt KG	Unter den Ulmen 96-98
78462	Konstanz	Buchhandlung Gess GmbH	Kanzleistr. 5
78462	Konstanz	Buchhandlung Söhnen-Meder	Paradiesstr. 3
84028	Landshut	Bücher Pustet	Altstadt 28
69181	Leimen	Leimener Buchhandlung	St. Illgener Str. 1
04107	Leipzig	Fachbuchhandlung Sack für Recht/W irtschaft/Steuern	Harkortstr. 7
09212	Limbach-Oberfrohna	Buchhandlung Ragna Schöne	Johannisplatz 3
32584	Löhne	Buchhandlung Dehne	Lübbecker Str. 11
23552	Lübeck	Buchhandlung Weiland	Fleischhauerstr. 20
39104	Magdeburg	Buchhandlung Erich Weinert	Ernst-Reuter-Allee 23-27
55116	Mainz	Fachbuchhandlung Scherell & Mundt	Kaiser-Friedrich-Str. 6
55122	Mainz	Johannes Gutenberg Buchhandlung	Saarstr. 21
68161	Mannheim	Fachbuch Leydorf - Erhard G. Leydorf KG	L 3,1 gegenüber d. Schloss
68161	Mannheim	Prinz Medienvertriebs GmbH & Co. KG	T1, 1-3
35037	Marburg	Unibuchhandlung Elwert N.G.	Reitgasse 7-9
35037	Marburg	Zeckey`s Buchhandlung für Jura, Volks- u. Betriebswirtschaft	Rudolphsplatz-Passage
25704	Meldorf	Buchhandlung A. Evers	Marklstr. 2
88605	Meßkirch	J. Schönebeck Buchhandlung	Conradin-Kreutzer-Str. 10
95213	Münchberg	Buchhandlung Schlegel, Inh. I. Kredewahn	Kulmbacher Str. 24
80295	München	Fachbuchhandlung für Recht Schweitzer Sortiment	Lenbachplatz 1
80331	München	Hugendubel München - Filiale Marienplatz 2	Marienplatz 2
80335	München	Hugendubel München - Filiale Nymphenburger Straße	Nymphenburger Str. 25
80335	München	Hugendubel München - Filiale Stachus	Karlsplatz 11/12
80469	München	Max & Milian Buchladen & Versand GmbH	Ickstattstr. 2
80539	München	Akademische Buchhandlung	Veterinärstr. 1
80799	München	Hueber Universitätsbuchhandlung	Amalienstr. 75-79
80799	München	Theologische Fachbuchhandl. Chr. Kaiser GmbH	Schellingstr. 3
80799	München	Universitätsbuchhandlung Heinrich Frank	Schellingstr. 3
80993	München	Hugendubel im OEZ	Riesstr. 59
48143	Münster	Coppenrath & Boeser Universitätsbuchhandlung GmbH	Bäckergasse 3
48143	Münster	Poertgen Herder Haus der Bücher	Salzstr. 56
48143	Münster	Universitätsbuchhandlung Krüper	Frauenstr. 42
63263	Neu-Isenburg	Buchhandlung Carl Habel	Hermesstr. 4
90403	Nürnberg	Universitäts-Buchhandlung Büttner & Co.	Adlerstr. 10-12
90419	Nürnberg	Buchhandlung in Johannis	Johannisstr. 87
90429	Nürnberg	Jakob Zeiser & A.M.Ress Juristische Fachbuchhandlung	Fürther Str. 102
99885	Ohrdruf/Thüringen	Jochens Bücherstube, Dipl. Paed. J. Knebel	Marktstr. 10
74613	Öhringen	Hohenlohe'sche Buchhandlung Rau Gmbh	Bahnhofstr. 16
49074	Osnabrück	Buchhandlung H. Th. Wenner GmbH & Co	Große Str. 69
49074	Osnabrück	Buchhandlung Jonscher GmbH	Domhof 6B
49074	Osnabrück	Dieter Heide Buchhandlung	Osterberger Reihe 2-8
67697	Otterberg	Buchhandlung Engel-Ernst	Hauptstr. 59
94032	Passau	Akademische Buchhandlung Nickel & Neuefeind GmbH	Exerzierplatz 10

im Fachbuchhandel

Plz	Ort	Name	Straße
94032	Passau	Buchhandlung Friedrich Pustet GmbH	Kleiner Exerzierplatz 4
31224	Peine	Gillmeister: Bücher * Bürobedarf * Galerie	Breite Str. 8
31228	Peine-Vöhrum	Vöhrumer Bücherstube	Kirchvordener Str. 5
14467	Potsdam	Alexander von Humboldt Buchhandlung GmbH	Am Kanal 47
14467	Potsdam	Schweitzer Sortiment Potsdam	Friedrich-Ebert-Str. 117
14482	Potsdam	Becker's Buchhandlung	Breitscheid/Ecke Bebelstr.
14482	Potsdam	Bücher in Bewegung, Foyer der Mensa	Park Babelsberg 16
01896	Pulsnitz	Bücherstube Zeiger, Inh. Steffi Zeiger	Robert-Koch-Str. 38
78315	Radolfzell	Buchhandlung am Obertor, Georg Harder	Obertorstr. 7
88212	Ravensburg	Buchhandlung De Jure	Marienplatz 11
93047	Regensburg	Bücher Pustet	Gesandtenstr. 6-8
93047	Regensburg	Bücherkiste Prasch	Obere Bachgasse 14
93047	Regensburg	Georg Pfaffelhuber Fachbuchhandlung	Ludwigstr. 6
93047	Regensburg	Hugendubel Buchhandlung	Wahlenstr. 17
53424	Remagen	Buchhandlung am Annakloster, Rosmarie Feuser	Marktstr. 34
18055	Rostock	Fachbuchhandlung GrundGeyer	Kröpeliner Str. 53
18055	Rostock	Uni-Buchhandlung Weiland	Kröpeliner Str. 80
18055	Rostock	Universitätsbuchhandlung im Fünfgiebelhaus	Pädagogienstr. 20
66111	Saarbrücken	Bock & Seip GmbH Buchhandlung	Futterstr. 2
66119	Saarbrücken	Juristisches Antiquariat & Buchhandlung -Jura GmbH	Talstr. 58
33189	Schlangen	Buchhandlung Heinrich Fleege	Ortsmitte 17
98574	Schmalkalden	Buchhaus Uslar	Salzbrücke 8
91106	Schwabach	Buchhandlung Kreutzer am Markt	Königsplatz 14
73525	Schwäbisch Gmünd	Buchhandlung Schmidt	Ledergasse 2
16303	Schwedt	Buchhandlung Gondrom im Oder-Center	Landgrabenpark 1
57080	Siegen-Eiserfeld	Lehr- und Lernmittel, H. Bottenberg GmbH	Eiserfelder Str. 294
70173	Stuttgart	Buchhaus Wittwer	Königstr. 30
70173	Stuttgart	Hoser's Buchhandlung	Charlottenplatz 17
70176	Stuttgart	Karl Leitermeier KG Verlag	Silberburgstr. 126
70178	Stuttgart	Fachbuchhandlung Karl Krämer	Rotebühlstr. 40
70182	Stuttgart	Versandbuchhandlung Hans Martin	Sitzenburgstr. 9
54290	Trier	Akademische Buchhandlung Interbook GmbH	Fleischstr. 62
54296	Trier	Buchhandlung Stephanus	Im Treff 23
72074	Tübingen	Buchhandlung Hugo Frick GmbH	Nauklerstr. 7
89073	Ulm	Buch-Kerler	Platzgasse 26
68519	Viernheim	Buchhandlung Schwarz auf Weiß	Rathausstr. 45
92648	Vohenstrauß	Buchhandlung Rupprecht	Bahnhofstr. 2
49134	Wallenhorst	Schlüsselbuchhandlung, Inh. R. Wittenmayer	Alter Pyer Kirchweg 15
88250	Weingarten	Martinus-Buchhandlung	Kirchplatz 4
85185	Wiesbaden	Hertie -Buchabteilung-	Schwalbacher Str. 8
23966	Wismar	Buchhandlung Weiland	Hinter dem Rathaus 21
06886	Wittenberg	Buchhandlung Gondrom	Markt 23
97070	Würzburg	Buchhandlung Neuer Weg	Sanderstr. 33-35
97070	Würzburg	Ferdinand Schöningh Buchhandlung	Franziskanerplatz 4
97070	Würzburg	Hugendubel - Die Welt der Bücher	Schmalzmarkt 12
07937	Zeulenroda	Bücherstube Zeulenroda, Inh. Hans-Peter Arnold	Dr. Gebler-Platz 5
CH4001	Basel/Schweiz	Olymp & Hades Buchhandlung	Gerberstr. 67

Der Jahreskurs

Juristisches Repetitorium
hemmer

gegründet 1976 in Würzburg

Würzburg • Erlangen • Bayreuth • Regensburg • München • Passau • Augsburg
Frankfurt/M. • Bochum • Konstanz • Heidelberg • Freiburg • Mainz • Berlin • Bonn
Köln • Göttingen • Tübingen • Münster • Hamburg • Osnabrück • Gießen
Potsdam • Hannover • Kiel • Dresden • Marburg • Trier • Jena • Leipzig
Saarbrücken • Bremen • Halle • Rostock • Greifswald • Frankfurt/O. • Bielefeld

Unsere Jahreskurse beginnen jeweils im Frühjahr und/oder Herbst.

Skriptenpaket im Preis integriert:*
Bereits mit Anmeldung 12 Skripten nach Wahl vorab.

(*mit Ausnahme der Städte Bonn, Köln, Heidelberg, Freiburg)

EXAMENSTYPISCH • ANSPRUCHSVOLL • UMFASSEND

Gewinnen Sie mit der "HEMMER-METHODE"!

Wer in vier Jahren sein Studium erfolgreich abschließen will, kann sich einen Irrtum im Hinblick auf Examensvorbereitung und Ausbildungsmaterial nicht leisten!

Stellen Sie frühzeitig die Weichen richtig. Trainieren Sie unter professioneller Anleitung das, was Sie im Examen erwartet.

> *Ihr Ziel: Sie wollen ein gutes Examen.*

Dazu hat Ihre Ausbildung den Ansprüchen des Examens zu entsprechen. Um das Examen sicher zu erreichen, müssen Sie wissen, mit welchem Anforderungsprofil Sie im Examen zu rechnen haben.

Die Kunst, eine gute Examensklausur zu schreiben, setzt voraus:

- **Problembewußtsein**

Problembewußtsein

„Problem erkannt, Gefahr gebannt". Ein zentraler Punkt ist das Prinzip, an authentischen Examensproblemen zu lernen. Anders als im wirklichen Leben gilt: „Probleme schaffen, nicht wegschaffen".

- **Juristisches Denken**

Juristisches Denken

Dazu gehört die Fähigkeit,

⇒ komplexe Sachverhalte in ihre Bestandteile zu zerlegen (assoziative Textauswertung),
⇒ die notwendigen rechtlichen Erörterungen anzuschließen,
⇒ Einzelprobleme zueinander in Beziehung zu setzen,
⇒ zu einer schlüssigen Klausurlösung zu verbinden und
⇒ durch ständiges Training wiederkehrende examenstypische Konstellationen zu erfassen.

Grundlegende Fehler werden so vermieden.

- **Abstraktionsvermögen**

Abstraktionsvermögen

Die Gesetzessprache ist abstrakt. Der Fall ist konkret. Nur wer über das notwendige Abstraktionsvermögen verfügt, ist in der Lage, die für die Fallösung erforderliche Transformationsleistung zu erbringen. Diese Fähigkeit wird geschult durch methodisches Lernen.

- **Sprachsensibilität**

Sprachsensibilität

Damit einhergehend ist Genauigkeit und Klarheit in der Darstellung, Plausibilität und Überzeugungskraft erforderlich.

Was macht das Juristische Repetitorium Hemmer so erfolgreich?

In allen drei Rechtsgebieten gilt: Examenstypisches, umfassendes und anspruchsvolles Lernsystem

1. Kein Lernen am einfachen Fall

Grundfall geht an Examensrealität vorbei

Hüten Sie sich vor Übervereinfachung beim Lernen! Unterfordern Sie sich nicht. Die Theorie des einfachen Grundfalles nimmt zwar als psychologischer Aspekt die Angst vor Fallösungen, die Examensreife kann aber so nicht erlangt werden. Es fehlt die Einbindung des gelernten Teilwissens in den Kontext des großen Falls. Ein vernetztes Lernen findet nicht statt. Außerdem: Für den Grundfall brauchen Sie kein Repetitorium. Sie finden ihn in jedem Lehrbuch. Die Methode der Reduzierung juristischer Sachverhalte auf den einfachen Grundfall bzw. das Schema entspricht weder in der Klausur noch in der Hausarbeit der Examensrealität. Sie müssen sich folglich das notwendige Anwendungswissen für das Examen selbst aneignen. Schablonenhaftes Denken ist im Examen gefährlich. Viele lernen nur nach dem Prinzip "Aufschieben und Hinauszögern" von zu erledigenden Aufgaben. Dies erweist sich als Form der Selbstsabotage. Wer sich überwiegend mit Grundfällen und dem Auswendiglernen von Meinungen beschäftigt, dem fehlt am Schluß die Zeit, Examenstypik einzutrainieren.

2. Kein Lernen am Rechtsprechungsfall mit Literaturmeinung

Zwar ermöglicht dies, Einzelprobleme leichter als durch Lehrbücher zu erlernen, es fehlt aber eine den Examensarbeiten entsprechende Vielschichtigkeit.

Rechtsprechungsfall entspricht nicht der Vielschichtigkeit des Examensfalls

Außerdem besteht die Gefahr des Informationsinfarkts. Viel Wissen garantiert noch lange nicht, auch im Examen gut abzuschneiden. Maßgeblich ist die Situationsgebundenheit des Lernens. Wer sich examenstypisch am großen Fall Problemlösungskompetenz unter Anleitung erarbeitet, reduziert die Informationsmenge auf das Wesentliche. Durch richtiges Lernen mit einem ausgesuchten, am Examen orientierten Fallmaterial verschaffen Sie sich mehr Freizeit. Nur wer richtig lernt, erspart sich auch Zeit. Weniger ist häufig mehr!

Die Examensklausuren und noch mehr die Hausarbeiten sind so konstruiert, daß die notwendige Notendifferenzierung ermöglicht wird. Die Examensrealität ist damit in der Regel anders als der einfache Rechtsprechungsfall. Examensfälle sind anspruchsvoll.

3. „HEMMER-METHODE": Lernen am examenstypischen „großen" Fall

Wir orientieren uns am Niveau von Examensklausuren, weil sich gezeigt hat, daß traditionelle Lehr- und Lernkonzepte den Anforderungen des Examens nicht entsprechen. Der Examensfall und damit der große Fall ist eine konstruierte Realität, auf die es sich einzustellen gilt.

Examen ist eine konstruierte Realität

Die "HEMMER-METHODE" ist eine neue Lernform und holt die Lernenden aus ihrer Passivität heraus. Mit gezielten, anwendungsorientierten Tips unterstützen wir vor allem die wichtige Sachverhaltsaufbereitung und damit Ihre Examensvorbereitung.

Jura ist ein Sprachspiel!

Denken Sie daran, Jura ist ein Spiel und zuallererst ein *Sprachspiel*, auch im Examen. Es kommt auf den richtigen Gebrauch der Worte an. Lernen Sie mit uns einen genauen und reflektierten Umgang mit der juristischen Sprache. Dies heißt immer auch, genau denken zu lernen. Profitieren Sie dabei von unserem Erfahrungswissen. Die juristische Sprache ist erlernbar. Wie Sie sie sinnvoll erlernen, erfahren Sie in unseren Kursen.

Statt reinem Faktenwissen erhalten Sie Strategie- und Prozeßwissen. "Schach dem Examen!".

Spaß mit der Arbeit am Sachverhalt.

Die genaue Arbeit am Sachverhalt bringt Spaß und hat sich als sehr effizient für das juristische Verständnis von Fallkonstellationen herausgestellt. Dabei ist zu beachten, daß die juristische Sprache eine Kunstsprache ist. Wichtig wird damit die Transformation: So erklärt der Laie in der Regel in der Klausur nicht: „Ich fechte an, ich trete zurück", sondern „Ich will vom Vertrag los".

Lernen Sie, den Sachverhalt richtig zu lesen. Steigern Sie Ihre Leseaufmerksamkeit. Gehen Sie deshalb gründlich und liebevoll mit dem Sachverhalt um, und verlieren Sie sich dabei nicht in Einzelheiten. Letztlich geht es um die Wahrnehmungsfähigkeit: Was ist im Sachverhalt des Examensfalles angelegt und wie gehe ich damit um ("Schlüssel-Schloß- Prinzip"). Der Sachverhalt gibt die Problemfelder vor. Entgehen Sie der Gefahr, daß Sie "ein Weihnachtsgedicht zu Ostern vortragen".

Trainieren von denselben Lerninhalten in verschiedenen Anwendungssituationen

Juristerei setzt eine gewisse Beweglichkeit voraus, d.h. jeder Fall ist anders, manchmal nur in Nuancen. Akzeptieren Sie: Jeder Fall hat einen experimentellen Charakter. Trainieren Sie Ihr bisheriges Wissen an neuen Problemfeldern. Dies verhindert, daß das Gelernte auf einen bestimmten Kontext fixiert wird. Trainieren Sie, dieselben Lerninhalte in verschiedene Anwendungssituationen einzubetten und aus unterschiedlichen Blickwinkeln zu betrachten. Denn wer einen Problemkreis von mehreren Seiten her kennt, kann damit auch flexibler umgehen. Verbessern Sie damit Ihre Transferleistung. Über das normale additive Wissen hinaus vermitteln wir sog. metabegriffliches Wissen, d.h. bereichsübergreifendes Wissen.

modellhaftes Lernen

Modellhaftes Lernen schafft Differenzierungsvermögen, ermöglicht Einschätzungen und fördert den Prozeß der Entscheidungsfindung. Seien Sie kritisch gegenüber Ihren Ersteinschätzungen. Eine gewisse Veränderungsbereitschaft gehört zum Lernprozeß. Überprüfen Sie Ihr Wertungssystem auch im Hinblick auf das Ergebnis des Falles.

Hüten Sie sich vor zu starkem Routinedenken und damit vor automatisierten Mustern. Fragen Sie sich stets, ob Sie mit Ihren Annahmen den Fall weiterlösen können oder ob Sie in eine Sackgasse geraten.

Assoziationsmethode als erste "Herangehensweise" – Hypothesenbildung

Mit der Assoziationsmethode lehren wir in unseren mündlichen Kursen, wie Sie die zentralen Probleme des Falles angehen und ausdeuten. Dabei wird die Bedeutung nahezu aller Worte untersucht. Durch frühe Hypothesenbildung werden alle für die Fallösung möglichen Problemkonstellationen durchgespielt. Die spätere gezielte Selektion führt dazu, daß die für den konkreten Sachverhalt abwegigen Varianten ausscheiden (Prinzip der Retardation bzw. der negativen Evidenz). Die übriggebliebenen Hypothesen bestimmen die Lösungsstrategie.

wichtigste Arbeitsphase = Problemaufriß

Die erste Stunde, der Problemaufriß, ist die wichtigste Stunde. Es werden die Weichen für die spätere Niederschrift gestellt. Wenn Sie die Klausur richtig erfassen (den "roten Faden" / die "main street"), sind Sie zumindest auf der sicheren Seite und schreiben nicht an der Klausur vorbei.

4. Ersteller als „imaginärer" Gegner

Dialog mit dem Klausurersteller

Der Ersteller des Examensfalles hat auf verschiedene Problemkreise und ihre Verbindung geachtet. Der Ersteller als Ihr "imaginärer Gegner" hat, um Notendifferenzierungen zu ermöglichen, verschiedene Problemfelder unterschiedlicher Schwierigkeit versteckt. Der Fall ist vom Ersteller als kleines Kunstwerk gewollt. Diesen Ersteller muß der Student als imaginären Gegner bei seiner Fallösung berücksichtigen. Er muß also versuchen, sich in die Gedankengänge, Annahmen und Ideen des Erstellers hineinzudenken und dessen Lösungsvorstellung wie im Dialog möglichst nahe zu kommen. Je ideenreicher Ihre Ausbildung verläuft, desto mehr Möglichkeiten erkennen Sie im Sachverhalt. Die Chance, eine gute Klausur zu schreiben, wird größer.

bestmöglicher Konsens

> **Wir fragen daher konsequent bei der Fallösung:**
> - Was will der Ersteller des Falles ("Sound")?
> - Welcher "rote Faden" liegt der Klausur zugrunde ("main-street")?
> - Welche Fallen gilt es zu erkennen?
> - Wie wird bestmöglicher Konsens mit dem Korrektor erreicht?

Die Fallösung wird dann nicht durch falsches Schablonendenken geprägt, vielmehr zeigen Sie, daß Sie gelernt haben, mit den juristischen Begriffen umzugehen, daß es nicht nur auswendig gelernte Begriffe sind, sondern daß Sie sich darüber im klaren sind, daß der Begriff immer erst in der konkreten Anwendung seine Bedeutung gewinnt.

Unterfordern Sie sich nicht

Lernen Sie nicht auf zu schwachem Niveau. Zwar ist "der Einäugige unter den Blinden König". Die Einäugigkeit rächt sich aber spätestens im Examen. Ziel jeden guten Unterrichts muß eine realistische Selbsteinschätzung der Hörer sein.

problemorientiertes Lernen, unterstützt durch Experten

Wichtig ist, mit der Assoziationsmethode im richtigen sozialen Kontext zu lernen, denn gemeinsames Lernen in Gruppen ist nicht nur motivierend, sondern auch effektiv. Nehmen Sie an einer Atmosphäre teil, wo Sie sinnvoll Erfahrungsaustausch, Meinungsvielfalt und Kontakt mit Experten erfahren. Maßgeblich ist die gezielte Unterstützung. Wir geben das Niveau vor. Achten Sie stets darauf, daß die Lernsituation anwendungsbezogen bleibt und der Vielschichtigkeit des Examens entspricht. Unser Repetitorium spricht den Juristen an, der sich am Prädikatsexamen orientiert. Insoweit profitieren Sie auch vom Interesse und Wissensstand der anderen Kursteilnehmer.

Gefahr bei Kleingruppen

Hüten Sie sich vor sog. "Kleingruppen". Dort besteht die Gefahr, daß Schwache und Nichtmotivierte den Unterricht allzusehr mitbestimmen: "Der Schwächste bestimmt das Niveau!" Wichtig ist doch für Sie, auf welchem Niveau (was und wie) die Auseinandersetzung mit der Juristerei stattfindet. Wer nur auf vier Punkte lernt, landet leicht bei drei Punkten!

Soviel ist klar: <u>Wie</u> Sie lernen, beeinflußt Ihr Examen. Weniger bekannt ist, daß das Fehlen bestimmter Informationen das Examen verschlechtert.

Glauben Sie an die eigene Entwicklungsfähigkeit, schöpfen Sie ihr Potential aus.

5. Spezielle Ausrichtung auf Examenstypik

im Trend des Examens

Dies hat weiterhin den Vorteil, daß wir voll im Trend des Examens liegen. Die Thematik der Examensfälle ist bei uns auffällig häufig vorher im Kurs behandelt worden. Auch in Zukunft ist damit zu rechnen, daß wir mit Ihnen innerhalb unseres Kurses die Themen durchsprechen, die in den nächsten Prüfungsterminen zu erwarten sind.

6. „Gebrauchsanweisung"

Expertenkniffe

Vertrauen Sie auf unsere Expertenkniffe. Die **"HEMMER-METHODE"** setzt richtungsweisende Maßstäbe und ist Gebrauchsanweisung für Ihr Examen.

Der Erfolg gibt uns recht!

Examensergebnisse

Die Examenstermine zeigen, daß **unsere Kursteilnehmer** überdurchschnittlich abschneiden; z.B. Würzburg, Ergebnisse Frühjahr 1995: Die sechs Besten des Termins in Würzburg, alle **"Freischüßler"**: **Schnitt von 13,39** Punkten! Von 1980 bis 1996 in 32 Terminen insgesamt zehn mit der Note "sehr gut", neun von uns. Darunter mehrfach die Landesbesten, z.B. mit **15,08 (Achtsemester)**. Sieben davon waren langjährige Mitarbeiter. Von 1991-1996 sechs mal "sehr gut", 41 mal gut. Bereits in unserem ersten Durchgang in Berlin, Göttingen und Konstanz **(später 14,5)** die Landesbesten mit "sehr gut". Auch in Freiburg, Bayreuth, Köln, Regensburg **(15,54; 14,0)**, Erlangen **(15,4; 15,0; 14,4)**, Gießen **(15,5)**, Hamburg **(14,5)**, München **(14,25; 14,04; 14,04; 14,00)**, Frühjahr 1997 (1 termin!): 36 mal über Neun: 2x sehr gut, 14x gut, 20x vollbefriedigend. Köln (2x), Bonn, und Heidelberg "sehr gut".

Augsburg: Frühjahr '95, Landesbester mit **15,25** Punkten **(Achtsemester !)**. Wenn Siebtsemester mit **13,7; 13,7; 12,8; 12,3;** (Würzburg) und bereits im ersten "Freischuß 91 I" vier **Siebtsemester** einen Schnitt von **12,01** Punkten (Augsburg) erzielten, spricht dies für ein richtiges methodisches Vorgehen. Sie konnten sich in der Kürze der Zeit nur auf uns verlassen. Häufig erreichen unsere Kursteilnehmer die Note "gut" und "vollbefriedigend". Lernen auf ein Prädikatsexamen zahlt sich eben aus.

Ziel: solides Prädikatsexamen

Lassen Sie sich aber nicht von diesen "Supernoten" verschrecken. Denn unsere Hauptaufgabe sehen wir nicht darin, nur Spitzennoten zu produzieren: Wir streben ein solides Prädikatsexamen an. So erreichten z.B. schon im ersten Durchgang unsere Kursteilnehmer in Leipzig (Termin 1994 II) bereits nach dem Schriftlichen einen Schnitt von 8,6 Punkten, wobei der Gesamtdurchschnitt aller Kandidaten nur 5,46 Punkte betrug (Quelle: Fachschaft Jura Leipzig, »Der kleine Advokat«, April 1995). Aber am allerwichtigsten für uns ist: Unsere Durchfallquote ist äußerst gering! Regelmäßiges Training an examenstypischem Material zahlt sich also aus.

Spitzennoten von Mitarbeitern

Dies zeigt sich auch z.B. bei unseren Verantwortlichen: In jedem Rechtsgebiet arbeiteten Juristen mit, die ihr Examen mit "sehr gut" bestanden haben. Zur Zeit (März 97) arbeiten in der Zentrale in Würzburg drei mit sehr gut (14,79, 14,08, 14,04 und sieben mit über dreizehn (13,8, 13,7, 13,6, 13,5, 13,4, 13,2, 13,02) und weitere mit gut und zwar alles Hemmer-Kursteilnehmer in Würzburg am Kursprogramm mit. Wenn ehemalige Kursteilnehmer mit Noten von 15,54, 15,5, 15,25 Punkten und viele andere mit "sehr gut" und "gut" unser Programm mitgestaltet haben, zeigt das ein hohes Maß an Übereinstimmung mit unserer Lernmethode.

Die Ergebnisse unserer Kursteilnehmer im Ersten Staatsexamen können auch Vorbild für Sie sein. Motivieren Sie sich durch Ihre guten Mitkursteilnehmer/innen. Lassen Sie sich daher nicht von unseren Supernoten verschrecken, sehen Sie dieses Niveau als Anreiz für Ihr Examen. „Wer nur in der C-Klasse spielt, bleibt in der C-Klasse."

Wir sind für unser Anspruchsniveau bekannt. Trainieren Sie zusammen mit anderen interessierten Juristen auf Examensniveau. Lassen Sie sich in unseren Kursen motivieren. Lernen Sie mit der **"HEMMER-METHODE"**. Fragen Sie ehemalige Kursteilnehmer, wie sie im Examen abgeschnitten haben. Sie werden bestätigen, daß die

Ausbildung mit der "HEMMER-METHODE" eine lohnende Investition in ihre Zukunft war.

Anders als die Universität sind wir eine Firma und keine "Behörde". Uns mißt man an unserer Leistung: Wie uns die Kursteilnehmer bestätigen, stimmt das Verhältnis von Kosten und Gewinn.

Holen Sie sich die wichtigsten Grundinformationen z.B. aus den "Basics" und versuchen Sie dann, die Fälle des Hauptkurses vor dem Unterricht zu lösen. Sie lernen dann durch Versuch und Irrtum (trial and error).

Gehen Sie mit dem sicheren Gefühl ins Examen, sich richtig vorbereitet zu haben:

Testen Sie uns!

Der Hemmer-Hauptkurs

Der Jahreskurs mit den großen Fällen, schriftlichen Lösungen, Wiederholungs- und Vertiefungsfragen in allen drei Rechtsgebieten, einschließlich zwölf Skripten bei Kursbeginn.

Kursort/-zeit: Entnehmen Sie bitte den Kursort und die Kurszeit der aktuellen Werbung Ihrer Stadt.

INFOTELEFON: 0931-83975
Fax: 0931-781535
Internet: www.hemmer.de

Probehören: jederzeit im laufenden Kurs
Kündigung: jederzeit ohne Einhaltung von Kündigungsfristen

Anmeldung: Hiermit melde ich mich zum Hauptkurs des Juristischen Repetitoriums Hemmer verbindlich an. (Bitte in Druckbuchstaben deutlich lesbar ausfüllen)

Teilnahme ab: (Einstiegsmonat) .... Kursort: ....

Name: .... Vorname: ....

Studienadresse: ....

Heimatadresse: ....

Telefon: .... Unterschrift: ....

Bitte zusenden an: Juristisches Repetitorium Hemmer • Mergentheimer Str. 44 • 97082 Würzburg • **Fax: 0931-781535** • Tel.: 0931-83975

Kriminologie
Jugendstrafrecht & Strafvollzug

Hemmer/Wüst/Grützediek

Februar 1998

Hemmer/Wüst Verlagsgesellschaft
Hemmer/Wüst/Grützediek; Kriminologie, Jugendstrafrecht & Strafvollzug

Das Skript ist urheberrechtlich geschützt. Die dadurch begründeten Rechte, insbesondere des Nachdrucks, der Wiedergabe auf photomechanischem oder ähnlichem Wege und der Speicherung in Datenverarbeitungsanlagen bleiben, auch bei nur auszugsweiser Verwertung, der Hemmer/Wüst-Verlagsgesellschaft vorbehalten.

ISBN 3-89634-084-0

1. Auflage, Februar 1998

gedruckt auf chlorfrei gebleichtem Papier
von Schleunungdruck GmbH, Marktheidenfeld

Vorwort
Neues Lernen mit der "HEMMER-METHODE"

Wer in vier Jahren sein Studium abschließen will, kann sich einen **Irrtum** in bezug auf Stoffauswahl und -aneignung **nicht leisten**. Hoffen Sie nicht auf die leichten Rezepte, die Schemata und den einfachen Rechtsprechungsfall. Die unnatürlich klare Zielsetzung der Schemata läßt keine Frage offen und suggeriert eine Einfachheit, die in der Prüfung nicht besteht. Hüten Sie sich vor Übervereinfachung beim Lernen.

Gerade im Bereich des Wahlfachs Kriminologie fehlt es an speziell auf das Examen ausgerichteter Literatur. Der Student steht daher vor dem Problem, den examenstypischen Stoff bzw. Fälle zu finden und zu verwerten.

Das Skriptum **Kriminologie** umfaßt sämtliche für die Wahlfachgruppe relevanten Bereiche, **Kriminologie, Jugendstrafrecht und Strafvollzug**, Im Mittelpunkt stehen insbesondere die Erscheinungsformen und Ursachen von Kriminalität, der Täter, aber auch das Opfer und die Kontrolle und Behandlung des Staftäters.

Durch die Behandlung vieler strafrechtlicher Grundbegriffe ist das Skriptum auch für den Studenten geeignet, der diese Wahlfachgruppe nicht gewählt hat. Das Skript ist außerdem für jeden interessant, der sich nicht nur mit der theoretischen Anwendungen des Gesetzes befassen will, sondern darüber hinaus auch ein eigenes Verständnis für Ursachen und Zusammenhänge von Straftaten erlangen will.

Die **"HEMMER-METHODE"** vermittelt Ihnen die **erste richtige Einordnung** und das **Problembewußtsein**, welches Sie brauchen, um an einer Klausur bzw. dem Ersteller nicht vorbeizuschreiben. Häufig ist dem Studenten nicht klar, warum er schlechte Klausuren schreibt. Wir geben Ihnen **gezielte Tips**! Vertrauen Sie auf unsere **Expertenkniffe**.

Durch die ständige Diskussion mit unseren Kursteilnehmern ist uns als erfahrenen Repetitoren klar geworden, welche **Probleme** der Student hat, sein **Wissen anzuwenden**. Wir haben aber auch von unseren Kursteilnehmern profitiert und von Ihnen erfahren, welche **Argumentationsketten** in der Prüfung zum Erfolg geführt haben.

Die **"HEMMER-METHODE"** gibt **jahrelange Erfahrung** weiter, erspart Ihnen viele schmerzliche Irrtümer, setzt richtungsweisende Maßstäbe und begleitet Sie als **Gebrauchsanweisung** in Ihrer Ausbildung:

1. Basics:

Das *Grundwerk* für Studium und Examen. Es schafft **Grundwissen** und mittels der **"HEMMER-METHODE"** richtige Einordnung für Klausur und Hausarbeit.

2. Skriptenreihe:

Vertiefend: Über 1.000 Prüfungsklausuren wurden auf ihre "essentials" abgeklopft.

Anwendungsorientiert werden die für die Prüfung nötigen Zusammenhänge umfassend aufgezeigt und wiederkehrende Argumentationsketten eingeübt.

Gleichzeitig wird durch die **"HEMMER-METHODE"** auf **anspruchsvollem Niveau** vermittelt, nach welchen Kriterien Prüfungsfälle beurteilt werden. Spaß und Motivation beim Lernen entstehen erst durch Verständnis.

Lernen Sie, durch Verstehen am juristischen Sprachspiel teilzunehmen. Wir schaffen den "background", mit dem Sie die innere Struktur von Klausur und Hausarbeit erkennen: „Problem erkannt, Gefahr gebannt". Profitieren Sie von unserem **technischen know how**. Wir werden Sie auf das Anforderungsprofil einstimmen, das Sie in Klausur und Hausarbeit erwartet.

Die **studentenfreundliche Preisgestaltung** ermöglicht auch den **Erwerb als Gesamtwerk**.

3. Hauptkurs:

Schulung am examenstypischen Fall mit der Assoziationsmethode. Trainieren Sie unter professioneller Anleitung, was Sie im Examen erwartet und wie Sie bestmöglich mit dem Examensfall umgehen.

Nur wer die Dramaturgie eines Falles verstanden hat, ist in Klausur und Hausarbeit auf der sicheren Seite! Häufig hören wir von unseren Kursteilnehmern: „Erst jetzt hat Jura richtig Spaß gemacht".

Die Ergebnisse unserer Kursteilnehmer geben uns recht. Der **Bewährungsgrad** einer Theorie ist der **Erfolg**. Die Examensergebnisse zeigen, daß unsere Kursteilnehmer überdurchschnittlich abschneiden.

Z.B.: **Zentrale in Würzburg:** Von '91 bis '97 6x sehr gut, 50x gut, darunter mehrere Landesbeste, einer mit 15,08 (Achtsemester), z.B. '97: 14,79; '96: 14,08. Auch '95: Die 6 Besten, alle Freischüßler, Schnitt von 13,39, einer davon mit sehr gut; Sommer '97: Von 9 x gut, 8x Hemmer! In den Terminen 95/96/97 5x Platzziffer 1, 1x Platzziffer 2, alles spätere Mitarbeiter. Landesbester in Augsburg 15,25 (Achtsemester). **München Frühjahr '97 (ein Termin!):** 36x über Neun: 2x sehr gut, 14x gut, 20x vollbefriedigend.

Bereits in unserem ersten Durchgang in Berlin, Göttingen, Konstanz die Landesbesten mit "sehr gut". "Sehr gut" auch in Freiburg, Bayreuth, Köln (2x), Bonn, Regensburg (15,54;14,2; 14,00) Erlangen (15,4; 15,0; 14,4), Heidelberg (14,7; Termin 97 I: 14,77) und München (14,25; 14,04; 14,04; 14,00). Augsburg: Schon im ersten Freischuß 91 I erzielten 4 Siebtsemester (!) einen Schnitt von 12,01. Auch in Thüringen '97 I 2x 12, 65 waren die Landesbesten Kursteilnehmer. Von 6x gut, 5 Hemmer-Teilnehmer. Fragen Sie auch in anderen Städten nach unseren Ergebnissen.

Lassen Sie sich aber nicht von diesen Supernoten verschrecken, sehen Sie dieses Niveau als Ansporn für Ihre Ausbildung. Denn: Wer auf 4 Punkte lernt, landet leicht bei 3!

Basics, Skriptenreihe und Hauptkurs sind als **modernes, offenes und flexibles Lernsystem** aufeinander abgestimmt und ergänzen sich ideal.

Wir hoffen, als Repetitoren mit unserem Gesamtangebot bei der Konkretisierung des Rechts mitzuwirken und wünschen Ihnen **viel Spaß beim Durcharbeiten** unserer Skripten.

Wir würden uns freuen, mit Ihnen später als Hauptkursteilnehmer mit der **"HEMMER-METHODE"** gemeinsam Verständnis an der Juristerei im Hinblick auf Examina zu trainieren.

Hemmer   *Wüst*

Inhaltsverzeichnis

Zahlen beziehen sich auf die Rn. des Skripts

1. KAPITEL: KRIMINOLOGIE 1

§ 1 WESEN UND URSACHEN DER KRIMINOLOGIE 1

A. Begriffe 1
- I. Kriminologie 1
- II. Verbrechen 2
    - 1. formeller Verbrechensbegriff 3
    - 2. natürlicher Verbrechensbegriff 4
    - 3. soziologischer (materieller) Verbrechensbegriff 5
    - 4. Verhältnis der Begriffe zueinander 6

B. Geschichte der Kriminologie 7
- I. Beccaria 7
- II. Lombroso 8
- III. Der Schulenstreit im 19.Jhd. 9
    - 1. Die Italienische Schule 9
    - 2. Die Französische Schule 10
    - 3. Die Marburger Schule 11

C. Kriminalitätstheorien 12
- I. Biologische Kriminalitätstheorien 13
    - 1. Zwillings – und Adoptionsforschung 13
    - 2. Das ethologische Modell 14
- II. Psychologische Kriminalitätstheorien 15
    - 1. Psychoanalytisches Persönlichkeitsmodell 15
    - 2. Frustrations - Aggressions - Hypothese 16
- III. Sozialpsychologische Kriminalitätstheorien 17
    - 1. Theorie der differentiellen Assoziation 17
    - 2. Labeling - Approach 18
    - 3. Theorie der sekundären Abweichung 19
- IV. Soziologische Theorien 20
    - 1. Anomietheorie 20
    - 2. Ökologische Theorien 21
    - 3. Kulturkonfliktstheorie 22
    - 4. Subkulturtheorie 23
- V. Mehrfaktorenansätze 24

§ 2 STATISTIK 25

A. Polizeiliche Kriminalstatistik (PKS) 25
- I. Inhalt 25
    - 1. Absolute und Häufigkeitszahlen 26
    - 2. Aufklärungsquote 27

II. Fehlerquellen der PKS ... 28

III. Kriminalitätsverteilung nach der PKS ... 29
1. Straftaten insgesamt ... 29
2. Sonstige Verteilung ... 30

B. Andere Statistiken ... 31

C. Auswertung der Statistik ... 32

D. Das Dunkelfeld ... 33
I. Begriff ... 34
II. Methoden der Dunkelfeldforschung ... 35
1. Experiment und teilnehmende Beobachtung ... 35
2. Befragung ... 36
a) Arten der Befragung ... 36
b) Fehlerquellen ... 36
III. Abhängigkeiten zwischen Hell - und Dunkelfeld ... 37
IV. Ergebnisse ... 38

E. Exkurs: Durchführung einer empirischen Untersuchung ... 39
I. Auswahl des Forschungsgegenstands und Hypothese ... 40
1. Thema der Untersuchung ... 40
2. Formulierung der Hypothese ... 41
II. Methodenwahl ... 42
III. Operationalisierung der Variablen ... 43
IV. Auswahl der Stichprobe ... 44
V. Durchführung der Untersuchung ... 45
VI. Auswertung und Schlußfolgerungen ... 46

§ 3 VIKTIMOLOGIE ... 47

A. Verschiedene Opfertypen ... 48
I. Opfereinteilung nach persönlichen Merkmalen ... 48
II. Opfereinteilung nach Mitverschulden ... 48

B. Beziehungsdelikte ... 49

C. Neutralisationstechniken ... 50

D. Primär - und Sekundärviktimisierung ... 51
I. Primärviktimisierung ... 51
II. Sekundärviktimisierung ... 51

E. Anzeigeverhalten des Opfers ... 52

F. Kriminalitätsfurcht 53
I. Ursachen 53
II. Kriminalitätsfurcht - Paradoxon 54
III. Abwehrverhalten 55

G. Einflußmöglichkeiten und Schutz des Opfers 56
I. Strafrechtlicher Schutz des Opfers 56
II. Opfergesetze 57

§ 4 EINZELNE KRIMINALITÄTSARTEN 58

A. Gewaltkriminalität 59
I. Begriff 59
II. Umfang 60
III. Ursachen 61
IV. Gewalt in den Medien 62

B. Organisierte Kriminalität 63
I. Begriff 64
II. Abgrenzung zur Bande 65
III. Delikte 67
IV. Organisierte Kriminalität im Ausland 68
V. Organisierte Kriminalität in Deutschland 69
VI. Bekämpfung der Organisierten Kriminalität 70

C. Wirtschaftskriminalität 71
I. Begriff 71
II. Täterpersönlichkeit 73
III. Umfang 74
IV. Bekämpfung 75
1. Strafrechtliche Bekämpfung 75
2. Prozeßrechtliche Regelungen 75
3. Probleme bei der Bekämpfung 76

D. Verkehrskriminalität 77
I. Begriff und Umfang 77
1. Delikte 77
2. Besonderheiten 78
II. Täterpersönlichkeit 79
III. Alkohol und Verkehrskriminalität 80
IV. Bekämpfung 81

E. Ausländerkriminalität 82

I. Umfang 82

1. Statistik 82
2. Korrektur der Statistik 83

II. Ausländergruppen 84

1. Erste Gastarbeitergeneration 84
2. Zweite und Dritte Gastarbeitergeneration 85

III. Zuwanderer 86

F. Drogenkriminalität 87

I. Begriff 87

II. Ursachen 88

III. Drogenkriminalität 89

1. Einteilung 89
2. Umfang 90
3. Bekämpfung 91

2. KAPITEL: JUGENDSTRAFRECHT 92

§ 1 AUFGABEN UND UMFANG DES JUGENDSTRAFRECHTS 92

A. Aufgaben des Jugendstrafrechts 92

B. Umfang der Jugendkriminalität 93

I. Statistik 93

II. Ursachen 94

III. Ubiquität der Jugendkriminalität 95

IV. Intensivtäter 96

§ 2 ANWENDUNGSBEREICH DES JUGENDGERICHTSGESETZES (JGG) 97

I. Persönlicher Anwendungsbereich 97

II. Sachlicher Anwendungsbereich 98

III. Subsidiarität der allgemeinen Vorschriften 99

§ 3 ALTERS - UND REIFESTUFEN IM JGG 101

A. Verantwortlichkeit des Jugendlichen 101

1. Voraussetzungen des § 3 JGG 102
   a) Einsichtsfähigkeit 102
   b) Handlungsfähigkeit 103
2. Folgen 104
3. Verhältnis von § 3 JGG zu §§ 20, 21 StGB 105

B. Anwendung des Jugendstrafrechts auf Heranwachsende 106

I. Systematik 106

II. Voraussetzungen des § 105 JGG 110

1. Reifestand eines Jugendlichen (§ 105 I Nr.1 JGG) 110
2. Jugendverfehlung 112

§ 4 RECHTSFOLGEN DER JUGENDSTRAFTAT 113

A. Verbindung von Rechtsfolgen und Konkurrenzfragen 116

I. Verbindung verschiedener Rechtsfolgen in einem Urteil 116

II. Einheitliche Rechtsfolgen bei mehreren Straftaten 119

1. Gleichzeitige Aburteilung mehrerer Straftaten (§ 31 I JGG) 120
2. Getrennte Aburteilung mehrerer Straftaten (§ 31 II, III JGG) 121
3. Anwendbarkeit des § 31 JGG 122

III. Mehrere Straftaten in verschiedenen Alters- und Reifestufen (§ 32 JGG) 123

1. Voraussetzungen 123
2. Problem der getrennten Aburteilung 124

IV. Vorgehensweise bei mehreren Straftaten 125

B. Einzelne Rechtsfolgen 126

I. Erziehungsmaßregeln 126

1. Weisungen 126
- a) Weisungskatalog nach § 10 I S.3 JGG 126
- b) Grenzen der Weisungen 126
  - aa) Verfassungsrechtliche Grenzen 126
  - bb) Sonstige gesetzliche Grenzen 126
  - cc) Funktionale Grenzen 128
- c) Vollstreckung der Weisungen 128

2. Hilfe zur Erziehung 128

II. Zuchtmittel 129

1. Voraussetzungen 132
2. Einzelne Zuchtmittel 132
- a) Verwarnung (§ 14 JGG) 133
- b) Auflagen 133
- c) Jugendarrest 134
  - aa) Arten des Jugendarrests 134
  - bb) Voraussetzungen 134
  - cc) Kritik 135
  - dd) Vollstreckung und Vollzug 135

III. Jugendstrafe 137

1. Voraussetzungen 138
- a) Schädliche Neigungen (§ 17 II 1.Alt. JGG) 139
- b) Schwere der Schuld (§ 17 II 2.Alt JGG) 141

2. Dauer der Jugendstrafe 144
- a) Gesetzliche Grenzen 144
- b) Strafzumessung 145
  - aa) Erziehungsgedanke 145
  - bb) Schuldgedanke 145
  - cc) Generalpräventive Motive 145

  IV. Aussetzung zur Bewährung, Aussetzung der Verhängung 146
    1. Aussetzung zur Bewährung (§ 21 JGG) 146
      a) Rechtsnatur und Voraussetzungen 147
      b) Bewährungszeit 148
    2. Vorbewährung 150
      a) Inhalt 150
      b) Kritik 151
    3. Aussetzung der Verhängung (§ 27 JGG) 152
      a) Inhalt 152
      b) Verbindung mit Jugendarrest 153
    4. Aussetzung des Strafrestes (§ 88 JGG) 156

§ 5 DAS FORMELLE JUGENDSTRAFRECHT 157

A. Zuständigkeit der Jugendgerichte 157
  I. Der Jugendrichter 158
  II. Das Jugendschöffengericht 159
  III. Die Jugendkammer 160
    1. Die große Jugendkammer 160
    2. Die kleine Jugendkammer 161
    3. Revision 162
  IV. Verbindung von Jugend- und Erwachsenenstrafsachen 163

B. Die Verfahrensbeteiligten 164
  I. Der Jugendrichter 164
  II. Die Jugendstaatsanwaltschaft 165
  III. Die Erziehungsberechtigten und gesetzlichen Vertreter 166
  IV. Der Verteidiger 167
    1. Allgemeine Stellung des Verteidigers 167
    2. Notwendige Verteidigung 168
  V. Die Jugendgerichtshilfe 169
    1. Rechtsnatur 169
    2. Aufgaben 170

C. Das Vorverfahren 171

D. Diversion 172
  I. Allgemeines 172
  II. Voraussetzungen 173
    1. Absehen von Verfolgung gem. § 45 I JGG 173
    2. Absehen von Verfolgung gem. § 45 II JGG 174
    3. Absehen von Verfolgung gem. § 45 III JGG 175
    4. Einstellung des Verfahrens gem. § 47 JGG 176
  III. Kritik 177

E. Das Hauptverfahren ... 179

    I. Öffentlichkeit gem. § 48 JGG ... 180

    II. Anwesenheit des Angeklagten ... 181

    III. Urteil ... 182

F. Das Rechtsmittelverfahren ... 183

    I. Wahlrechtsmittel gem. § 55 II JGG ... 183

    II. Eingeschränkte Anfechtbarkeit gem. § 55 I JGG ... 184

        1. Mildere Sanktion durch das Rechtsmittelgericht ... 185

        2. Strengere Sanktion durch das Rechtsmittelgericht ... 186

G. Der Jugendliche in Untersuchungshaft ... 187

    1. Anordnung ... 188

    2. Anrechnung ... 189

H. Vollstreckung und Vollzug ... 190

    I. Die Vollstreckung ... 191

        1. Vollstreckungsleiter ... 192

        2. Aufgaben ... 193

    II. Der Vollzug ... 194

        1. Der Jugendarrest ... 194

        2. Die Jugendstrafe ... 195

            a) Rechtliche Grundlagen ... 195

            b) Vollzugsleiter und Aufgaben des Vollzugs ... 196

    III. Zusammenfassung: Rechtsbehelfe ... 197

J. Straf - und Erziehungsregister, Beseitigung des Strafmakels ... 198

    I. Straf- und Erziehungsregister ... 198

    II. Beseitigung des Strafmakels ... 200

3. KAPITEL: STRAFVOLLZUG ... 201

§ 1 ALLGEMEINES ... 201

A. Statistik ... 201

    I. Strafverfolgungsstatistik ... 201

    II. Strafvollzugsstatistik ... 202

B. Strafvollstreckung und Strafvollzug ... 203

C. Normen des Strafvollzugs ... 204

§ 2 VOLLZUGSZIELE UND -GRUNDSÄTZE ... 205

    I. Vollzugsziel gem. § 2 StVollzG ... 205

        1. Resozialisierung gem. § 2 S.1 StVollzG ... 205

        2. Schutz der Allgemeinheit gem. § 2 S.2 StVollzG ... 206

           3. Verhältnis von Resozialisierung und Sicherung 207
           4. Verhältnis von Resozialisierung und Schuldausgleich 208
               a) Rechtsprechung 209
               b) Literatur 210
   II. Gestaltungsgrundsätze des Vollzugs (§ 3 StVollzG) 211
       1. Angleichungsgrundsatz gem. § 3 I StVollzG 211
       2. Gegenwirkungsgrundsatz gem. § 3 II StVollzG 212
       3. Eingliederungshilfe gem. § 3 III StVollzG 213
   III. Allgemeine Rechtsstellung des Gefangenen 214
       1. Freiheitsbeschränkungen nur gem. § 4 II S.1 StVollzG 214
       2. Generalklausel des § 4 II S.2 StVollzG 216
           a) Aufrechterhaltung der Sicherheit 217
           b) Schwerwiegende Störung der Ordnung der Anstalt 218
           c) Fehlende anderweitige gesetzliche Regelung 219

§ 3 DER BEGINN DES VOLLZUGS 223

A. Strafantritt 223

B. Annahme zum Vollzug 224

C. Aufnahme in den Vollzug, § 5 StVollzG 225

D. Vollstreckungs- und Vollzugsplan 226

   I. Vollstreckungsplan, § 152 StVollzG 226
       1. Klassifizierung 227
       2. Differenzierung 228
   II. Vollzugsplan, § 7 StVollzG 229
       1. Abgrenzung 229
   III. Erstellung des Vollzugsplans 230
       1. Voraussetzungen 231
       2. Erfolge 231

§ 4 ORGANISATION DES STRAFVOLLZUGS 232

A. Der Anstaltsleiter 232

B. Vollzugsbedienstete und Vollzugshelfer 233

C. Der Anstaltsbeirat 234

D. Gefangenenmitverantwortung, § 160 StVollzG 235

§ 5 DAS LEBEN IM VOLLZUG 236

A. Besuch 236

   I. Anspruch auf Besuch 236
   II. Einschränkungen 237
       1. Dauer 237
       2. Durchsuchung 238

3. Überwachung 239
4. Abbruch des Besuchs 240
5. Besuchsverbot 241

B. Schriftwechsel **244**

I. Überwachung 245

II. Anhalten von Schreiben 246

III. Untersagen des Schriftwechsels 247

C. Auflockerungen des Vollzugs **248**

I. Offener Vollzug, § 10 StVollzG 249

1. Offener Vollzug als Regelvollzugsform 249
2. Voraussetzungen 250
   a) Zustimmung des Gefangenen 250
   b) Keine Flucht- oder Mißbrauchsgefahr 251

II. Urlaub, § 13 StVollzG 252

1. Aufgabe 252
2. Voraussetzungen 253
   a) Keine Flucht - oder Mißbrauchsgefahr 253
   b) Mindestverbüßung 254
2. Urlaubsdauer 255
3. Sonderformen des Urlaubs 256

III. Lockerungen i.e.S., § 11 StVollzG 257

D. Die Arbeit **258**

I. Die Arbeitspflicht, § 41 StVollzG 258

II. Besondere Arten der Arbeit 259

1. Ausbildung und Fortbildung, § 37 III StVollzG 259
2. Freies Beschäftigungsverhältnis, § 39 I StVollzG 260
3. Selbstbeschäftigung, § 39 II StVollzG 261

E. Die Freizeit **265**

I. Zeitungen und Zeitschriften, § 68 StVollzG 266

II. Rundfunk und Fernsehen, § 69 StVollzG 267

III. Gegenstände für die Freizeitbeschäftigung, § 70 StVollzG 268

F. Sicherheit und Ordnung, §§ 81 ff. StVollzG **269**

G. Unmittelbarer Zwang, §§ 94 ff. StVollzG **272**

H. Disziplinarmaßnahmen, §§ 102 ff. StVollzG **275**

§ 6 RECHTSBEHELFE **277**

A. Beschwerde gem. § 108 StVollzG **277**

B. Rechtsbehelfe außerhalb des StVollzG **278**

C. Antrag auf gerichtliche Entscheidung, §§ 109 ff. StVollzG 279

I. Zulässigkeit 280

1. Maßnahme (§ 109 I StVollzG) 280
2. Statthafte Antragsart 281
3. Antragsbefugnis, § 109 II StVollzG 282
4. Vorverfahren, § 109 III StVollzG 283
5. Zuständigkeit, § 110 StVollzG 283
6. Form und Frist, § 112 StVollzG 283

II. Begründetheit 284

D. Rechtsbeschwerde, § 116 StVollzG 285

E. Antrag auf gerichtliche Entscheidung gem. §§ 23 ff. EGGVG 286

1. Anzuwendende Normen 288
2. Rechtsstellung des Untersuchungsgefangenen 289
3. Rechtsbehelfe 291

4. KAPITEL: SANKTIONSRECHT 292

§ 1 STRAFTHEORIEN 292

A. Vergeltungstheorie 293

B. Die Theorie der Spezialprävention 296

C. Theorie der Generalprävention 299

D. Vereinigungstheorien 302

§ 2 PROGNOSE 303

A. Arten der Prognose 304

I. Urteilsprognose 304

II. Entlassungsprognose 305

B. Methoden 306

I. Intuitive, klinische und statistische Prognose 306

1. Intuitive Methode 306
2. Klinische Methode 307
3. Statistische Methode 308
   a) Einfaches Punkteverfahren 309
   b) Punktwertverfahren 310
   c) Strukturprognosetafeln 311
   d) Merkmale in Prognosetafeln 312
4. Idealtypisch - vergleichende Methode 313

II. Vor- und Nachteile der einzelnen Prognosen 314

1. Intuitive Methode 314
2. Klinische Methode 315
3. Statistische Methode 316
4. Grundsätzliche Einwände gegen wissenschaftliche Prognosemethoden 317

§ 3 SCHULDUNFÄHIGKEIT UND VERMINDERTE SCHULDFÄHIGKEIT GEM. §§ 20, 21 StGB 318

A. Krankhafte seelische Störung 320

I. Exogene Psychosen 321

II. Endogene Psychosen 322

B. Tiefgreifende Bewußtseinsstörung 323

C. Schwachsinn 324

D. Schwere andere seelische Abartigkeit 335

§ 4 SANKTIONEN 326

A. Die Freiheitsstrafe 327

I. Die zeitige Freiheitsstrafe 327

1. Die kurze Freiheitsstrafe 327
2. Aussetzung zur Bewährung 328
3. Aussetzung des Strafrestes 329

II. Die lebenslange Freiheitsstrafe 330

B. Die Geldstrafe 332

I. Tagessatzsystem 332

II. Sonderprobleme 333

1. Schätzung der wirtschaftlichen Verhältnisse 333
2. Einbeziehung von Verpflichtungen und Vermögen 334
3. Progressionswirkung der Geldstrafe 335

C. Das Fahrverbot 336

D. Maßregeln der Besserung und Sicherung 338

I. Unterbringung in einem psychiatrischen Krankenhaus, § 63 StGB 339

II. Unterbringung in einer Entziehungsanstalt, § 64 StGB 341

III. Unterbringung in der Sicherungsverwahrung, § 66 StGB 343

§ 5 STRAFZUMESSUNG 345

A. Der gesetzliche Strafrahmen 346

B. Richterliche Strafzumessung 348

I. Orientierung am Regelfall 349

II. Strafzumessung gem. § 46 StGB 350

1. Strafzumessungstheorien 352
   a) Spielraumtheorie 353
   b) Stellenwerttheorie 354
2. Strafzumessungstatsachen 356

C. Doppelverwertungsverbote **357**

    I. Doppelverwertungsverbot gem. § 46 III StGB 357

    II. Doppelverwertungsverbot gem. § 50 StGB 358

D. Probleme der Strafzumessung **359**

LITERATURVERZEICHNIS

Lehrbücher:

Albrecht	Jugendstrafrecht, 2.Auflage, 1993
Böhm	Strafvollzug, 2.Auflage, 1986
Göppinger	Kriminologie, 5.Auflage, 1997
Hauf	Strafvollzug (Kurzlehrbuch), 1994
Jeschek	Lehrbuch des Strafrechts, Allgemeiner Teil, 4.Auflage, 1988
Kaiser	Kriminologie, 3.Auflage, 1996 9.Auflage, 1993
Kaiser/Schöch	Kriminologie - Jugendstrafrecht - Strafvollzug, 4.Auflage, 1994
Kaiser/Kerner/Schöch	Strafvollzug, 4.Auflage, 1992
Mergen	Die Kriminologie, 3.Auflage, 1995
Roxin	Strafrecht, Allgemeiner Teil, Band I, 2.Auflage 1994
Schäfer	Praxis der Strafzumessung, 1990
Schaffstein/Beulke	Jugendstrafrecht, 12.Auflage, 1995
Streng	Strafrechtliche Sanktionen, 1991
Schwind	Kriminologie, 8.Auflage, 1997

Kommentare:

Brunner/Dölling	Jugendgerichtsgesetz, 10.Auflage, 1996
Calliess/Müller-Dietz	Strafvollzugsgesetz, 5.Auflage, 1991

Eisenberg Jugendgerichtsgesetz,
7.Auflage, 1997

Schwind/Böhm Strafvollzugsgesetz,
2.Auflage, 1991

1. KAPITEL: KRIMINOLOGIE

§ 1 WESEN UND URSACHEN DER KRIMINOLOGIE

A. Begriffe

Begriffe

I. Kriminologie

Kriminologie ist eine interdisziplinäre Wissenschaft (im wesentlichen Soziologie, Psychologie und Psychiatrie umfassend) und beschäftigt sich mit:

- den Erscheinungsformen und Ursachen von Kriminalität (sog. Phänomenologie und Ätiologie),

- dem Täter (Forensische Psychologie und Psychiatrie),

- dem Opfer (sog. Viktimologie),

- der Kontrolle und der Behandlung des Straftäters (Poenologie, Kriminaltherapie, Institutionenforschung, Statistik).[1]

> **HEMMER-METHODE:** Nicht zu verwechseln ist der Begriff der Kriminologie mit dem der Kriminalistik. Während die Kriminologie primär die *Ursachen*forschung im Blick hat, geht es bei der Kriminalistik um die *Aufklärung* von Straftaten, d.h. um die Technik der Verbrechensaufklärung.

II. Verbrechen

Ein weiterer wichtiger Begriff ist der des Verbrechens. Das Verbrechen bezieht sich im Gegensatz zur Kriminalität immer auf einen einzelnen Menschen bzw. auf eine einzelne Tat (und damit auf einen Individualgegenstand im Gegensatz zum Kollektivgegenstand bei der Kriminalität). Strafrechtlich sind mit Verbrechen Taten gemeint, die eine Mindestfreiheitsstrafe von einem Jahr vorsehen (§ 12 StGB). Der Verbrechensbegriff kann jedoch auch anders interpretiert werden:

1. formeller Verbrechensbegriff

Formeller Verbrechensbegriff

Unter den formellen Verbrechensbegriff fallen Handlungen, die nach dem StGB (nicht nach dem OWiG) mit Strafe bedroht sind.

2. natürlicher Verbrechensbegriff

Natürlicher Verbrechensbegriff

Dagegen meint der natürliche Verbrechensbegriff Taten, die zu allen Zeiten und in allen Kulturen als verwerflich angesehen werden, eben Verbrechen „aus der Natur der Sache heraus" (sog. delicta mala per se). Hierzu gehören Mord, Raub, Notzucht, schwere Körperverletzung und Einbruchsdiebstahl. Der natürliche Verbrechensbegriff ist also enger als der formelle.

3. soziologischer (materieller) Verbrechensbegriff

Soziologischer Verbrechensbegriff

Weiter gefaßt als der formelle ist der soziologische Verbrechensbegriff. Er umfaßt zusätzlich alle Handlungen, die zwar sozialschädlich, aber nicht mit Strafe bedroht sind.

---

1 SCHWIND, § 1 Rn. 16.

4. Verhältnis der Begriffe zueinander

Neukriminalisierung

Im Laufe der Zeit ändert sich innerhalb der Gesellschaft die Bewertung von Verhaltensweisen. Veränderungen des materiellen Verbrechensbegriffs ziehen dann häufig die Angleichung des formellen Verbrechensbegriffs nach sich:

Dies geschieht zum einen durch die Neukriminalisierung von Taten.

> *Bsp.: Das Umwelt- und Wirtschaftsstrafrecht erhielt eine Reihe von neuen Tatbeständen, nachdem politisch und gesellschaftlich das Bedürfnis hiernach entstanden ist.*

Entkriminalisierung

Andererseits stehen manche Handlungen heute nicht mehr unter Strafe, weil die Bewertung als sozialschädlich weggefallen ist. Man spricht dann von Entkriminalisierung. Diese kann einmal durch die komplette Streichung des Tatbestands im StGB vollzogen werden.

> *Bsp.: Ehebruch und Homosexualität sind nicht mehr strafbar.*

Entkriminalisiert wird jedoch auch durch die Ausgestaltung als bloße Ordnungswidrigkeit (so geschehen bei Verkehrsüberschreitungen) oder durch die Möglichkeit der Einstellung des Verfahrens gem. § 153a StPO bzw. §§ 45, 47 JGG.[2]

All diese Prozesse beruhen letztendlich auf einem sich ändernden materiellen Verbrechensbegriff.

B. Geschichte der Kriminologie

> **HEMMER-METHODE: Geschichtliches Wissen ist hauptsächlich in der mündlichen Prüfung gefragt. Allerdings sind die Kriminalitätstheorien (siehe Rn. 12 ff.) vor dem historischen Hintergrund leichter zu verstehen und einzuordnen!**

I. Beccaria

Beccaria

Einer der Begründer der Kriminologie war der italienische Jurist BECCARIA (1738-1794).[3] In seiner Schrift „Über Verbrechen und Strafe" forderte er bspw. den Grundsatz "in dubio pro reo", die Bindung des Richters an das Gesetz, die Abschaffung der Todesstrafe und die Verdrängung des Vergeltungszwecks im Strafrecht.[4]

II. Lombroso

Lombroso

LOMBROSO (1835-1909)[5] war Mediziner und wurde nicht so sehr durch seine politischen und philosophischen Ideen, sondern durch erste empirische Arbeiten berühmt. Er führte Untersuchungen an Straftätern durch und kam zu der Überzeugung, daß Kriminelle bereits an äußeren Merkmalen zu erkennen seien (bspw. fliehende Stirn, große Kiefer, asymmetrische Gesichtszüge, Schielen, große Hände und Füße etc.). Schlagwortartig spricht man vom „geborenen Verbrecher". Obwohl die Theorie LOMBROSOS widerlegt wurde, ist sein Verdienst in der umfassenden empirischen Forschung zu sehen.

---

[2] vgl. Rn. 172.
[3] SCHWIND, § 4 Rn. 3.
[4] vgl. Rn. 293.
[5] SCHWIND, § 4 Rn. 13.

§ 1 WESEN UND URSACHEN DER KRIMINOLOGIE

Schulenstreit im 19.Jhd.

III. Der Schulenstreit im 19.Jhd.

1. Die Italienische Schule

Die Italienische Schule LOMBROSOS hielt Kriminalität also für angeboren. Relativiert wurde dieser Ansatz jedoch von LOMBROSOS Schüler FERRI.[6]

2. Die Französische Schule

Das Gegenteil wurde von der Französischen Schule vertreten (insbesondere LACASSAGNE[7] und TARDE[8]). Für Kriminalität sei das Milieu, also das Umfeld, in dem der Mensch lebe, verantwortlich.

3. Die Marburger Schule

Die Marburger Schule von FRANZ VON LISZT (1851-1919) versuchte, den Widerspruch zwischen den beiden Schulen zu überwinden, indem sie eine Synthese aus Anlage- und Umwelteinflüssen annahm (sog. Anlage - Umwelt - Formel). Der deutsche Jurist v. LISZT war Verfechter der Spezialprävention[9] und forderte eine Abkehr vom Tatstrafrecht hin zum Täterstrafrecht.

> **HEMMER-METHODE:** FRANZ V. LISZT ist eine Zentralfigur in der Kriminologie, von der man schon mal etwas gehört haben sollte. Im deutschen Strafrecht finden sich seine Ideen des Täterstrafrechts bspw. in der Strafzumessung gem. § 46 StGB, vgl. Rn. 350. Von V.LISZT stammt auch das Zitat: „Eine gute Sozialpolitik ist die beste Kriminalpolitik"!

C. Kriminalitätstheorien

Die Kriminalitätstheorien entwickelten sich im 20.Jhd. im Anschluß an den Schulenstreit. Sie stellen sich die Frage nach dem „Warum" der Kriminalität. Man unterscheidet zwischen den biologischen, den psychologischen, den sozialpsychologischen und den soziologischen Theorien, sowie den Mehrfaktorenansätzen.

Wichtig ist, daß die Aussagekraft der Kriminalitätstheorien nicht überschätzt wird. Es handelt sich nicht um deterministische (d.h. festgelegte und vorbestimmte) Geschehnisse, sondern eher um Wahrscheinlichkeitsaussagen - eine zwingende Kausalität von Bedingungen und nachfolgender Kriminalität gibt es nicht. Des weiteren betrachten die meisten Kriminalitätstheorien nur einen Ausschnitt der möglichen Ursachen.

I. Biologische Kriminalitätstheorien

Biologische Theorien

Neben dem abzulehnenden Ansatz von LOMBROSO[10] gibt es noch andere biologische Erklärungsversuche:

---

6   SCHWIND, § 4 Rn. 37.
7   LACASSAGNE erklärte: "Jede Gesellschaft hat die Verbrecher, die sie verdient.".
8   von TARDE stammt die Äußerung: "Alle sind schuldig bis auf die Verbrecher selbst.".
9   vgl. Rn. 296.
10 vgl. Rn. 8.

1. Zwillings – und Adoptionsforschung

Zwillingsforschung

In der Zwillingsforschung[11] verglich man eineiige (also erbgleiche) und zweieiige Zwillinge. Kam es bei eineiigen Pärchen zu einer höheren Übereinstimmung im kriminellen Verhalten[12] als bei den zweieiigen Zwillingen, so wurde der Schluß gezogen, Kriminalität sei bereits in den Genen angelegt.

Adoptionsforschung

Bei Untersuchungen von Adoptivkindern wurde die Kriminalitätsbelastung des Adoptiv- und des biologischen Vaters festgestellt, um eine eventuelle Vererbung von kriminellem Verhalten festzustellen.

Problematisch an der Aussagefähigkeit dieser Vergleiche sind jedoch die relativ kleinen Stichproben (da naturgemäß wenig kriminelle Zwillinge zur Verfügung stehen) und die Vernachlässigung von Umwelteinflüssen. So wird nicht beachtet, daß sowohl bei den Adoptiveltern, als auch den Adoptivkindern häufig schwierige soziale Umstände vorliegen, die auf das kriminelle Verhalten Einfluß haben können. Daß Kriminalität ausschließlich auf biologischen Ursachen beruht, kann jedenfalls aus den Untersuchungen nicht gefolgert werden.

2. Das ethologische Modell

Ethologisches Modell

Die Ethologie wurde wesentlich durch LORENZ[13] geprägt. Nach der Verhaltensforschung an Tieren wurden die Ergebnisse teilweise auf Menschen übertragen. So sei bspw. aggressives Verhalten angeboren und damit instinktiv. Zudem gäbe es - wie bei Tieren[14] - auch beim Säugling eine irreversible Prägungsphase, die für späteres kriminelles Verhalten verantwortlich sein könnte (bspw. durch mangelnde Zuwendung der Eltern).

Allerdings ist zweifelhaft, ob die Erkenntnisse über das Instinktverhalten der Tiere wirklich auf Menschen übertragen werden können.

Psychologische Theorien

II. Psychologische Kriminalitätstheorien

1. Psychoanalytisches Persönlichkeitsmodell

Freud´sches Persönlichkeitsmodell

Das von FREUD[15] entwickelte Modell geht von einer Dreiteilung der menschlichen Psyche aus:

- das "Es" speichert die Triebe und das Verdrängte,
- das "Über-Ich" ist die moralische Instanz, also das Gewissen,
- das "Ich" stellt die Vermittlungsinstanz zwischen den beiden Ebenen dar.

Zur Kriminalität kommt es entweder bei einem zu starken oder zu schwachen Über-Ich. Bei einem zu starken Über-Ich spricht man von einer neurotisch - bedingten Kriminalität, ein zu schwaches Über-Ich kann zur verwahrlosungsbedingten Kriminalität führen.

Entscheidend für die Entwicklung dieser drei Instanzen ist die frühkindliche Erziehung: Das Kind wird zwar als asoziales Wesen geboren, durch ausreichende Zuwendung und konsistente Erziehung gelingt es ihm jedoch, die kriminellen Triebe zu verdrängen. Bei frühkindlichen Fehlentwicklungen ist die Herstellung des Gleichgewichts der Instanzen nicht mehr möglich.

---

11 KAISER/SCHÖCH, Fall 3 Rn. 19; SCHWIND § 5 Rn. 2 ff.
12 sog. Konkordanzziffer.
13 SCHWIND, § 5 Rn. 14 ff.
14 LORENZ bewies dies in seinem Experiment mit Graugänsen, die ihn als Muttertier akzeptierten und somit einer Fehlprägung unterlagen.
15 SCHWIND, § 6 Rn. 5 ff.; KAISER/SCHÖCH, Fall 3 Rn. 23 ff.

Kritisiert wird hieran, daß die Existenz der Instanzen nicht nachweisbar und empirisch überprüfbar ist.

2. Frustrations - Aggressions - Hypothese

Frustrations -Aggressions - Hypothese

Der von DOLLARD entwickelte Ansatz geht davon aus, daß jede erlebte Frustration Ursache für eine neue Aggression ist, die zu kriminellem Verhalten führen kann.

Bsp.:[16] Sportzuschauer reagieren aggressiver, wenn die eigene Mannschaft verloren hat und der Sieg nicht gefeiert werden kann.

Diese Behauptung muß dahingehend modifiziert werden, daß sie nicht für alle Arten von Aggressionen gelten kann und nicht ohne die Betrachtung anderer Faktoren (wie z.B. die Lebensgeschichte des Täters) auskommt.[17]

Sozialpsychologische Theorien

III. Sozialpsychologische Kriminalitätstheorien

1. Theorie der differentiellen Assoziation

Theorie der differenziellen Assoziation

Die von SUTHERLAND[18] entwickelte Theorie der differenziellen Assoziation ist eine sogenannte Lerntheorie. Sie besagt, daß kriminelles Verhalten erlernt wird und zwar

- in Interaktion mit anderen Personen
- meist in kleinen Gruppen, wobei
- das Erlernte sowohl die Motive als auch die Techniken kriminellen Verhaltens umfaßt.

Bsp.: Ein geselliger, aktiver Junge wird in einer Gegend mit vielen anderen Kriminellen leichter "einsteigen", als in einem weniger belasteten Umfeld, in dem er vielleicht Pfadfinder wird.

Problematisch an dieser Theorie ist, daß eine empirische Überprüfung nur schwer möglich ist. Außerdem fehlen Aussagen darüber, warum einige Personen Kontakte zu Kriminellen knüpfen, andere unter den gleichen Bedingungen aber nicht. Zudem paßt die Lerntheorie nicht auf Affekt- oder Triebtaten.

2. Labeling - Approach

labeling - approach

Der aus den USA stammende Etikettierungsansatz (oder labeling-approach)[19] geht zunächst davon aus, daß Kriminalität gleichmäßig in der Gesellschaft verteilt ist (sogenannte Ubiquität). Dadurch daß die Justiz aber nicht jeden mit gleicher Intensität verfolgt (sog. Selektion), kommt es zu einem verzerrten Bild der Kriminalitätsverteilung. Insbesondere untere soziale Schichten seien einer stärkeren Verfolgung ausgesetzt.

Bsp.: Ein junger arbeitsloser Ausländer wird von der Polizei eher verfolgt als eine 50-jährige Deutsche.

Auch durch die Gesetzgebung würden obere Schichten privilegiert. Da die Gesetze von dem mächtigeren Teil der Bevölkerung erlassen werde, könne sie ihre Interessen wahren; es komme zu einer "Klassengesetzgebung".

---

16 SCHWIND, § 6 Rn. 46.
17 MERGEN, S. 109; KAISER/SCHÖCH, Fall 3 Rn. 30.
18 vgl. KAISER/SCHÖCH, Fall 3 Rn. 44.
19 vgl. KAISER/SCHÖCH, Fall 3 Rn. 55 ff.

An dieser These wird kritisiert, daß sich eine gleichmäßige Verteilung der Straftaten in der Gesellschaft gerade nicht nachweisen läßt. Zudem führt der Ansatz dazu, daß die Diskussion über die Ursachen der Kriminalität abgeschnitten wird.

3. Theorie der sekundären Abweichung

Die Theorie der sekundären Abweichung von LEMERT beschäftigt sich ebenfalls mit der Rolle der Strafverfolgungsinstanzen. Wenn das erste Delikt (primäre Abweichung) bestraft wird, kommt es bei dem Betroffenen durch die Stigmatisierung zu der sog. sekundären Abweichung.[20] Je häufiger sanktioniert wird, desto ablehnender verhält sich der Täter gegenüber der Gesellschaft, bis er schließlich den Status eines Kriminellen hat.

Hieran ist auszusetzen, daß die Frage nach der Ersttat (primäre Abweichung) nicht untersucht wird und keine Aussagen zu Einmaltätern getroffen werden. Auch ist ein empirischer Nachweis noch nicht gelungen.

IV. Soziologische Theorien

1. Anomietheorie

Die von MERTON entwickelte Anomietheorie stützt sich auf die Erkenntnisse DURKHEIMS. Dieser vertrat die Auffassung, daß Kriminalität eine normale Erscheinung in der Gesellschaft sei (Theorie der strukturell-funktionalen Bedingtheit der Kriminalität). Ungesund wird die Entwicklung erst dann, wenn sie zugunsten der Kriminalität umschlägt und sich gesellschaftliche Werte und Normen auflösen (sog. „anomischer" Zustand).

MERTON ging davon aus, daß Kriminalität durch ein Auseinanderfallen von angestrebten Zielen (bspw. Wohlstand) und der zur Verfügung stehenden Mittel (bspw. geringer Lohn) sei. Dem Menschen stehen nun verschiedene Möglichkeiten zur Verfügung:

- Konformität: die Ziele werden bejaht und nur mit legalen Mitteln erreicht.

- Ritualismus: die Ziele werden heruntergeschraubt.

- Rebellion: Ziele und Mittel werden bekämpft (Bsp.: Terrorismus).

- Apathie: Ziele und Mittel werden nicht weiter verfolgt (Bsp.: Sekteneintritt, Drogenkonsum etc.)

- Innovation: die Ziele werden bejaht, allerdings werden illegale Mittel eingesetzt.

  Bsp.:[21] Ein arbeitsloser Jugendlicher stiehlt ein Motorrad, um in seiner Clique „mithalten" zu können.

Wird über das normale Maß hinaus Innovation betrieben, führt dies die Gesellschaft in einen anomischen, d.h. normlosen Zustand.

Die Anomietheorie scheitert jedoch, wenn es um die Frage geht, warum die meisten Menschen trotz angestrebter Ziele nicht zu illegalen Mitteln greifen. Welche der oben aufgeführten Reaktionen durch welchen Umstand ausgelöst wird, bleibt also unklar. Im übrigen findet Kriminalität, die mit der Erreichung gesellschaftlicher Ziele nichts zu tun hat (bspw. die Gewaltkriminalität), keine Beachtung.

---

20 KAISER/SCHÖCH, Fall 3 Rn. 52 ff.
21 SCHWIND, § 7 Rn. 8.

§ 1 WESEN UND URSACHEN DER KRIMINOLOGIE

Ökologische Theorie

2. Ökologische Theorien

Insbesondere die Chikago-Schule[22] untersuchte die Abhängigkeit der Kriminalität vom Wohnort. Hiernach gibt es in Gegenden mit ungünstiger Sozialstruktur einer höhere Kriminalitätsquote (sog. delinquency areas).[23]

3. Kulturkonfliktstheorie

Kulturkonfliktstheorie

Nach der von SELLIN[24] entwickelten Kulturkonfliktstheorie entsteht Kriminalität bei Ausländern durch den Widerspruch zwischen dem Werte- und Normensystem des Heimatlandes und dem neuen Land. Je stärker die Unterschiede, desto eher kann es zu kriminellem Verhalten kommen.

Die Kulturkonfliktstheorie hat sich jedoch gerade bei der ersten Gastarbeitergeneration in Deutschland nicht bestätigt, da keine höhere Kriminalitätsbelastung im Vergleich zu Deutschen vorliegt. Allerdings weist die zweite Generation eine überproportionale Belastung auf. Dies wird mit dem „inneren Kulturkonflikt" erklärt, der durch die Orientierungslosigkeit (Hin- und Hergerissensein zwischen Elternhaus und sonstigem sozialen Umfeld) entstehen soll. Als Ursache bedeutsamer scheint jedoch die soziale Benachteiligung jugendlicher Ausländer zu sein.[25]

4. Subkulturtheorie

Subkulturtheorie

Die Subkulturtheorie[26] (von COHEN und WHYTE)[27] beschreibt das Phänomen, daß bspw. in Slumgebieten ein eigenes Wertesystem und eine eigene Hierarchie entstehen, welche sich insbesondere gegen die Mittelschichtsnormen richten und gegen diese auch verstoßen. Mit diesem Ansatz wird auch versucht, die kriminellen Strukturen in Vollzugsanstalten zu erklären.

Wiederum stellt sich jedoch die Frage, warum sich ein Großteil der Unterschichtsangehörigen normenkonform verhält.

V. Mehrfaktorenansätze

Mehrfaktorenansätze

Mehrfaktorenansätze haben zum Ziel, vielschichtiger als die bisher genannten Theorien zu arbeiten.[28] Daher berücksichtigen sie nicht nur einen Faktor, sondern eine Vielzahl von Merkmalen, die den Täter und sein Umfeld beschreiben (Familie, Arbeit, Freizeit etc.).

Die Mehrfaktorenansätze sind primär empirisch ausgerichtet, weswegen ihnen häufig Theorienlosigkeit und die Schaffung von „Datenfriedhöfen" vorgeworfen wird.[29]

> **HEMMER-METHODE:** Die Kriminalitätstheorien spielen sowohl im schriftlichen als auch im mündlichen Examen eine Rolle. Auch wenn nicht ausdrücklich danach gefragt ist, gibt es doch Punkte, wenn eine Theorie im passenden Zusammenhang kurz (!) erläutert wird!

---

22 SCHWIND, § 7 Rn. 15 ff.
23 zum Einfluß des Wohnraums auf die Kriminalität vgl. SCHWIND, §§ 15 bis 18.
24 KAISER/SCHÖCH, Fall 3 Rn. 40 f.
25 siehe unten Rn. 85.
26 Der Begriff Subkultur ist an sich nicht negativ, sondern meint eigentlich Untergruppen einer Gesellschaft (bspw. Techno-Szene, Rocker-Szene etc.).
27 MERGEN, S. 20.
28 so z.B. GÖPPINGER, der den „Täter in seinen sozialen Bezügen" untersucht und hierbei zwischen kriminovalenten (kriminalitätsbegünstigenden) und kriminoresistenten Konstellationen unterscheidet; GÖPPINGER, Angewandte Kriminologie, S. 32 ff.
29 wohl zu Unrecht, vgl. KAISER/Schöch, Fall 3 Rn. 59.

§ 2 STATISTIK

Ein wesentliches Hilfsmittel der kriminologischen Forschung ist die Statistik.

A. Polizeiliche Kriminalstatistik (PKS)

I. Inhalt

Die jährlich erscheinende PKS[30] enthält alle von der Polizei bearbeiteten Straftaten (auch mit Strafe bedrohte Versuche) mit Ausnahme der Staatsschutz- und Verkehrsdelikte.

> **HEMMER-METHODE:** Die Verkehrsdelikte tauchen in der PKS deswegen nicht auf, weil ihre Anzahl sehr stark von äußeren Faktoren abhängig ist (bspw. steigende Anzahl von Kfz, stärkere Verkehrskontrollen). Da die Verkehrsdelikte einen großen Teil aller Straftaten ausmachen (ca. 50 %), würde die PKS bei Schwankungen innerhalb der Verkehrsdelikte insgesamt verzerrt. Es käme dann zu einem erschreckenden Anstieg der Gesamtkriminalität, obwohl lediglich die Verkehrsdelikte zugenommen haben.

1. Absolute und Häufigkeitszahlen

Die PKS nennt insbesondere

- die absolute Zahl der registrierten Straftaten

  Bsp.: 1996 wurden 6.647.598 Fälle registriert.

- die Häufigkeitszahl, d.h. die registrierten Straftaten pro 100.000 Einwohner

  Bsp.: 1996 kamen auf 100.000 Einwohner 8125 Fälle.

- die Tatverdächtigenzahl, d.h. die ermittelten Tatverdächtigen

  Bsp.: 1996 zählte die PKS 2.213.292 Tatverdächtige.

- die Tatverdächtigenbelastungszahl, d.h. die ermittelten Tatverdächtigen pro 100.000 Einwohner.

  Bsp.: 1995 waren von 100.000 Einwohnern 2312 Personen Tatverdächtige.

Die Häufigkeitszahl und die Tatverdächtigenbelastungszahl gestatten es, Schwankungen in der Bevölkerungszahl zu berücksichtigen.

2. Aufklärungsquote

Ebenfalls in der PKS[31] erscheint die *Aufklärungsquote,* d.h. der Anteil der aufgeklärten an den bekanntgewordenen Fällen. Ein Fall ist dann aufgeklärt, wenn ein hinreichend Tatverdächtiger ermittelt wurde, der mit großer Wahrscheinlichkeit später verurteilt wird. Die Aufklärungsquoten sind je nach Delikt unterschiedlich.

Bsp.: 1996 wurden 49,0 % aller registrierten Taten aufgeklärt. Bei Mord lag die Aufklärungsquote bei 92,1%, bei Sachbeschädigung hingegen nur bei 25,1 %.

---

30 Polizeiliche Kriminalstatistik, Herausgeber BUNDESKRIMINALAMT.
31 vgl. PKS 1996, S. 69.

§ 2 STATISTIK

II. Fehlerquellen der PKS

Fehlerquellen

Zunächst einmal ist naturgemäß das Dunkelfeld in der PKS nicht erfaßt. Auch macht die Statistik keine Aussagen darüber, wie das Verfahren weiterläuft, d.h. Einstellungen oder Freisprüche bleiben unberücksichtigt. Zudem wird nicht jede Straftat im selben Jahr begangen, entdeckt und registriert, was zu Verzerrungen führt. Ebenso werden eventuelle Gesetzesänderungen nicht berücksichtigt. Eine Schwäche liegt weiterhin darin, daß über die Art der Tatausführung (bspw. Gruppendelinquenz) keine Angaben gemacht werden. Im übrigen wird die Tat von der Polizei meist als schwerwiegender eingeschätzt als später vom Gericht, so daß eine strafrechtliche Überbewertung in der PKS stattfindet.

Demgegenüber hat man die Mehrfachzählung von Tätern weitgehend in den Griff bekommen, da jeder Täter nur noch einmal pro Jahr erfaßt wird, unabhängig von der Anzahl seiner Straftaten. Auch wurde der Zeitpunkt der Erfassung der Straftat auf das Ende der polizeilichen Ermittlung gelegt, so daß eine realistische Bewertung möglich ist.[32]

28

III. Kriminalitätsverteilung nach der PKS

1. Straftaten insgesamt

29

Straftatenverteilung

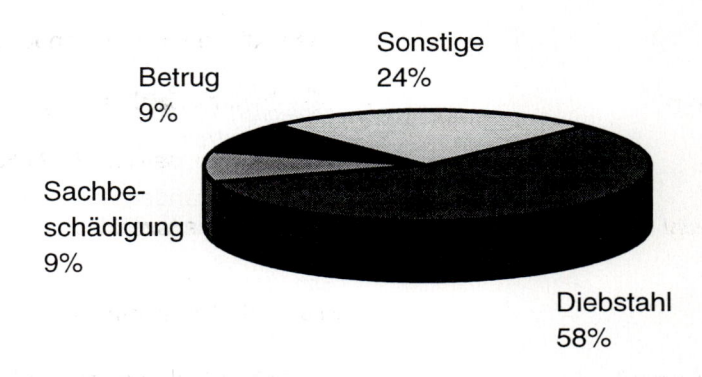

- Sonstige 24%
- Betrug 9%
- Sachbeschädigung 9%
- Diebstahl 58%

2. Sonstige Verteilung

Räumliche Verteilung

a) Bei der Betrachtung der *räumlichen Verteilung* fällt ein Stadt-Land-Gefälle auf, d.h. in Großstädten ist die Kriminalität höher als in kleineren Gemeinden. Ebenso besteht in Deutschland ein Nord-Süd-Gefälle, wobei Bayern, Baden-Württemberg und Rheinland-Pfalz die niedrigste Häufigkeitszahl aufweisen.

30

Verteilung nach Altersstufen

b) Untersucht man die verschiedenen *Altersstufen,* so werden etwa 5,9 % der Straftaten durch Kinder (unter 14 Jahre), 12,5 % durch Jugendliche, 9,9 % durch Heranwachsende (bis 21 Jahre) und 71,6 % durch Erwachsene begangen, wobei der Anteil der über 60jährigen 5 % beträgt.

Verteilung nach Geschlecht

c) Nimmt man eine Einordnung nach *Geschlecht* vor, so zeigt sich, daß lediglich 22,5 % der bekanntgewordenen Straftaten von Frauen verübt werden.

---

32 SCHWIND, § 2 Rn. 5 ff.

B. Andere Statistiken

Strafverfolgungsstatistik

Neben der PKS existiert die Strafverfolgungsstatistik,[33] welche die von den Gerichten bearbeiteten Fälle umfaßt. Hierunter fallen sämtliche Verurteilungen, Freisprüche und Einstellungen durch das Gericht (nicht durch die Staatsanwaltschaft).

Strafvollzugsstatistik

Weiterhin gibt es die Strafvollzugsstatistik,[34] die nur Angaben über die Strafgefangenen und die Art ihres Vollzugs enthält.

C. Auswertung der Statistik

> **HEMMER-METHODE:** Nicht selten wird in der Klausur (und auch in der mündlichen Prüfung!) eine Statistik angefügt, die es dann zu bewerten gilt. Wichtig ist dann, daß man den Zahlen „nicht auf den Leim geht" - kaum eine Statistik wird das halten, was sie auf den ersten Blick auszusagen scheint!

Auswertung von Statistiken

Die Zahlen einer Statistik können aus unterschiedlichen Gründen eine große oder nur geringe Aussagekraft haben. Bei einer Statistik über die Kriminalitätsrate kann bspw. die intensivere Verfolgung durch die Polizei für einen Anstieg verantwortlich sein. Das gleiche gilt auch für die Bewertung der Aufklärungsquote, die bei einer Verstärkung der Polizei steigen wird.

Bsp.:[35] Eine Tabelle enthält Zahlen über die Umweltdelikte der letzten 5 Jahre im Ländervergleich. Die Statistik weist in Berlin eine Steigerung um 13 % auf, in Hamburg dagegen eine um 216 %. Es ist wohl kaum anzunehmen, daß die tatsächliche Anzahl der Umweltdelikte derart unterschiedlich gestiegen ist. Vielmehr liegt hier der Rückschluß auf eine verstärkte Verfolgungspraxis in Hamburg nahe.

Auch eine Veränderung der Anzeigebereitschaft der Bürger hat Einfluß auf die Kriminalitätsstatistiken.

Bsp.: Um die Versicherungssumme zu erlangen, müssen bestimmte Delikte jetzt angezeigt werden. Die Zahl der registrierten Fälle wird sich erhöhen.

Andere Einflüsse sind z.B. erhöhte Zuwanderströme, der Pillenknick oder die Wiedervereinigung.

D. Das Dunkelfeld

Dunkelfeldforschung

Das Dunkelfeld spielt bei der Erforschung des wirklichen Umfangs der Kriminalität eine wesentliche Rolle. Zudem ist die Überprüfung einiger Kriminalitätstheorien (insbesondere des labeling-approach`s[36]) ohne Dunkelfeldforschung nicht möglich.

I. Begriff

Begriff

Nach dem herrschenden engen[37] Dunkelfeldbegriff werden hierunter die begangenen im Verhältnis zu den bekanntgewordenen Taten verstanden (sog. Dunkelzifferrelation).

Bsp.: Eine Dunkelzifferrelation von 1:3 bedeutet, daß auf eine registrierte Tat drei nicht bekanntgewordene Fälle kommen.

---

33 hierzu GÖPPINGER, S. 472.
34 hierzu GÖPPINGER, S. 476.
35 vgl. Bayerische Examensklausur 1990/II.
36 denn nur so könnte bestätigt werden, daß Kriminalität gleichmäßig in der Bevölkerung verteilt ist, vgl. Rn. 18.
37 die weite Definition meint die begangenen im Verhältnis zu den aufgeklärten bzw. zu den verurteilten Taten.

II. Methoden der Dunkelfeldforschung

1. Experiment und teilnehmende Beobachtung

Experiment

Ein *Experiment* ist das planmäßige Herbeiführen eines Geschehens zum Zwecke seiner Beobachtung. Für die Dunkelfeldanalyse ist das Experiment jedoch insofern ungeeignet, als die Originalsituation nur schwerlich nachgestellt werden kann und somit das Ergebnis nicht verläßlich genug ist.

teilnehmende Beobachtung

Bei der *teilnehmenden Beobachtung* betrachtet ein Außenstehender das Geschehen, ohne von den Mitmenschen als Beobachter erkannt zu werden. Hier kann jedoch - wie auch beim Experiment - nur eine jeweils kleine Gruppe untersucht werden.

2. Befragung

Befragung

Die gängigste Methode ist die *Befragung*, bei der die Testperson Angaben über (meist innerhalb eines abgrenzbaren Zeitraums) begangene oder erlittene Straftaten machen soll.[38]

a) Arten der Befragung

Arten der Befragung

Man unterscheidet zunächst zwischen schriftlichen, persönlichen oder telephonischen Befragungen. Bei den persönlichen Befragungen besteht die Möglichkeit der Einzel- oder Gruppenbefragung. Bezüglich der zu befragenden Personen kommen sowohl die Täter als auch die Opfer in Betracht.

b) Fehlerquellen

Fehlerquellen bei Befragungen

Ungenauigkeiten entstehen bei der Befragung aus mehreren Gründen:

- fehlende Erinnerung an Taten
- fehlende Aufrichtigkeit oder Übertreibung (Prahlerei)
- Falschverstehen des Fragebogens bzw. der darin abgefragten Delikte
- Keine repräsentative Stichprobe: Randständige Gruppen (Rotlichtmilieu, Ausländer) werden selten befragt
- bei Opferbefragungen: Taten ohne unmittelbares Opfer (Bsp.: Kaufhäuser, Versicherungen) können nicht erfaßt werden.

III. Abhängigkeiten zwischen Hell - und Dunkelfeld

Fraglich ist, wie sich Hellfeld und Dunkelfeld zueinander verhalten.[39]

Man kann behaupten, daß bei einer Erhöhung des Hellfeldes sich auch das Dunkelfeld vergrößert (Konstanz von Hell- und Dunkelfeld).

> Bsp.: In einem Jahr tauchen mehr Sachbeschädigungen als im Vorjahr in der PKS, also im Hellfeld auf. Daraus wird geschlossen, daß die Gesamtzahl der Sachbeschädigungen zugenommen hat und damit auch das Dunkelfeld.

---

38   SCHWIND, § 2 Rn. 42 ff.
39   SCHWIND, § 2 Rn. 67 ff.

Andererseits könnte man von einem additiven Zusammenhang von Hell- und Dunkelfeld ausgehen: Wenn die Zahlen im Hellfeld steigen, heißt das nur, daß mehr Taten polizeibekannt werden. Das Dunkelfeld verkleinert sich.

Die Annahme der Konstanz ist wohl herrschende Meinung, allerdings gilt dies nur, wenn bei den Veränderungen ein geographischer und zeitlicher Zusammenhang besteht.

> *Bsp.: Ein konstantes Hell- und Dunkelfeld kann man nicht erwarten, wenn man die Zahlen von 1950 und 1990 vergleicht, da sich hier Faktoren wie die Anzeigebereitschaft verändert haben können.*

Wichtig in diesem Zusammenhang sind die *Rückkopplungen* zwischen Hell- und Dunkelfeld. Je höher die Aufklärungsquote, desto stärker vertraut der Bürger auf die Strafverfolgungsbehörden und desto eher zeigt er das Delikt an. Dadurch sinken die Dunkelfeldzahlen und die Gefahr, entdeckt zu werden, steigt. Dies wiederum führt zur Abschreckung der Täter, wodurch die Kriminalität sinkt. Dadurch wird erneut eine hohe Aufklärungsquote erreicht usw.. Selbstverständlich funktioniert dieser Prozeß auch in der Gegenrichtung.

IV. Ergebnisse

Ubiquität der Kriminalität?

Die Dunkelfeldforschung[40] hat feststellen können, daß die Begehung von leichten Straftaten in gewisser Weise „normal" ist.[41] Nicht ubiquitär (also nicht allgemein verbreitet) sind jedoch Straftaten mit größerem Unrechtsgehalt (Raub, schwerer Diebstahl usw.).

Unterschiedliche Dunkelfelder

Das Dunkelfeld ist immer größer als das Hellfeld. Unterschiedliche Delikte haben auch unterschiedliche Dunkelfelder: So ist es bei Ladendiebstahl besonders hoch, bei Einbruchsdiebstählen besonders niedrig (da diese fast alle entdeckt und angezeigt werden).[42]

> **HEMMER-METHODE:** Genau umgekehrt verhält es sich mit der Aufklärungsquote: Ist ein Ladendiebstahl erst einmal entdeckt, so wird der Täter „gleich mitgeliefert", die Aufklärungsquote ist hoch. Dagegen können Einbruchsdiebstähle zwar leichter entdeckt, aber seltener aufgeklärt werden.

Dunkelfeld bei Kindern/Jugendlichen

Zu beachten ist weiterhin, daß das Dunkelfeld bei der Kinder- und Jugendkriminalität sehr groß ist, da hier eher informelle Sanktionen (bspw. durch die Schule) eingreifen, bevor es zur Anzeige kommt.

E. Exkurs: Durchführung einer empirischen Untersuchung[43]

Durchführung einer empirischen Untersuchung

Im folgenden soll kurz dargestellt werden, wie empirische Ergebnisse überhaupt zustande kommen, d.h. wie der Forscher vorgeht, wenn er eine bestimmte Theorie oder Hypothese überprüfen will.

I. Auswahl des Forschungsgegenstands und Hypothese

1. Thema der Untersuchung

Thema der Untersuchung

Zunächst muß überlegt werden, was Thema der Untersuchung sein soll.

---

40 kritisch zu den Erfolgen: MERGEN, S. 280 f.
41 SCHÖCH (in: GÖPPINGER/KAISER, Kriminologie und Strafverfahrensrecht, S. 211 (213)) fand heraus, daß in seiner Testreihe 99% der Personen mindestens eine - in der Regel geringfügige - Straftat begangen hatten.
42 SCHWIND, § 2 Rn. 66.
43 zum ganzen siehe KAISER/SCHÖCH, Fall 2; SCHWIND, § 9.

Bsp.: Kriminologe Karl möchte wissen, ob zwischen dem Verhalten einer Mutter und dem Verhalten ihres Kindes ein Zusammenhang besteht.

Sammeln des vorhandenen Wissens

Zu diesem Thema wird nun das vorhandene Wissen (z.B. aus der Literatur) gesammelt und geordnet.

2. Formulierung der Hypothese

Formulierung der Hypothese

Nun muß eine Hypothese formuliert werden. Eine Hypothese ist die Behauptung über den Zusammenhang von (mindestens) zwei Merkmalen.

Bsp.: Die Hypothese von Karl lautet: „Es besteht ein Zusammenhang zwischen dem Verhalten der Mutter und dem ihres Kindes."

nur Wahrscheinlichkeitsaussagen

HEMMER-METHODE: Selbst wenn sich die Hypothese bestätigt, so gilt sie nicht zwingend für jeden auftretenden Fall. Anders als in der Naturwissenschaft sind empirische Ergebnisse in der Kriminologie nie "Allaussagen", sondern bloße "Wahrscheinlichkeitsaussagen".

widerspruchsfrei und überprüfbar

Eine Hypothese muß immer *widerspruchsfrei* und *überprüfbar* sein.

Bsp.:[44] Nicht widerspruchsfrei ist die Aussage: Jedes Motorrad ist ein gelbes Auto. Nicht überprüfbar ist die These: Alle Hexen können fliegen.

abhängige und unabhängige Variablen

Die Merkmale einer Hypothese nennt man auch abhängige bzw. unabhängige Variablen. Die abhängige (veränderliche) Variable ist das, was untersucht werden soll (im o.g. Beispiel: das Verhalten des Kindes). Dagegen ist die unabhängige (konstante) Variable der Faktor, der die abhängige Variable beeinflußt (im Bsp.: das Verhalten der Mutter soll das Verhalten des Kindes beeinflussen).

II. Methodenwahl

Methodenwahl

Der Forscher muß sich nun für eine bestimmte Methode entscheiden, wobei es folgende Möglichkeiten gibt, eine Durchsuchung durchzuführen:

- das Experiment,[45]
- die Beobachtung,[46]
- die Befragung,[47]
- die Dokumentenanalyse (bspw. durch Auswertung von Strafakten) oder
- psychologische Tests.

III. Operationalisierung der Variablen

Operationalisierung

Bevor das Experiment, die Beobachtung etc. durchgeführt wird, muß sich der Forscher noch einmal mit den Variablen (Merkmalen) aus seiner Hypothese beschäftigen. Viele Variablen sind eindeutig (bspw. „Alter", „Geschlecht" etc.). Schwieriger wird es bei unbestimmten Begriffen („Schichtzugehörigkeit", „Rückfalltäter" oder im o.g. Beispiel „Verhalten von Mutter/Kind"). Diese Variablen müssen wiederum durch neue Merkmale definiert werden, man spricht hierbei von der Operationalisierung der Variablen.

---

44 SCHWIND, § 9 Rn. 12.
45 siehe Rn. 35.
46 siehe Rn. 35.
47 siehe Rn. 36.

Bsp.: Das Merkmal der Schichtzugehörigkeit wird bestimmt (operationalisiert) nach

- *manueller oder nonmanueller Arbeitsweise oder nach*
- *Selbsteinschätzung des Probanden oder nach*
- *mehreren Stufen (Schulausbildung plus Stellung im Beruf plus Einkommen).*

Validität

Die Operationalisierung ist wichtig, um die „Güte" der Ergebnisse zu gewährleisten, das Ergebnis darf nicht willkürlich sein. Hierzu gehört zum einen die sog. *Validität*, d.h. die Treffsicherheit der Ergebnisse. Es muß im Ergebnis eine Aussage darüber getroffen werden können, was Ziel der Untersuchung war.

Bsp.:[48] Der Medizinertest für Studenten ist dann valide, wenn hinterher diejenigen mit den besten Testergebnissen die besten Ärzte werden.

Reliabilität

Ebenso umfaßt die „Güte" des Ergebnisses die *Reliabilität*, also die Zuverlässigkeit. Diese ist gegeben, wenn die Untersuchung wiederholbar ist (wenn sich also auch nach der 10. Durchführung nichts Wesentliches im Ergebnis ändert) und wenn sie objektiv ist (d.h. die Untersuchung ist unabhängig vom Untersuchungsleiter).

> **HEMMER-METHODE: Lassen Sie sich nicht von den vielen Fachbegriffen verwirren! Gehen sich noch einmal folgende Begriffe durch und versuchen Sie, diese zu erklären: Variable - Operationalisierung - Reliabilität - Objektivität - Validität!**

IV. Auswahl der Stichprobe

Stichprobe

In der Regel wird nur eine begrenzte Anzahl von Personen untersucht, d.h. es wird nun eine Stichprobe gebildet.

44

Bsp.: Jede einhundertste Karte des Einwohnermeldeamtes wird gezogen, diese Personen gehören zur Stichprobe.

V. Durchführung der Untersuchung

Eigentliche Durchführung

Nachdem meistens ein Vorlauf (Pilotstudie) vorgeschaltet wird, kommt man nun zur Durchführung der eigentlichen Untersuchung (bspw. des Experiments).

45

VI. Auswertung und Schlußfolgerungen

Auswertung

Nachdem die gewonnenen Daten ausgewertet worden sind (meist über elektronische Datenverarbeitung und anschließender Erstellung von Statistiken), muß die oben aufgestellte Hypothese anhand der gefundenen Zahlen überprüft werden.[49]

46

Hieraus muß der Wissenschaftler theoretische und praktische (u.a. rechtspolitische) Schlußfolgerungen ziehen.

Exkurs Ende

---

48 vgl. SCHWIND, § 9 Rn. 28.
49 Zur Überprüfung der Hypothese gibt es statistische Hilfsmittel, u.a. den sog. Signifikanztest: Ein Signifikanzniveau von bspw. 0,3 % bedeutet, daß das Ergebnis mit einer Wahrscheinlichkeit von 99,7% "stimmt" - die Wahrscheinlichkeit, daß der Zusammenhang rein zufällig ist, beträgt lediglich 0,3%.

§ 3 VIKTIMOLOGIE

Viktimologie

Die Viktimologie (*lat.*: victima = Opfer) beschäftigt sich mit der Rolle des Opfers. Als Opfer ist jede natürliche oder juristische Person zu verstehen, die durch eine Straftat einen Schaden erlitten hat.

A. Verschiedene Opfertypen

Immer wieder wird versucht, die Opfer von Straftaten zu klassifizieren, um weitere Aufschlüsse über das „Opferwerden" zu erhalten.[50]

I. Opfereinteilung nach persönlichen Merkmalen

Opfertypen nach persönlichen Merkmalen

V. HENTIG unterschied die Opfer nach ihrer familiären, beruflichen, biologischen Situation usw..

Beispiele:

Kinder und alte Menschen sind aufgrund biologischer Schwächen wehrloser und werden daher leichter zu Opfern.

Eine Prostituierte ist aufgrund ihres beruflichen Umfelds, welches den Kontakt zu Kunden und Zuhältern einschließt, stärker gefährdet.

II. Opfereinteilung nach Mitverschulden

Opfertypen nach Mitverschulden

Dahingegen stellte MENDELSOHN auf den Grad des Mitverschuldens des Opfers ab (kein Mitverschulden bis Alleinschuld des Opfers). Diese Unterscheidung ist nicht nur theoretischer Natur. Berücksichtigt wird das Verschulden des Opfers u.a. bei der Strafzumessung[51] oder sogar bereits in der Rechtswidrigkeit, bspw. bei Vorliegen von Notwehr.

B. Beziehungsdelikte

Beziehungsdelikte

Wenn Täter und Opfer sich bereits vor der Tat kennen, spricht man von Beziehungsdelikten.

Diese sind bei Gewaltverbrechen besonders häufig anzutreffen (Mord und Totschlag,[52] Straftaten gegen die sexuelle Selbstbestimmung[53]). Bei den Sexualstraftaten (insbesondere beim sexuellen Mißbrauch von Kindern) ist jedoch zu beachten, daß diese wegen der starken Tabuisierung und Stigmatisierung häufig „in der Familie" bleiben und erst gar nicht in der Kriminalstatistik auftauchen.

Betrug hingegen ist kein typisches Beziehungsdelikt, ebensowenig die sog. Massenstraftaten wie Ladendiebstahl, Beförderungserschleichung etc.. Auch beim Raub besteht in zwei Dritteln der Fälle keine Vorbeziehung zum Opfer.[54]

---

50   vgl. hierzu MERGEN, S. 332.
51   siehe unten Rn. 356.
52   mindestens 63,3% der Tötungsdelikte 1996 waren Beziehungsdelikte, PKS 1996 S. 65.
53   mindestens 61,2% der Straftaten gegen die sexuelle Selbstbestimmung waren 1996 Beziehungsdelikte, PKS 1996 S. 65.
54   PKS 1996 S. 65.

C. Neutralisationstechniken

Neutralisationstechniken

Ebenfalls mit dem Opfer hängen die Neutralisationstechniken zusammen. Der Täter versucht nicht selten, seine Tat zu „rechtfertigen" und damit das Opfer zu neutralisieren:

- der Täter macht sein ungünstiges soziales Umfeld für seine Tat verantwortlich,

- der Täter schiebt vor, es gäbe gar kein wirkliches Opfer,

    Bsp.: „Die Versicherung zahlt ja, deswegen entsteht sowieso kein Schaden."

- der Täter fühlt sich als „Rächer", der das Opfer bestrafen muß,

- der Täter dehumanisiert das Opfer,

    Bsp.: die Dehumanisierung der „Untermenschen" im NS-Regime

- der Täter beruft sich auf höherstehende Maßstäbe, denen er gehorchen muß.

    Bsp.: Der wegen Totschlags angeklagte X gibt in seiner Vernehmung an, seit zwei Jahren höre er die Stimme Gottes, die ihm befehle, seine Mutter zu töten.

Man spricht auch von der Theorie der Neutralisationstechniken, die als Lerntheorie[55] zur Erklärung von kriminellem Verhalten herangezogen wird.[56]

D. Primär - und Sekundärviktimisierung

Die Folgen einer Straftat kann man in die Primär- und die Sekundärviktimisierung unterteilen.[57]

I. Primärviktimisierung

Unter der Primärviktimisierung versteht man den unmittelbaren Einfluß der Straftat an sich auf das Opfer.

Bsp.: A wurde eines Abends auf ihrem Nachhauseweg sexuell belästigt. Seitdem hat sie Angstgefühle in der Dunkelheit und läßt sich nach der Arbeit von einem Kollegen nach Hause fahren.

II. Sekundärviktimisierung

Die Sekundärviktimisierung beschreibt die Reaktionen Dritter auf die Straftat. Durch Negativreaktionen des privaten Umfelds, der Strafverfolgungsbehörden und der Presse werden die Folgen der Straftat noch verstärkt.

Beispiele:

Der Ehemann glaubt bis heute noch nicht an die körperliche Mißhandlung seiner Frau durch ihren Vater.

Die vergewaltigte B wird häufig von der Polizei und der Staatsanwaltschaft verhört. Im Gerichtssaal muß sie erneut von den Mißhandlungen berichten.

Die Presse berichtet über B, daß sie „stark geschminkt und im Minirock abends noch die Straße entlanglief", bevor sie vergewaltigt wurde.

---

55 vgl. Rn. 17.
56 KAISER/SCHÖCH, Fall 3 Rn. 45.
57 SCHNEIDER, Prüfe dein Wissen, Fall 14.5.

§ 3 VIKTIMOLOGIE

E. Anzeigeverhalten des Opfers

Anzeigeverhalten des Opfers

Das Opfer hat praktisch nur durch die Möglichkeit einer Anzeige bei der Polizei Einfluß auf die Verfolgung von Straftaten.[58] Je nach Anzeigefreudigkeit werden mehr Straftaten registriert, das Dunkelfeld wird kleiner.

Da die Dunkelfeldforschung von großen Massen an unbekannten Taten ausgeht, muß man sich fragen, warum so viele Delikte nicht angezeigt werden.

An erster Stelle steht die geringe Schadenshöhe, die nach Meinung des Opfers eine Anzeige nicht lohnt. Hierauf folgt der Glaube an die Ineffektivität der Behörden („Die Polizei findet den Täter sowieso nicht."). Dies ist insbesondere dann ein Grund, wenn bereits früher Anzeigen aufgegeben wurden. Die Angst vor dem Täter spielt hingegen eine nur sehr untergeordnete Rolle. Hingegen wird die an eine Anzeige geknüpfte Versicherungssumme als Motiv für gesteigerte Anzeigefreudigkeit angenommen (str.).[59]

52

F. Kriminalitätsfurcht

I. Ursachen

Ursachen der Kriminalitätsfurcht

Die Viktimologie beschäftigt sich weiterhin mit der Kriminalitätsfurcht innerhalb der Bevölkerung.

53

Diese wird geschürt durch eigene Erfahrung als Opfer oder durch Berichte und Erfahrungen von Bekannten, denen etwas zugestoßen ist. Ebenso spielt das selbst erlebte Straßenbild eine Rolle (steigende Anzahl von Obdachlosen, Drogenabhängigen).[60]

Entscheidend ist vor allem die Darstellung von Kriminalität durch die Medien. Zu der Berichterstattung in den Medien muß gesagt werden, daß sie die wahre Kriminalitätsverteilung verzerrt darstellt. Der Anteil an Gewaltkriminalität (in Wirklichkeit ca. 3 % aller Straftaten) macht einen Großteil der Berichte über Kriminalität aus (in der Presse ca. ein Drittel).[61] Hierdurch kann es zu einer gesteigerten Furcht der Bürger vor Gewalttaten kommen, obwohl die tatsächliche Gefahr des Opferwerdens gering ist.

II. Kriminalitätsfurcht - Paradoxon

Kriminalitätsfurcht - Paradoxon

Verschiedene Bevölkerungsgruppen haben ein unterschiedliches Sicherheitsgefühl. Obwohl junge Männer nach der Statistik am ehesten gefährdet sind, Opfer zu werden, haben ältere Menschen und Frauen die größte Kriminalitätsangst. Dieses widersprüchliche Verhalten wird Kriminalitätsfurcht - Paradoxon genannt.[62]

54

III. Abwehrverhalten

Abwehrverhalten

Aus der Kriminalitätsfurcht folgen verschiedene Abwehrmechanismen. Hierzu gehören bspw. das Installieren von Alarmanlagen, Selbstverteidigungskurse und das Vermeiden von gefährlichen Orten.[63]

55

---

58   über 90% der registrierten Taten gelangen durch Anzeige zur Polizei; GÖPPINGER, S. 164.
59   SCHWIND, § 20 Rn. 10; Kaiser/Schöch, Fall 5 Rn. 21 ff.
60   SCHWIND, § 20 Rn. 14.
61   KAISER/SCHÖCH, Fall 5 Rn. 32 ff.
62   SCHWIND, § 20 Rn. 21; KAISER/SCHÖCH, Fall 5 Rn. 30.
63   zur Abgrenzung von zulässiger Selbsthilfe und illegaler Selbstjustiz vgl. KAISER/SCHÖCH, Fall 5 Rn. 52 ff.

G. Einflußmöglichkeiten und Schutz des Opfers

I. Strafrechtlicher Schutz des Opfers

Strafrechtlicher Schutz des Opfers

Das Opfer wird bereits im Strafprozeß einbezogen (siehe die Anzeigeberechtigung, die Möglichkeit der Privat- und Nebenklage). Dem Schutz der Privatsphäre dienen Vorschriften, die die Öffentlichkeit und die Anwesenheit des Angeklagten ausschließen (§ 171b GVG, § 247 S.2 StPO), sowie Fragen aus dem persönlichen Lebensbereich des Opfers verbieten (§ 68a StPO).

Aber auch im materiellen Strafrecht hat das Opfer seinen Platz: das Opferverhalten wird u.a. in den §§ 32, 213, 199, 233 StGB berücksichtigt.

> **HEMMER-METHODE:** In den Bereich des Opferschutzes gehört auch die aktuelle Diskussion über die Strafrahmenerweiterung für Sexualstraftaten, sowie die Zwangstherapie!

Besonders stark wird das Opfer im Rahmen des *Täter-Opfer-Ausgleichs* und der *Schadenswiedergutmachung* (vgl. § 46a StGB, §§ 10 I S.3 Nr.7, 45 II S.2 JGG) involviert, da hier sogar eine Versöhnung erreicht werden soll. Hierin ist eine neue Form der Sanktionierung zu sehen, die in geeigneten Fällen sowohl für den Täter als auch für das Opfer sozial erwünschte Wirkungen hat. Die Schadenswiedergutmachung läßt das Opfer - z.B. bei Eigentumsdelikten - nicht schlechter stehen als in einem regulären Verfahren und die Vorteile für den Täter, der sich mit dem Opfer auseinandersetzen muß, liegen auf der Hand. Allerdings ist zu beachten, daß § 46a StGB nicht für alle Straftaten geeignet ist. Insbesondere schwerere Delikte (z.B. schwere Vergewaltigung) sind wohl kein Anwendungsgebiet für den Täter-Opfer-Ausgleich. Es bleibt abzuwarten, wie sich diese relativ neue Idee entwickelt.

> **HEMMER-METHODE:** Diskutiert wird auch über die Einführung der Wiedergutmachung neben der Strafe und der Maßregel als „dritte Spur" des Strafrechts.[64] (Zur momentanen Zweispurigkeit des Strafrechts siehe unten Rn. 326) Damit soll die Anwendung dieses Instituts erweitert werden und die Wiedergutmachung einen gleichwertigen Stellenwert erhalten!

II. Opfergesetze

Opferentschädigungsgesetz

Zur Besserstellung des Opfers wurde 1976 das Opferentschädigungsgesetz (OEG) erlassen, welches dem Opfer erlaubt, Entschädigungsanträge zu stellen.

Opferschutzgesetz

1986 folgte das Opferschutzgesetz (OSG). Es umfaßt die Stärkung des Persönlichkeitsschutzes des Opfers, die Möglichkeit der Nebenklage, das Akteneinsichtsrecht und die effektivere Geltendmachung von Schadensersatzansprüchen im Rahmen der Wiedergutmachung.[65]

---

64 ROXIN, Strafrecht AT Bd.I, § 3 III.
65 SCHWIND, § 20 Rn. 38; KAISER/SCHÖCH, Fall 5 Rn. 10.

§ 4 EINZELNE KRIMINALITÄTSARTEN

> **HEMMER-METHODE:** Kriminalität ist "ein weites Feld". Daher ist es notwendig, die verschiedenen Bereiche (Wirtschafts-, Drogen-, Gewaltkriminalität usw.) getrennt voneinander zu untersuchen, um die jeweils spezifischen Merkmale herauszufiltern! Dabei darf nicht vergessen werden, daß es selbstverständlich Überschneidungen gibt, die eine klare Trennung unmöglich machen![66]

A. Gewaltkriminalität

I. Begriff

> **HEMMER-METHODE:** Über wenige Begriffe wird so sehr gestritten wie über den der Gewalt. Dies liegt bereits an der Vielfalt der Lebensbereiche, in denen Gewalt eine Rolle spielt; so gibt es die körperliche Gewalt, die Staatsgewalt, die strukturelle Gewalt[67] usw.. Auch im Strafrecht hält die Diskussion über die Definition von Gewalt an.[68] Unterscheiden Sie im folgenden sorgfältig den strafrechtlichen von dem kriminologischen Gewaltbegriff!

Der kriminologische Gewaltbegriff umfaßt primär die vorsätzliche Gewaltanwendung gegenüber Personen. Somit gehören hierher die vorsätzlichen Tötungs- und Körperverletzungsdelikte, Raub und Erpressung, Sexualdelikte und Straftaten gegen die persönliche Freiheit. Mit Ausnahme der einfachen Körperverletzungen faßt auch die PKS[69] die genannten Delikte unter dem Stichwort Gewaltkriminalität zusammen. Nicht eingeschlossen ist die Gewalt gegen Sachen, was häufig im Hinblick auf Brandstiftung und Vandalismus kritisiert wird.[70]

> **HEMMER-METHODE:** Ein in der Öffentlichkeit brisantes Thema ist die Sexualdelinquenz.[71] Verfolgen Sie die neu aufgeflammte Diskussion über die Möglichkeiten der Sicherung von Sexualtätern und der Vermeidung von Rückfällen! Beachten Sie auch die aktuellen Änderungen des StGB in diesem Bereich: Der erzwungene Oral - und Analverkehr wird der Vergewaltigung gleichgestellt, und die Vergewaltigung in der Ehe ist nun strafbar (§ 177 StGB n.F.)![72]

II. Umfang

Umfang

Die Gewaltkriminalität hat einen relativ geringen Anteil an der Gesamtkriminalität (ca. 3 %).[73] Die Tendenz bei den Tötungsdelikten ist rückläufig, dagegen steigen die Zahl der Raubtaten und die schwere und gefährliche Körperverletzung an. Ein deutlich schnelleres Ansteigen der Gewaltkriminalität im Vergleich zum Anstieg der Gesamtkriminalität ist nicht ersichtlich. Auffällig ist jedoch, daß insbesondere Jugendliche und Heranwachsende gewalttätig werden und hier ein überproportionaler Anstieg der Gewaltkriminalität verzeichnet werden muß.

---

66 kritisch hierzu MERGEN, S. 328.

67 unter struktureller Gewalt versteht man gesellschaftliche Zwangsmerkmale wie Hierarchien, die Schul - und Steuerpflicht etc., vgl. SCHWIND, § 2 Rn. 27.

68 hierzu die neuesten Entwicklungen bzgl. der Nötigung, siehe u.a. BVerfG, NStZ 95, 275 ff.

69 vgl. PKS 1996, S. 247.

70 SCHWIND, § 2 Rn. 26; KAISER/SCHÖCH, Fall 13 Rn. 10.

71 hierzu bitte unbedingt lesen: KAISER, S. 452 ff.; GÖPPINGER, S. 599 ff.

72 33.Strafrechtsänderungsgesetz, BGBl. II 1997, 1607.

73 1996 wurden 179.455 Gewaltdelikte registriert (ohne einfache Körperverletzung!), in: PKS 1996, S. 243.

> **HEMMER-METHODE:** Hier besteht ein wichtiger Zusammenhang zu der oben besprochenen Kriminalitätsfurcht. Gerade in letzter Zeit wird immer wieder die zunehmende Brutalisierung unserer Gesellschaft diskutiert. Zeigen Sie dem Korrektor, daß sie das Problem vernünftig durchdacht haben: Gewaltkriminalität ist ein ernstzunehmendes Phänomen. Wie jedoch die Statistiken zeigen, kann von einer „in höchstem Maße gewaltbereiten Gesellschaft" und dem Bevorstehen "amerikanischer Verhältnisse" keine Rede sein!

III. Ursachen

Ursachen

Natürlich stellt sich auch bei der Entstehung von Gewaltkriminalität die Frage nach dem „Warum". Hier wurde teilweise das ethologische Modell von LORENZ herangezogen, der von einem angeborenen Aggressionstrieb ausging. Ebenso diente die Frustrations-Aggressions-Hypothese zur Erklärung, wonach eine einmal erlebte Frustration eine aggressive Reaktion zur Folge hat. Beide Ansätze sind jedoch starker Kritik ausgesetzt.[74] Eine monokausale Erklärung ist im übrigen unzureichend, da Gewalt offensichtlich ein sehr komplexes Phänomen ist.

> **HEMMER-METHODE:** Schwarz-Weiß-Malerei ist in der Kriminologie selten. Zeigen Sie dem Korrektor, daß Sie herkömmliche Ansätze kennen und setzen Sie sich dann kritisch damit auseinander, indem Sie z.B. die Monokausalität der Theorie angreifen. Eine endgültige Lösung des Problems kann von Ihnen nicht erwartet werden, wohl aber, daß Sie darüber schon einmal nachgedacht haben!

Warum sich Gewalttätigkeiten in unserer Gesellschaft immer stärker ausbreiten, versucht KAISER mit dem sogenannten sozialen Wandel (größere Belastungssituation durch sich verändernde Werte-, Arbeits- und Familienstrukturen, steigende Orientierungs- und Zukunftslosigkeit) zu begründen.[75]

Eine einheitliche Erklärung von Gewaltkriminalität scheitert schon daran, daß Gewalt in gänzlich verschiedenen Bereichen auftaucht und jeweils andere Umstände zu ihrer Entstehung führen können. So untersucht man z.B. die Gewalt in der Familie[76] und in der Schule,[77] die Gewalt gegen Ausländer[78] und Gewalt in den Medien.

IV. Gewalt in den Medien

Massenmediale Gewaltdarstellung

Eine heutzutage viel diskutierte Frage betrifft den Einfluß, der Gewaltdarstellung in den Medien auf die Gewaltkriminalität. Hierzu wurden verschiedene Theorien entwickelt:[79]

- Katharsistheorie: das Betrachten von Gewalt hat Ventilfunktion; der Zuschauer reagiert seine Aggressionen während der Betrachtung ab.

- Stimulationstheorie: Da Aggressionen erlernt werden, tritt auch bei der Betrachtung von Gewaltszenen ein Lerneffekt ein, der zur Nachahmung anregt.

---

74 siehe Rn. 14, 16.
75 KAISER, Kriminologie, 9.Auflage, S.408 f.
76 sehr interessant zur Familie insgesamt: SCHWIND, § 10.
77 SCHWIND, § 11 Rn. 21 ff.; GÖPPINGER, S. 572.
78 unbedingt nachlesen: SCHWIND, § 28 Rn. 26 ff.; GÖPPINGER, S. 573; zum Rechtsextremismus MEIER/VERREL, Der praktische Fall, JuS 94, 1039 ff.
79 SCHWIND, § 14 Rn. 20 ff.

- Inhibitionstheorie: Der Zuschauer entwickelt beim Betrachten von Gewalt eine Aggressionsangst, die eigenes aggressives Verhalten verhindert.

- Habitualisierungstheorie: Die ständige Konfrontation führt zur Abstumpfung und Gleichgültigkeit gegenüber Gewalt.

Sichere Erkenntnisse konnten durch die Untersuchungen, die den Theorien zugrunde lagen, nicht gewonnen werden. Fest steht nur, daß die Gewaltdarstellung in den Medien nicht als alleinige Ursache ausreicht. Weithin wird angenommen, daß insbesondere bei jüngeren Konsumenten die massenmediale Gewaltdarstellung zur Entstehung von Gewaltbereitschaft beitragen kann, wenn ansonsten schon ungünstige Bedingungen (besonders im familiären Bereich) bestehen.[80]

B. Organisierte Kriminalität

Organisierte Kriminalität

Die Organisierte Kriminalität bereitet unserer Gesellschaft zunehmend Probleme und rückt immer weiter ins öffentliche Blickfeld.

I. Begriff

Begriff

Unter Organisierter Kriminalität versteht man

- den Zusammenschluß mehrerer Beteiligter

- auf Dauer

- zur planmäßigen und arbeitsteiligen Begehung von Straftaten

- mit Gewinnstreben

- unter Anwendung von Gewalt oder anderen Einschüchterungsmethoden

- mit dem Ziel der Einflußnahme auf Politik, Wirtschaft, Medien usw..

Weiterhin herrscht typischerweise ein straffer Führungsstil und die völlige Abschottung nach außen. Die Organisation zeichnet sich durch erhebliche Mobilität (Nutzung der Infrastruktur, große Flexibilität hinsichtlich der Verbrechensmethoden- und technologien) und Internationalität aus.[81]

II. Abgrenzung zur Bande

Unterschiede zur Bande

1. Die Bande erfüllt zumindest die ersten drei Merkmale des oben genannten Organisierten Verbrechens und ist ebenfalls hierarchisch aufgebaut.

Allerdings unterscheidet sich die Bande durch eine sehr viel persönlichere und überschaubare Gruppenstruktur, der die Beziehungen in die Politik o.ä. fehlen. Zudem bestimmen bei der Bande nicht der Kunde (so in der Organisierten Kriminalität), sondern die Bandenmitglieder selbst, welche Straftaten begangen werden.

> Bsp.: Die Jugendbande beschließt eines Abends, Autos aufzubrechen, um die Radios irgendwie weiterzuverkaufen. Im Gegensatz dazu gibt ein krimineller Kunstliebhaber einem Kontaktmann den Auftrag, einen wertvollen "van Gogh" stehlen zulassen, welches durch die Mafia erledigt wird.

---

80 KAISER/SCHÖCH, Fall 5 Rn. 41; GÖPPINGER, S. 578.

81 KAISER, Kriminologie, 9.Auflage, S. 235; SCHWIND, § 28 Rn. 4 ff.

2. Exkurs: Die Bande

Mitglieder

a) In der Regel besteht die Bande aus drei bis fünf Mitgliedern, wobei es sich meistens um Jugendliche und Heranwachsende handelt. Die Bande kann zudem als Großstadtphänomen bezeichnet werden.

Straftaten

b) Die Aktivitäten umfassen zum einen Vermögensdelikte (Diebstahl, Raub). Andere Banden sind primär gewaltorientiert, hierunter fallen bspw. Skinheads und Hooligans. Hiervon sind die Drogen- oder Ausländerbanden zu unterscheiden.

Ursachen

c) Die Ursachen für Bandenkriminalität wurden u.a. durch Kriminalitätstheorien zu erklären versucht, wobei die Anomietheorie, die Kulturkonfliktstheorie, die Theorie der differentiellen Assoziation und die Ökologische Schule eine besondere Rolle spielen. Ein einzelner Erklärungsversuch ist jedoch nicht ausreichend, kausal ist wohl ein ganzes „Motivbündel".[82]

> **HEMMER-METHODE:** Sowohl die organisierte Kriminalität, als auch die Bandenkriminalität werden von Tätergemeinschaften verübt. In diese Gruppe fällt auch der Terrorismus - verschaffen Sie sich dazu einen Überblick in: Schwind, § 30!

Exkurs Ende

III. Delikte

Straftaten der OK

Zu den typischerweise begangenen Straftaten des Organisierten Verbrechens gehören

- der Drogen - und Waffenhandel,
- die Prostitution und das Glücksspiel,
- das Produzieren von Falschgeld und die Geldwäsche,
- der Kfz- und Kunstdiebstahl sowie
- die Schutzgelderpressung und die Korruption.

IV. Organisierte Kriminalität im Ausland

OK im Ausland

Ihren Ursprung hat das organisierte Verbrechen in Italien, dem Entstehungsort der *Mafia* (Sizilien) und der *Camorra* (Neapel). Die Mafia in den USA ist die *Cosa Nostra,* die jedoch nicht so sehr familiär, sondern wirtschaftlich strukturiert ist. Aber auch im Osten haben sich mafiaähnliche Strukturen gebildet (*Russenmafia* oder die japanische *Yakuza*). Wichtig ist, daß es sich nicht um jeweils eine einzige geschlossene Organisation handelt, sondern eher um viele kleine Gruppen und damit um eine Art Netzwerk.[83]

V. Organisierte Kriminalität in Deutschland

OK im Inland

Daß es in der Bundesrepublik Organisierte Kriminalität gibt, ist unbestritten.

---

[82] SCHWIND, § 27 Rn. 35d.

[83] Der stärkste Zusammenhalt besteht wohl in der Cosa Nostra, die in Familien, Syndikate und Kartelle eingeteilt ist.

§ 4 EINZELNE KRIMINALITÄTSARTEN

Bsp.:[84] Symptome für das organisierte Verbrechen in Deutschland sind bspw. die Tätigkeiten von Vietnamesen-Gangs, die Konzentration von Prostitution und Spielhöllen in Frankfurt a.M., die Verschiebung von Autos nach Polen etc..

Darüber, wie stark die Ausbreitung bereits fortgeschritten ist, herrscht allerdings Unklarheit. Einerseits bestehen lose Verbindungen von Straftätern, die sich zweckmäßigerweise zusammenschließen, jedoch keine derartig strenge Hierarchie aufweisen. Daneben existieren mafiaähnliche Verbunde, deren Mitglieder aus dem Ausland stammen und von dort aus kontrolliert werden.

VI. Bekämpfung der Organisierten Kriminalität

Bekämpfung der OK

Die Ausweitung der Organisierten Kriminalität hat nicht nur enorme wirtschaftliche Schäden zur Folge, sondern führt auch zu einer zunehmenden Verängstigung der Bevölkerung. Daher sind die Bemühungen um die Bekämpfung in den letzten Jahren verstärkt worden.

OrgKG

1. Das Augenmerk richtet sich im Kampf gegen das organisierte Verbrechen primär auf den Gesetzgeber. Somit wurde 1992 das „Gesetz zur Bekämpfung des illegalen Rauschgifthandels und anderer Erscheinungsformen der Organisierten Kriminalität" *(OrgKG)* erlassen. Neu gefaßt wurden hierin die Rasterfahndung (siehe §§ 98a ff. StPO), Lauschangriffe und der Einsatz von verdeckten Ermittlern (§§ 110a ff. StPO). Ebenfalls in diese Gruppe gehören die sog. „Kronzeugenregelungen", die dem Betroffenen Vorteile hinsichtlich seiner eigenen Strafverfolgung und Zeugenschutzprogramme versprechen. Hiermit soll dem Staat Zugang zu den internen Strukturen der Organisierten Kriminalität verschafft werden.

> **HEMMER-METHODE:** Verfolgen Sie in diesem Zusammenhang unbedingt die Diskussion über die Einführung des "Großen Lauschangriffs" und seine verfassungsrechtlichen Probleme!

Materiellrechtlich wurden die Vermögensstrafe (§ 43a StGB) und der Erweiterte Verfall (§ 73d StGB) eingeführt. Dadurch wird dem Staat die Zugriffsmöglichkeit auf das illegal erworbene Vermögen erleichtert. Neu war ebenfalls der Geldwäscheparagraph (§ 261 StGB).

Geldwäschegesetz

2. Weiterhin kam es 1993 zum Erlaß des *Geldwäschegesetzes*, welches die Verfolgung des Tatbestands der Geldwäsche (§ 261 StGB) erleichtern soll. Dies geschieht durch eine Mitteilungspflicht der Banken bei bestimmten Geldflüssen.

Verbrechensbekämpfungsgesetz

3. Das OrgKG wurde 1994 durch das *Verbrechensbekämpfungsgesetz* ergänzt, welches u.a. die erweiterte Überwachung von Auslandsgesprächen und die Ausweitung der Kronzeugenregelung vorsieht.

Korruptionsbekämpfungsgesetz

4. Das Korruptionsbekämpfungsgesetz von 1997 soll zur verbesserten Verfolgung der Straftatbestände der §§ 331 ff. StGB führen, indem diese verschärft wurden.

> **HEMMER-METHODE:** Der Kampf gegen das organisierte Verbrechen bedeutet nicht nur eine finanzielle Mehrbelastung von Polizei und Staatsanwaltschaft. Denken Sie auch an die viel diskutierten verfassungsrechtlichen Probleme (Beeinträchtigung der Wohnungs- und Eigentumsgarantie, sowie rechtsstaatliche Bedenken)!

---

[84] SCHWIND, § 29 Rn. 25 ff.

C. Wirtschaftskriminalität

I. Begriff

Die herrschende Literaturmeinung spricht von Wirtschaftskriminalität, wenn 71

- ein wirtschaftlicher Bezug vorliegt,
- die Tat in Ausübung des Berufs erfolgt und
- durch die Tat Vertrauen mißbraucht wird (str.).[85]

> *Bsp.: Damit gehören zur Wirtschaftskriminalität u.a. die Steuerhinterziehung, Betrug und Untreue, sowie Konkursstraftaten und Kartellabsprachen. Aber auch Waffenschiebereien, Zollstraftaten und die sogenannte Computer-Kriminalität sind Teil dieses Kriminalitätszweigs.*

Katalog des § 74c GVG — Die Rechtsprechung hält sich an den Straftatenkatalog des § 74c GVG, der die Zuständigkeit der Wirtschaftsstrafkammern begründet, da somit eine leichtere Abgrenzung möglich ist. 72

> **HEMMER-METHODE:** Ähnlich wie bei der Organisierten Kriminalität fällt auch die Definition von Wirtschaftskriminalität nicht leicht, da es sich um äußerst dynamische Zusammenhänge handelt. Für die Klausur ist es jedoch ausreichend, wenn man die wesentlichen Merkmale nennt und dann entsprechend subsumiert: Keiner verlangt von Ihnen Detailwissen!

II. Täterpersönlichkeit

Täterpersönlichkeit — Der Wirtschaftsstraftäter entspricht in der Regel nicht „dem sozialen Stereotyp eines Kriminellen".[86] Meistens handelt es sich um männliche Personen um die 40 Jahre, die eine gute Ausbildung genossen haben und der Mittelschicht angehören. Wichtig ist, daß sie voll in die Gesellschaft integriert sind und ihnen die soziale Achtung viel bedeutet. 73

III. Umfang

Umfang — Die Wirtschaftskriminalität findet sich zwar in der PKS wieder,[87] jedoch ist über das Dunkelfeld nur wenig bekannt. Außerdem ist zu beachten, daß die Fälle, die von anderen Behörden als der Polizei bearbeitet werden (Steuerbehörden und sog. Schwerpunktstaatsanwaltschaften), nicht in der PKS erscheinen. Ebenso unsicher sind die Aussagen über den wirtschaftlichen Schaden. Die entdeckten Delikte verursachen pro Jahr einen Schaden von ca. 5 Milliarden DM; Schätzungen des Dunkelfelds schwanken zwischen 10 und 70 Milliarden DM.[88] 74

Sogwirkung — Bei der Entwicklung der Wirtschaftskriminalität wird häufig auf die sogenannte *Sogwirkung* hingewiesen.

> *Bsp.: Ein Unternehmen muß, um konkurrenzfähig zu bleiben, zu den gleichen kriminellen Methoden greifen, wie seine Mitbewerber.*

Diese Sogwirkung ist jedoch empirisch noch nicht nachgewiesen.[89]

---

85 KAISER/SCHÖCH, Fall 12 Rn. 7 ff.
86 KAISER/SCHÖCH, Fall 12 Rn. 11.
87 1996 gab es 9˙.827 registrierte Fälle, in: PKS 1996, S. 247.
88 SCHWIND, § 21 Rn. 2 ff.
89 KAISER/SCHÖCH, Fall 12 Rn. 27.

§ 4 EINZELNE KRIMINALITÄTSARTEN

IV. Bekämpfung

1. Strafrechtliche Bekämpfung

Bekämpfung

Von gesetzlicher Seite her wurde 1976 das Erste Gesetz zur Bekämpfung der Wirtschaftskriminalität (1. WiKG) erlassen, welches u.a. den Subventions - und Kreditbetrug einfügte und die Konkurs - und Wucherstraftaten abänderte. Das 1986 folgende 2. WiKG schaffte im wesentlichen neue Tatbestände für die Computerkriminalität und den Mißbrauch von Scheck- und Kreditkarten im StGB.[90]

2. Prozeßrechtliche Regelungen

Verfahrensrechtlich kam es 1970 zu der Einrichtung von Wirtschaftsstrafkammern (vgl. § 74c GVG) und dazu passenden Schwerpunktstaatsanwaltschaften, mit denen eine effektivere und sachnähere Verfolgung ermöglicht werden soll.

3. Probleme bei der Bekämpfung

Die strafrechtliche Verfolgung von Wirtschaftskriminellen erweist sich als außerordentlich schwierig. Dies liegt zum einen an der Komplexität der Materie: Meist wird der Täter unter dem Deckmantel der Legalität gehandelt haben und durch komplizierte Transaktionen die Rückverfolgung erschweren. Dem Gericht bzw. der Staatsanwaltschaft liegen in der Regel große Mengen an zu untersuchendem Material (Akten, Bilanzen etc.) vor.

Diese sind wegen ihres stark wirtschaftlichen Bezuges nur schwer auszuwerten, viele Handlungen liegen im Graubereich der Kriminalität. Problematisch ist neben der Durchforstung der Unterlagen auch der Nachweis des Schädigungsvorsatzes, da die Abwälzung der Verantwortung in einem Unternehmen leicht fällt.

Daher verwundert es nicht, daß die Verfahrensdauer (etwa ein bis eineinhalb Jahre) über dem Durchschnitt liegt und es nicht selten zu Absprachen zwischen Verteidigung und Staatsanwalt kommt.

> **HEMMER-METHODE:** Wichtig ist bei den einzelnen Kriminalitätsarten, einige Schlagworte im Gedächtnis zu behalten, an denen man sich in der Klausur „entlanghangeln" kann. Ein grober Überblick reicht aus. Im Zusammenhang mit der Wirtschaftskriminalität sollte im übrigen die Umweltkriminalität beachtet werden, lesen Sie hierzu das Kapitel in: Schwind, § 22!

D. Verkehrskriminalität

I. Begriff und Umfang

> **HEMMER-METHODE:** Verkehrskriminalität fällt aus dem Rahmen der sonstigen Kriminalitätsbereiche, da die Teilnahme am Verkehr jeden betrifft und jeder potentieller Täter und Opfer ist. Zudem ist sie nicht in der PKS enthalten.[91]

---

90 In das StGB wurden neu eingefügt die §§ 263a, 269, 303a, 202b, 266b, 264a, 266a StGB.

91 vgl. Rn. 25.

1. Delikte

Die häufigsten Delikte sind Trunkenheit im Verkehr, fahrlässige Körperverletzung, Fahren ohne Fahrerlaubnis und Unfallflucht. Damit lassen sich die Taten in zwei Gruppen einteilen: die fahrlässigen Straftaten und die vorsätzlich begangenen wie Fahren ohne Fahrerlaubnis oder Unfallflucht.

2. Besonderheiten

Empirische Zusammenhänge

Bei der Betrachtung der Verkehrskriminalität sind einige empirische Fakten von großer Bedeutung:[92]

- Ca. 34 % aller abgeurteilten Straftaten wurden im Straßenverkehr begangen.

- Unfälle mit Pkws sind seltener als mit Lkws, Straßenbahnen oder Zweirädern.

- Es besteht ein Zusammenhang zwischen der Anzahl der Kraftfahrzeuge und der Unfallrate.

- Die Verkehrsauffälligkeit nimmt zwar ab, liegt jedoch in Deutschland höher als in den USA, England, Dänemark usw..

Schwankungen der registrierten Taten sind auf unterschiedlich intensive Strafverfolgung zurückzuführen, nicht unbedingt auf tatsächliche Veränderungen.

II. Täterpersönlichkeit

Täterpersönlichkeit

Insbesondere bei den Fahrlässigkeitstaten ist der „typische Verkehrsdelinquent" kaum herauszukristallisieren. Bedeutsam ist jedoch, daß fehlende Fahrerfahrung zu einem gesteigerten Unfallrisiko führt, daher sind Verkehrsteilnehmer (und hier die männlichen) zwischen 18 und 25 Jahren überrepräsentiert.[93] Ansonsten kann festgestellt werden, daß mehrfach straffällig gewordene Personen auch wiederum im Straßenverkehr auffallen (sogenannte Mehrfach- oder Vielfachtäter). Als dritter Punkt muß der Zusammenhang zwischen Alkoholkonsum und Verkehrsdelinquenz angeführt werden.[94]

III. Alkohol und Verkehrskriminalität

Alkohol und Verkehrsdelikte

Die Alkoholisierung von Verkehrsteilnehmern hat wesentlichen Einfluß auf die Begehung von Straftaten. So war bei ca. 60 % der wegen Straßenverkehrsdelikten Verurteilten Alkohol im Spiel; ca. 9 % der Unfälle mit Personenschäden gehen auf Trunkenheit zurück.[95] Nicht zu unterschätzen ist hierbei die Rolle der Alkoholiker, die im Gegensatz zu den Gelegenheitstrinkern noch mit sehr hohem Promillegehalt fahren.

Die Personen, die durch Trunkenheit im Verkehr auffällig werden, haben eine hohe Rückfallquote. Eine Einstellung des Verfahrens ist bei ihnen die Ausnahme, hauptsächlich werden Geldstrafen verhängt.

---

92 KAISER, Kriminologie, 9.Auflage, S. 525 ff.
93 KAISER, Kriminologie, 9.Auflage, S. 526, 530.
94 GÖPPINGER, S. 597.
95 GÖPPINGER, S. 598.

§ 4 EINZELNE KRIMINALITÄTSARTEN

IV. Bekämpfung

Bekämpfung

Immer wieder wird über eine Herabsetzung der Promillegrenze auf Null diskutiert.[96] Dieser Ansatz ruft jedoch folgende Bedenken hervor: Das Verbot, betrunken Auto zu fahren, stößt auf eine sehr große Akzeptanz innerhalb der Bevölkerung. Wird diese von der Gesellschaft verinnerlichte Norm derartig verschärft, kann dies dazu führen, daß das Verbot nicht mehr ernst genommen wird. Daß trotz der akzeptierten Regel mit Alkohol gefahren wird, liegt also nicht an der zu laxen Norm.[97]

Vielmehr ist an eine Ausweitung der Nachschulungen und Verkehrskontrollen zu denken. Auch wird die Ausgestaltung des Fahrverbots als Hauptstrafe diskutiert. Für alkoholkranke Verkehrsteilnehmer besteht die Möglichkeit, eine Weisung bzgl. einer Entziehungskur oder Heilbehandlung anzuordnen (§ 56c III StGB, wobei hier die Einwilligung des Täters notwendig ist).

E. Ausländerkriminalität

I. Umfang

1. Statistik

Der Anteil der Nichtdeutschen an der Gesamtzahl der Tatverdächtigen liegt über ihrem Anteil an der Gesamtbevölkerung.

Bsp.:[98] 1996 waren 28,3 % aller Tatverdächtigen Nichtdeutsche, ihr Anteil an der Gesamtbevölkerung liegt bei ca. 8 %.

Neben den Verstößen gegen das Ausländer- und Asylverfahrensgesetz gibt es Deliktsbereiche, in denen Nichtdeutsche überrepräsentiert sind. Hierzu gehören die Urkundenfälschung, Glücksspiel, Taschendiebstahl, Geldwäsche und Drogenhandel. Aber auch bei Raub, Vergewaltigung und Mord liegt eine überdurchschnittliche Beteiligung vor.

HEMMER-METHODE: Vorsicht! Die Zahlen scheinen eindeutig zu sein, jetzt kommt es darauf an, die Statistik zu durchleuchten![99]

2. Korrektur der Statistik

Korrektur der Statistik

Es gilt jedoch einige Fakten zu beachten, die die Statistik möglicherweise verzerren können:

- gewisse Straftaten (Verstöße gegen das Ausländer- oder Asylverfahrensgesetz) können nur von Nichtdeutschen begangen werden,

- Touristen und illegal Eingereiste finden sich zwar in der PKS, nicht aber in der Bevölkerungsstatistik wieder,

- Nichtdeutsche leben überwiegend in Ballungszentren, in denen die Kriminalität sowieso höher ist als auf dem Land,

- Nichtdeutsche gehören überwiegend zu den ohnehin kriminalitätsbelasteten Alters-, Geschlechts-, und Sozialgruppen (größerer Anteil der männlichen Ausländer aus unterprivilegierten Schichten).

---

96 unbedingt lesen: Entscheidung BVerfG, NJW 95, 125 zur Herabsetzung der absoluten Fahruntüchtigkeit von 1,3 auf 1,1 Promille!
97 SCHÖCH, NStZ 91, 11; KAISER, Kriminologie, 9.Auflage, S. 533.
98 PKS 1996, S. 113.
99 vgl. Bayerische Examensklausur 97/I, 8.

Eine gesicherte Aussage ist aber auch jetzt noch nicht möglich, hierzu müssen die unterschiedlichen Ausländergruppen betrachtet werden:

II. Ausländergruppen

1. Erste Gastarbeitergeneration

Erste Gastarbeitergeneration

Die erste Gastarbeitergeneration weist keine besonders erhöhte Kriminalitätsbelastung auf, sondern ist im Arbeitsleben der Gesellschaft integriert.[100]

84

2. Zweite und Dritte Gastarbeitergeneration

Zweite und Dritte Gastarbeitergeneration

Auch wenn man die Statistik entsprechend korrigiert, fällt dennoch eine überdurchschnittliche Kriminalitätsrate bei der nachwachsenden Ausländergeneration auf. Zur Erklärung wird häufig die *Kulturkonfliktstheorie*[101] herangezogen, die in dem inneren Kulturkonflikt der jungen Ausländer die Ursachen sieht. Ebenso wird auf den *labeling approach* (Etikettierungsansatz)[102] hingewiesen, da Nichtdeutsche einer schärferen Verfolgung durch die Strafverfolgungsbehörden ausgesetzt seien. Zu beachten ist auch die *sozialstrukturelle Benachteiligung*, die sich in der Schichtzugehörigkeit, Sprachschwierigkeiten, Wohnortbedingungen und den Chancen am Arbeitsmarkt niederschlägt.

85

III. Zuwanderer

Zuwanderer

Eine wesentliche Rolle bei der Ausländerkriminalität spielen die Zuwanderer (Asylbewerber bzw. Wirtschaftsflüchtlinge und Aussiedler). Hier stiegen die Zahlen der Asylbewerber und damit auch der Tatverdächtigen bis zu dem sog. Asylkompromiß im Jahr 1993,[103] danach war ein Rückgang zu verzeichnen. Dennoch machen Asylbewerber nach den Illegalen die am stärksten belastete Gruppe unter den Nichtdeutschen aus.

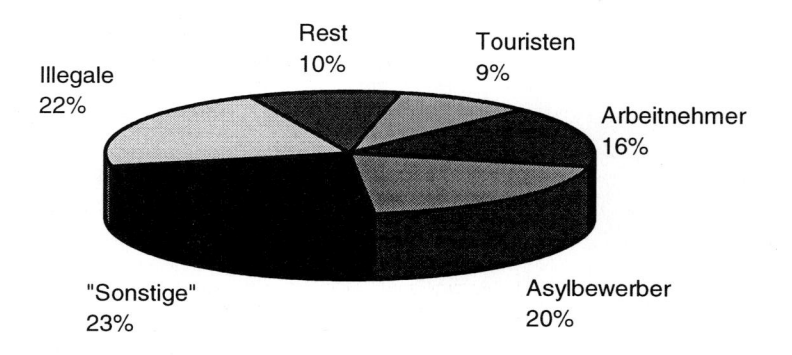

86

Illegale 22%
Rest 10%
Touristen 9%
Arbeitnehmer 16%
Asylbewerber 20%
"Sonstige" 23%

F. Drogenkriminalität

I. Begriff

Unter *Drogen* fallen nicht nur die Betäubungsmittel i.S.d. BtMG (bspw. Cannabis, Heroin, Kokain), sondern auch legale Drogen wie Nikotin und Alkohol.[104]

---

100 GÖPPINGER, S. 535; Kaiser, Kriminologie, 9.Auflage, S. 391.
101 vgl. zur Theorie und Kritik Rn. 22.
102 vgl. zur Theorie und Kritik Rn. 18.
103 Neu eingeführt wurde Art. 16a GG.
104 zum Thema Alkohol und Kriminalität siehe SCHWIND, § 26.

§ 4 EINZELNE KRIMINALITÄTSARTEN

> **HEMMER-METHODE:** Eine vollständige Besprechung sämtlicher Rauschmittel würde hier den Rahmen sprengen. Verschaffen Sie sich einen Überblick über die wichtigsten Drogen in: Schwind, § 26 Rn. 2 ff.!

Definition „Sucht"

Ein weiterer wichtiger Begriff ist der der *Sucht*. Hierunter versteht man

- das übermäßige Verlangen nach der Droge,
- verbunden mit dem Verlangen, die Dosis zu erhöhen, wobei
- eine psychische oder körperliche Abhängigkeit eintritt und
- eine Gefährdung des Individuums oder der Gesellschaft durch die dauernde Einnahme entsteht.[105]

II. Ursachen

Ursachen

Immer schon wurde nach Gründen für die Drogenabhängigkeit gesucht. Wiederum sind einseitige Erklärungsversuche fehl am Platz. Teilweise wird von einem Zusammenspiel erstens der *Persönlichkeit* des Konsumenten, seines sozialen *Milieus* und schließlich der Art der *Droge* selbst ausgegangen.[106]

Schrittmachertheorie

In diesem Zusammenhang wird auch die *Schrittmachertheorie* diskutiert, die von Haschisch als der Einstiegsdroge ausgeht, die in der Folge zu härteren Drogen führt. Welche Drogen Schrittmacher sind (so z.B. auch Alkohol und Nikotin), ist heftig umstritten.[107]

> **HEMMER-METHODE:** Die Schrittmachertheorie gewinnt Bedeutung in der Diskussion um die Legalisierung weicher Drogen. Hier muß unbedingt die neuere Rechtsprechung (Gelegenheitskonsum von Haschisch und Marihuana, BVerfG, NJW 94, 1577) bekannt sein!

III. Drogenkriminalität

1. Einteilung

Die Drogenkriminalität kann in verschiedene Bereiche aufgeteilt werden:

Verschaffungskriminalität
(Herstellung, Transport, Schmuggel, Handel mit Rauschdrogen)

Beschaffungskriminalität

- **direkt**
(Kriminalität, um die Droge zu bekommen: Erwerb, Besitz, Konsum nach BtMG; Apothekeneinbrüche, Rezeptfälschung)

- **indirekt**
(Kriminalität, um die Droge zu finanzieren: Diebstahl, Raub)

Folgekriminalität
(Kriminalität unter dem Einfluß der Droge: Verkehrs-, Gewalt- und Sexualkriminalität)

---

105 SCHWIND, vor § 26 Rn.3.
106 vgl. zu diesem "Trias des Ursachenmodells" SCHWIND, § 27 Rn. 13, Übersicht 79.
107 SCHWIND, § 27 Rn. 14 f.

2. Umfang

Umfang

Die Drogenkriminalität nimmt insbesondere bei den Drogen Cannabis und Heroin zu. Es ist ein Stadt-Land-Gefälle zu beobachten, wobei Bremen und Frankfurt a.M. an der Spitze stehen. Die neuen Länder sind vergleichsweise gering belastet. Bei der Frage nach dem Anstieg der Drogenkriminalität ist eine verschärfte Vorgehensweise der Polizei und Staatsanwaltschaft als mögliche Ursache zu beachten.

90

3. Bekämpfung

Bekämpfung durch den Gesetzgeber

a) Der Gesetzgeber hat durch die Einführung des BtMG den Kampf gegen die Drogenkriminalität wesentlich verschärft, gleichzeitig aber auch den Therapiegedanken in den Vordergrund gestellt.

91

Zur erleichterten Strafverfolgung von Herstellern, Händlern und Konsumenten hat das „Gesetz zur Bekämpfung des illegalen Rauschgifthandels und anderer Erscheinungsformen der Organisierten Kriminalität" (OrgKG)[108] beigetragen.

Der Schwerpunkt der öffentlichen Diskussion heute liegt bei der Frage der Legalisierung des Drogenkonsums, da sich die Befürworter eine Verringerung der Drogenkriminalität erhoffen.[109]

Bekämpfung durch Prävention

b) Auf der anderen Seite gilt es, z.B. durch Prävention in der Öffentlichkeit und in der Schule, vor dem Einstieg in die Drogenwelt zu warnen. Ebenfalls präventiv wirken Therapieprogramme (Stichwort Methadon-Abgabe), die den Rückfall der Konsumenten verhindern helfen (sog. Rückfallprävention).

> **HEMMER-METHODE:** Natürlich müssen Sie nicht alles auswendig lernen, allgemein Bekanntes fällt Ihnen in der Klausur ohnehin ein. Merken Sie sich ein Schema für alle Kriminalitätsbereiche (Begriff, Umfang, Ursachen, Bekämpfung usw.) und lernen Sie nur die Dinge, die man nicht ohne weiteres herleiten kann (Definitionen, Fachbegriffe, neue Gesetze zur Bekämpfung u.ä.).

---

[108] vgl. Rn. 70.
[109] KREUZER, NJW 94, 2400; QUENSEL, KrimJ 80, 1.

2. KAPITEL: JUGENDSTRAFRECHT

> **HEMMER-METHODE:** Setzen Sie im Wahlfach kein Gebiet auf Lücke! Eine Vorliebe der Klausurersteller für Kriminologie, Jugendstrafrecht oder Strafvollzug gibt es nicht!

§ 1 AUFGABEN UND UMFANG DES JUGENDSTRAFRECHTS

A. Aufgaben des Jugendstrafrechts

Aufgaben

Es gibt verschiedene Gründe, warum junge Menschen strafrechtlich anders behandelt werden müssen als Erwachsene. Zum einen ist das Einsichts- und Handlungsvermögen bei Jugendlichen nicht immer ausgeprägt genug, um sich rechtskonform zu verhalten. Es fehlt die notwendige *Reife*, die Verbotsnormen zu verstehen und dementsprechend zu handeln. Des weiteren befinden sich Jugendliche in der schwierigen Phase der *Pubertät*, die von inneren und äußeren Spannungen begleitet wird und somit eine gesonderte Bewertung von kriminellem Verhalten erfordert. Zudem spielt die *größere Formbarkeit* von jungen Menschen eine Rolle bei der Auswahl der Sanktionen, die auf Straftaten folgen.

Täterstrafrecht

Während im Erwachsenenstrafrecht eher das Tatstrafrecht vorherrscht (die Tat steht im Vordergrund, nicht so sehr die Person), begreift sich das Jugendstrafrecht - wenn auch nicht uneingeschränkt - als *Täterstrafrecht* oder Erziehungsstrafrecht. Im Mittelpunkt steht somit der Jugendliche und seine Persönlichkeit.

B. Umfang der Jugendkriminalität

I. Statistik

Statistik

Die Beteiligung aller Personen unter 21 Jahre an den begangenen Straftaten sieht folgendermaßen aus: Kinder (unter 14 Jahre) begehen 5,9 % der Straftaten, Jugendliche (14 bis 17 Jahre) 12,5 % und Heranwachsende (18 bis 20 Jahre) 9,9 %.[110]

Die Zahl der bekanntgewordenen Straftaten in diesen Altersklassen steigt mehr oder weniger kontinuierlich seit Jahrzehnten.

Kriminalitätsbelastungsziffern (auf 100.000)

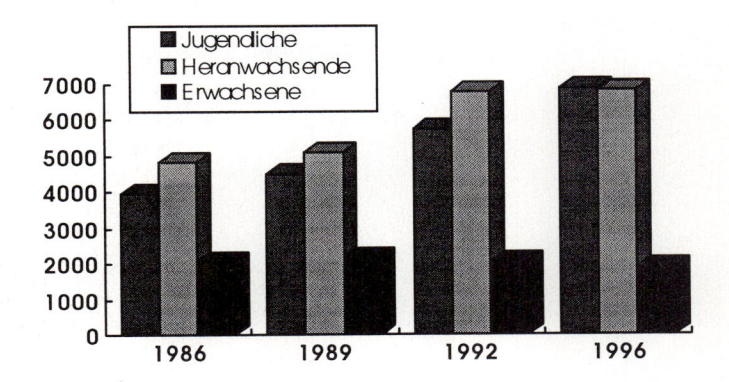

[110] PKS 1996, S. 76.

Anders sieht es bei der Anzahl der Verurteilungen aus, die seit 1980 rückläufig sind. Dies ist jedoch auf die steigende Zahl der Verfahrenseinstellungen nach §§ 45, 47 JGG (sog. Diversion) zurückzuführen.[111] Die Verfahrenseinstellungen tauchen nämlich in der Verurteiltenstatistik nicht auf und lassen somit den Eindruck entstehen, die Zahlen seien insgesamt gesunken.

II. Ursachen

Ursachen

Als Ursache für die steigende Jugendkriminalität werden teilweise die Anomietheorie und die Subkulturtheorie herangezogen.[112] Aber auch hier reicht ein einzelner Erklärungsansatz nicht aus, vielmehr gibt es eine Vielzahl von Umständen, die für den Anstieg verantwortlich sein können, im Einzelfall jedoch nicht sein müssen. Als Schlagwort wird häufig der *soziale Wandel* angeführt: das Auseinanderfallen der Familien, der Trend zur Konsumgesellschaft, die Beeinflussung durch die Medien, größere Arbeitslosigkeit und die daraus folgende Orientierungslosigkeit der Jugendlichen, die in Drogenkonsum und Kriminalität enden kann.[113]

94

III. Ubiquität der Jugendkriminalität

Ubiquität

Trotz des Ansteigens der Jugendkriminalität ist zu beachten, daß sie in gewissem Umfang "normal" ist. Delikte wie z.B. Ladendiebstahl, Beförderungserschleichung, Beleidigung, Sachbeschädigung und einfache Körperverletzung sind unter Jugendlichen allgemein verbreitete Verhaltensweisen. Man spricht daher von der *Ubiquität* der Jugendkriminalität. Hierbei handelt es sich meist um ein episodenhaftes Auftreten, welches im Erwachsenenalter wieder nachläßt. Nicht ubiquitär sind allerdings schwerere Delikte wie die Raub- und Vergewaltigungsdelikte.

95

IV. Intensivtäter

Intensivtäter

Ein wichtiges Problem stellen die jugendlichen Intensivtäter dar. Als Intensivtäter gilt, wer mehrmals im Jahr strafrechtlich in Erscheinung tritt und schon mindestens fünf Delikte begangen hat. Diese Gruppe der Delinquenten begehen, obwohl sie nur einen kleinen Teil der jugendlichen Straftäter ausmachen, den größten Anteil der Straftaten.[114] Als Symptome für den Beginn einer kriminellen Karriere werden folgende Merkmale festgehalten:[115]

96

- strukturloses Freizeitverhalten (der Freizeitbereich greift auf den Leistungsbereich über),

- früher Einstieg in die Kriminalität, häufige Deliktsbegehung,

- Störungen im familiären Bereich,

- Störungen im Schul - oder Arbeitsbereich.

---

111 vgl. unten Rn. 172.
112 vgl. Rn. 20, 23.
113 SCHAFFSTEIN/BEULKE, S. 14 f.
114 5% begehen 35-50% der Straftaten durch Jugendliche, KAISER, S. 341.
115 KAISER, Kriminologie, 9.Auflage, S. 304 ff.

§ 2 ANWENDUNGSBEREICH DES JUGENDGERICHTSGESETZES (JGG)

Die Grundlage des Jugendstrafrechts bildet das JGG.[116]

I. Persönlicher Anwendungsbereich

Altersstufen

Das JGG kommt gem. § 1 I JGG bei Jugendlichen und Heranwachsenden zur Anwendung. Jugendlicher ist gem. § 1 II JGG, wer *im Zeitpunkt der Begehung der Tat* 14, aber noch nicht 18 Jahre ist. Heranwachsende sind die im Zeitpunkt der Begehung der Tat 18 bis 20jährigen (§ 1 II JGG). Kinder fallen nicht unter das JGG, da sie ohnehin schuldunfähig sind (§ 19 StGB). Bei Zweifel über das Alter gilt der Grundsatz "in dubio pro reo".[117]

> **HEMMER-METHODE:** Die §§ 186 ff. BGB finden entsprechende Anwendung für die Berechnung des Alters. Hierbei wird gem. § 187 II S.2 BGB der Geburtstag mitgerechnet. Somit ist jemand bereits an seinem 14. Geburtstag Jugendlicher i.S.d. § 1 II JGG.

II. Sachlicher Anwendungsbereich

Verfehlung

§ 1 I JGG setzt weiterhin voraus, daß eine Verfehlung begangen wird, die nach allgemeinen Vorschriften mit Strafe bedroht ist. Hierunter ist im wesentlichen das StGB (nicht das OWiG) zu verstehen, aber auch Nebenstrafrecht bspw. aus Steuer- oder Wehrstrafgesetzen fällt unter § 1 I JGG.

III. Subsidiarität der allgemeinen Vorschriften

StGB, StPO subsidiär

§ 2 JGG und § 10 StGB bestimmen, daß die allgemeinen Vorschriften zur Anwendung kommen, wenn das JGG keine Regelung trifft. Unter die allgemeinen Vorschriften fallen im wesentlichen das StGB, die StPO, das StVollzG und das GVG.

Zum Tatbestand und der Rechtswidrigkeit eines Delikts finden sich im JGG keine Regelungen, hier ist demnach das StGB anwendbar. Die Rechtsfolgen (§§ 4 - 32 JGG) und das Verfahren (§§ 43 - 81, 109 JGG) sind teilweise im JGG festgelegt, so daß hier das JGG das StGB und die StPO ergänzt bzw. ersetzt.

> **HEMMER-METHODE:** § 2 JGG ist also die "Brücke" in die allgemeinen Vorschriften. Deswegen muß der Paragraph auch in der Klausur auftauchen, sonst hängt die StGB- bzw. StPO-Vorschrift in der Luft!

Eine Sonderregelung findet sich in § 4 JGG, nach dem sich die Qualifizierung als Verbrechen oder Vergehen und die Verjährung nach allgemeinem Strafrecht richten.

> *Bsp.: Der Jugendliche B argumentiert, er könne nicht wegen versuchter schwerer Brandstiftung (§ 306 StGB) bestraft werden, da die Versuchsstrafbarkeit nur bei Verbrechen gegeben sei. Dies setze gem. § 12 I StGB eine Mindeststrafe von einem Jahr voraus, gem. § 18 I S.1 JGG betrüge das Mindestmaß für Jugendliche jedoch nur sechs Monate. Ein Verbrechen läge daher gar nicht vor. Jedoch schreibt § 4 JGG vor, daß die Einteilung in Verbrechen und Vergehen nach allgemeinem Strafrecht zu bestimmen ist. Weil § 306 StGB ein Verbrechen darstellt, kann B wegen Versuchs bestraft werden.*

---

[116] Der Vorgänger des JGG von 1953 war das Reichsjugendgesetz von 1943, welches das JGG von 1923 ablöste. Zur Geschichte des Jugendstrafrechts siehe SCHAFFSTEIN/BEULKE, S. 22 ff.

[117] BGHSt 5, 366.

§ 3 ALTERS - UND REIFESTUFEN IM JGG

A. Verantwortlichkeit des Jugendlichen

§ 3 JGG als Schuldausschließungsgrund

Gem. § 3 JGG ist ein Jugendlicher nur dann verantwortlich, wenn er *zur Zeit der Tat* reif genug ist, das Unrecht der Tat einzusehen und danach zu handeln. Bei dieser bedingten Strafmündigkeit handelt es sich um einen Schuldausschließungsgrund, der *zusätzlich* zu den §§ 20, 21 StGB hinzutritt. 101

> **HEMMER-METHODE:** Da sonstige Entschuldigungsgründe im JGG nicht geregelt sind, finden diejenigen des allgemeinen Strafrechts Anwendung. Im Ergebnis sind also Tatbestand, Rechtswidrigkeit und Schuld wie im Erwachsenenstrafrecht zu prüfen, wobei § 3 JGG noch dazukommt!

Positive Feststellung nötig

Die Verantwortlichkeit nach § 3 JGG muß im Gegensatz zu den §§ 20, 21 JGG stets positiv festgestellt werden.

1. Voraussetzungen des § 3 JGG

a) Einsichtsfähigkeit

Einsichtsfähigkeit

Die Reife, das Unrecht einzusehen, setzt voraus, daß der Jugendliche vom Verstand her fähig ist, sein Handeln zu beurteilen. Gleichzeitig muß aber auch eine sittliche Reife vorhanden sein, d.h. er muß die den Normen zugrunde liegenden sittlichen Postulate mit vollziehen können.[118] Die intellektuelle und ethische Reife muß für jede Tat einzeln festgestellt werden. 102

> *Bsp.: Der 15-jährige Beppo weiß, daß er nicht stehlen darf, ist sich aber des Unrechtsgehalts einer Falschaussage nicht bewußt.*

b) Handlungsfähigkeit

Handlungsfähigkeit

Die zweite Voraussetzung ist, daß der Jugendliche auch reif genug ist, nach seiner Einsicht zu handeln. Die Handlungsfähigkeit kann z.B. bei der Beeinflussung durch Autoritätspersonen, der Furcht vor Strafe, Heimweh o.ä. fehlen. 103

2. Folgen

Einstellung, Freispruch

Wird die Verantwortlichkeit gem. § 3 JGG verneint, so wird das Verfahren entweder eingestellt oder endet mit einem Freispruch. Der Richter kann jedoch genau wie der Vormundschaftsrichter Erziehungsmaßnahmen anordnen (vgl. § 3 S.2 JGG, §§ 1631 III, 1666 I BGB). Kann die Verantwortlichkeit nicht festgestellt werden, so gilt der Grundsatz in dubio pro reo.[119] 104

3. Verhältnis von § 3 JGG zu §§ 20, 21 StGB

Verhältnis von § 3 JGG zu §§ 20, 21 StGB str.

Streitig ist, welcher Schuldausschließungsgrund angewendet wird, wenn die Voraussetzungen des § 3 JGG und des § 20 StGB vorliegen. 105

---

118 SCHAFFSTEIN/BEULKE, S. 45.
119 EISENBERG, § 3 Rn. 4.

Beispiele:[120]

Der Jugendliche C ist psychisch zurückgeblieben, was sich jedoch auf eine noch ausgleichsfähige, nicht abgeschlossene Entwicklung zurückführen läßt. Hier ist nur § 3 JGG anwendbar.

Der Jugendliche D leidet unter angeborenem Schwachsinn, welcher nicht mehr ausgleichsfähig ist (pathologisches Zurückbleiben, selten!). Hier gilt nur § 20 StGB.

Ein 16jähriger ist wegen einer frühkindlichen Hirnschädigung, die jedoch im Alter noch ausgleichsfähig ist, schuldunfähig gem. § 20 StGB. Gleichzeitig fehlt ihm die Reife gem. § 3 JGG. Dieser Fall ist streitig.

Die Entscheidung ist von Bedeutung, weil nur im Falle der Anwendung der §§ 20, 21 StGB die Unterbringung in einem psychiatrischen Krankenhaus gem. § 63 StGB möglich ist (zu den Folgen beim Fehlen der Voraussetzungen des § 3 JGG siehe oben). Eine Ansicht möchte hier die Folgen des § 20 StGB anwenden,[121] die Gegenansicht gibt § 3 JGG den Vorrang.[122] Eine dritte Meinung räumt dem Gericht die Wahlmöglichkeit zwischen beiden Alternativen ein.[123]

> **HEMMER-METHODE:** Da die Verantwortlichkeit des Jugendlichen stets positiv festgestellt werden muß, ist sie auch in der Klausur anzusprechen. Gehen Sie jedoch nur näher darauf ein, wenn Hinweise im Sachverhalt vorliegen. Hüten Sie sich ansonsten davor, eine Strafrechtsklausur abzuliefern! Die Strafbarkeit nach dem StGB interessiert nur am Rande und sollte äußerst kurz abgehandelt werden!

B. Anwendung des Jugendstrafrechts auf Heranwachsende (wichtig!)

I. Systematik

Anwendbarkeit auf Heranwachsende nach §§ 105 ff. JGG

Wann das JGG auf Heranwachsende anzuwenden ist, ist in den §§ 105 ff. JGG geregelt. Wichtig ist, daß nur dann das JGG gilt, wenn in den §§ 105 ff. JGG darauf verwiesen wird, ansonsten bleibt es beim Erwachsenenstrafrecht.

Schuldfähigkeit

1. Die Schuldfähigkeit des Heranwachsenden ergibt sich ausschließlich aus den §§ 20, 21 StGB (Umkehrschluß aus § 105 I JGG: § 3 JGG ist nicht genannt).

Rechtsfolgen

2. Die Rechtsfolgen der Tat sind in § 105 JGG festgelegt. Liegen die Voraussetzungen des § 105 I Nr. 1 oder Nr. 2 JGG vor (Reifestand eines Jugendlichen *und/oder* Jugendverfehlung), werden im wesentlichen die Rechtsfolgen angewendet, die auch für Jugendliche gelten (§§ 4 bis 8, 9 Nr.1, 10, 11, 13 bis 32 JGG). Liegen die Merkmale nicht vor, so bleibt es bei den Rechtsfolgen des Erwachsenenstrafrechts.

106

Zuständigkeit

3. Die Zuständigkeit der Gerichte richtet sich *immer* nach dem JGG (§§ 108 i.V.m. 39 ff. JGG), auch wenn materiell Erwachsenenstrafrecht angewendet wird.

107

Verfahren

4. Das Verfahren ist in § 109 I i.V.m. den darin zitierten Normen des JGG geregelt. Wendet der Richter materiell Jugendstrafrecht gem. § 105 JGG an, so kommen weitere Verfahrensvorschriften über § 109 II JGG hinzu.

108

---

120 vgl. SCHAFFSTEIN/BEULKE, S.47.
121 BRUNNER/DÖLLING, § 3 Rn. 10; MAURACH/ZIPF, Strafrecht AT Bd. I, S. 513.
122 EISENBERG, § 3 Rn. 39; ALBRECHT, S. 102.
123 SCHAFFSTEIN/BEULKE, S. 47; SCHÖNKE/SCHRÖDER (LENCKNER), § 20 Rn. 44; für die Konkurrenz von § 20 StGB zu § 3 JGG so entschieden BGHSt 26, 67.

> **HEMMER-METHODE:** Die §§ 105 ff. JGG wirken nur auf den ersten Blick kompliziert. Merken Sie sich, daß für die Anwendung des Jugendstrafrechts immer ein Verweis in den §§ 105 ff. JGG notwendig ist! Fehler auf diesem Gebiet verzeiht der Korrektor nicht - machen Sie sich die Systematik daher noch einmal anhand der folgenden Tabelle klar!

Übersicht

	Jugendlicher*	Heranwachsender*
Strafbarkeit (Tatbestand, Rechtswidrigkeit, Schuld)	StGB plus § 3 JGG in der Schuld	StGB (§ 3 JGG auch dann nicht, wenn § 105 JGG (+))
Rechtsfolgen	§§ 4 bis 31 JGG	wenn § 105 JGG (+) ⇨ §§ 4 bis 8, 9 Nr.1, 10, 11, 13 bis 32 JGG wenn § 105 JGG (-) ⇨ StGB, beachte aber Strafrahmenmilderung nach § 106 JGG
Gerichtszuständigkeit	§§ 39 bis 42 JGG	§ 108 i.V.m. §§ 39 bis 42 JGG
Verfahren	§§ 43 bis 81 JGG	wenn § 105 JGG (+) ⇨ § 109 I, II i.V.m. den zitierten Normen des JGG wenn § 105 JGG (-) ⇨ § 109 I i.V.m. den zitierten Normen des JGG

* beachte: wenn im JGG keine Regelung enthalten ist, gilt selbstverständlich immer § 2 JGG i.V.m. den entsprechenden allgemeinen Vorschriften!

II. Voraussetzungen des § 105 JGG

Voraussetzungen des § 105 JGG

Um die Rechtsfolgen des Jugendstrafrechts auch auf Heranwachsende anwenden zu können, muß mindestens eine der folgenden Voraussetzungen gegeben sein:[124]

1. Reifestand eines Jugendlichen (§ 105 I Nr.1 JGG)

Reifestand eines Jugendlichen

Der Heranwachsende ist *zur Zeit der Tat* nach einer Gesamtwürdigung seiner Persönlichkeit in Bezug auf seine sittliche und (lies "oder") geistige Entwicklung einem Jugendlichen gleichzustellen. Das heißt, es müssen bei dem Heranwachsenden noch "Entwicklungskräfte in größerem Umfang wirksam sein".[125] Da es sich hier um eine sehr dehnbare Formulierung handelt, werden die sog. Marburger Richtlinien herangezogen. Hinweise, die für eine Gleichstellung mit einem Jugendlichen sprechen, sind danach:

---

[124] lies hierzu HAUF, Der praktische Fall, JuS 94, 678 ff.; EISENBERG/BLAU, Der praktische Fall, JuS 94, 46 ff.

[125] BGHSt 36, 37 (40); 12, 116 (118).

Marburger Richtlinien

Marburger Richtlinien:[126]
- Fehlende Lebensplanung
- Spielerische Einstellung zur Arbeit
- Unfähigkeit zu selbständigen Urteilen und zu zeitlich überschaubarem Denken
- Unfähigkeit, Gefühlsurteile rational zu untermauern
- ungenügende Ausformung der Persönlichkeit
- Hang zu abenteuerlichem Handeln
- Hilflosigkeit, Naivität, Spontaneität
- Neigung zu Tagträumen
- Hineinleben in selbstwerterhöhende Rollen
- für den Augenblick leben
- fehlende Eigenständigkeit, starke Anlehnungsbedürftigkeit
- mangelnder Anschluß an Altersgenossen

In dubio pro reo

Bei nicht behebbaren Zweifeln über den Reifestand ist Jugendstrafrecht anzuwenden.[127]

2. Jugendverfehlung

Jugendverfehlung

Eine Jugendverfehlung liegt vor, wenn in der Art der Tat (nach außen) oder in den Beweggründen des Betroffenen (subjektiv) jugendliche Verhaltensweisen hervortreten. Darüber hinaus fallen hierunter die "aus den Antriebskräften der Entwicklung entspringenden Entgleisungen".[128] Damit sind Fälle gemeint, die aus jugendlicher Unachtsamkeit, Leichtsinn oder aus Gruppenzwang heraus begangen werden.

Bsp.: Typische Jugendverfehlungen sind Fahren ohne Fahrerlaubnis, der unerlaubte Gebrauch von Kraftfahrzeugen, leichte Körperverletzungen, leichte Verstöße gegen das BtMG usw..

sogar bei Verbrechen möglich

Aber auch Verbrechen können unter Umständen noch als Jugendverfehlung gelten, es ist jeweils der Einzelfall entscheidend.

Beweiserleichterung

Wichtig ist, daß es sich bei § 105 I Nr.2 JGG um eine *Beweiserleichterung* für den Richter handelt, da die Bestimmung der Reife nach § 105 I Nr.1 JGG häufig große Schwierigkeiten bereitet.

"HEMMER-METHODE": Vom Gesetzeswortlaut her stellt § 105 JGG eigentlich die Ausnahme dar. De lege ferenda werden allerdings über 60% der Heranwachsenden nach Jugendstrafrecht verurteilt.[129]

---

126 Diese Richtlinien wurden 1954 auf der Marburger Tagung der Deutschen Vereinigung für Jugendpsychiatrie erarbeitet und dienen dem Richter als Anhaltspunkte.

127 BGHSt 12, 116; 36, 37 (40).

128 BGHSt 8, 90 (92).

129 § 105 JGG wird häufig kritisiert, teilweise wird eine zwingende Gleichbehandlung von Jugendlichen und Heranwachsenden gefordert, siehe zur Kritik SCHAFFSTEIN/BEULKE, S. 56 f.

§ 4 RECHTSFOLGEN DER JUGENDSTRAFTAT

eigene Sanktionen im Jugendstrafrecht

Im Jugendstrafrecht gelten die Strafrahmen des allgemeinen Strafrechts nicht (vgl. § 18 I S.3 JGG). Aus der Einstiegsnorm des § 5 JGG ergeben sich folgende Sanktionsmöglichkeiten:

- Erziehungsmaßregeln gem. §§ 9 bis 12 JGG (Weisungen, Hilfe zur Erziehung)
- Zuchtmittel gem. §§ 13 bis 16 JGG (Verwarnung, Auflagen, Jugendarrest) und
- Jugendstrafe gem. §§ 17 ff. JGG.

Zusätzlich können gem. § 8 III JGG die im Erwachsenenstrafrecht bestehenden Nebenstrafen und -folgen, mit Ausnahme der in § 6 JGG ausgeschlossenen angeordnet werden.

Auch die Maßregeln der Besserung und Sicherung sind, soweit sie in § 7 JGG genannt sind, zulässig. Allerdings können nicht gleichzeitig die Unterbringung in einem psychiatrischen Krankenhaus bzw. in einer Entziehungsanstalt und eine Jugendstrafe angeordnet werden, § 5 III JGG (anders im Erwachsenenstrafrecht, siehe Rn. 338).

> **HEMMER-METHODE:** Jugendstrafrecht ist Gesetzesarbeit! Lesen Sie sich in Ruhe die §§ 5 ff. JGG und die entsprechenden Verweise in das StGB durch!

Häufigkeit der Anordnung

Am häufigsten werden Zuchtmittel angeordnet, hierbei wiederum am ehesten die Verwarnung und die Auflage einer Geldbuße. Danach folgen die Erziehungsmaßregeln, wobei in der Praxis nur die Weisungen eine Rolle spielen. Jugendstrafe wird nur in ca. 15 % der Fällen angeordnet.[130]

A. Verbindung von Rechtsfolgen und Konkurrenzfragen

I. Verbindung verschiedener Rechtsfolgen in einem Urteil

Verbindungen von Sanktionen

Grundsätzlich können verschiedene Rechtsfolgen in einem Urteil wegen einer Straftat miteinander kombiniert werden.

Bsp.: Der Jugendliche wird wegen eines Diebstahls verurteilt, gem. § 10 I S.3 Nr. 4 JGG Arbeitsleistungen zu erbringen und sich gleichzeitig gem. § 10 I S.3 Nr. 5 JGG einem Betreuungshelfer zu unterstellen.

Daß die Verbindung von Erziehungsmaßregeln und Zuchtmitteln zulässig ist, ergibt sich aus § 8 I S.1 JGG. Manche Kombinationen sind jedoch ausgeschlossen:

- Die Hilfe zur Erziehung gem. § 12 Nr.2 JGG (Heimerziehung) darf nicht neben Jugendarrest (§ 8 I S.2 JGG) oder neben Jugendstrafe (§ 8 II S.1 JGG) angeordnet werden. Ebensowenig ist die Heimerziehung neben der Erziehungsbeistandschaft gem. § 12 Nr.1 JGG möglich (vgl. Wortlaut des § 12 JGG: "oder").
- Der Jugendarrest (und auch die Verwarnung) darf gem. § 8 II S.1 JGG nicht mit der Jugendstrafe verbunden werden. Streitig ist, ob der Jugendarrest neben einer Bewährungsstrafe (§ 21 JGG) oder der Aussetzung der Verhängung der Jugendstrafe (§ 27 JGG) zulässig ist.[131]

---

[130] Bzgl. der Anordnung von Jugendstrafen gibt es in den letzten Jahren eine leicht steigende Tendenz.
[131] siehe dazu unten Rn. 155.

§ 4 RECHTSFOLGEN DER JUGENDSTRAFTAT

In der Regel Verbindungsverbot bei stationären Sanktionen

Zusammenfassend kann man sagen, daß in der Regel die Anordnung von mehreren stationären, d.h. freiheitsentziehenden Sanktionen (Jugendstrafe, Jugendarrest, Heimerziehung) nicht erlaubt ist. Bei diesen Verboten nach § 8 JGG geht es immer um die gleichzeitige Anordnung *in einem Urteil*.

II. Einheitliche Rechtsfolgen bei mehreren Straftaten

Idealkonkurrenz

Fraglich ist, was geschieht, wenn ein Jugendlicher mehrere Straftaten begangen hat. Die allgemeinen Konkurrenzvorschriften der §§ 52 bis 55 StGB gelten nicht. Vielmehr greift § 31 JGG ein. Im Falle der Idealkonkurrenz wird selbstverständlich nur auf eine einheitliche Strafe erkannt (die sich möglicherweise aus verschiedenen Sanktionen zusammensetzt, siehe oben).

Realkonkurrenz

Problematisch ist das Vorliegen von mehreren Straftaten in Realkonkurrenz. Hier gilt aus dem Erziehungsgedanken heraus ebenfalls das *Einheitsprinzip*, es gibt keine Gesamtstrafen wie in §§ 53, 54 StGB. Der Strafrahmen ist der gleiche wie bei *einer Tat*.[132]

1. Gleichzeitige Aburteilung mehrerer Straftaten (§ 31 I JGG)

Gleichzeitige Aburteilung

Liegt Realkonkurrenz vor, so wird in einem Urteil gem. § 31 I JGG auf eine einheitliche Strafe erkannt, es erfolgt also keine Addition der verschiedenen Strafen.

> *Bsp.: Der Jugendliche Berthold hat im April, Juni und Juli 1996 Raub- und Diebstahlstaten begangen. Im Urteil wird eine Einheitsstrafe (bspw. Jugendstrafe mit Bewährung) festgesetzt.*

2. Getrennte Aburteilung mehrerer Straftaten (§ 31 II, III JGG)

Getrennte Aburteilung

Wenn bereits ein Urteil für einen Teil der Straftaten feststeht, so kann in dem neuen Urteil das alte miteinbezogen werden und wiederum nur eine Einheitsstrafe festgesetzt werden, § 31 II JGG. Hierbei muß die Strafe nicht zwingend erhöht werden. § 55 StGB gilt also nicht.[133]

> *Bsp.: Der Jugendliche Berthold wurde für den Diebstahl im April bereits zu Jugendarrest verurteilt, der Richter beseitigt in dem neuen Urteil den Jugendarrest und erkennt für alle drei Taten einheitlich auf Jugendstrafe.*

Ausnahme wegen erzieherischer Gründe möglich

Ausnahmsweise wird eine Einbeziehung unterlassen, wenn dies "aus erzieherischen Gründen zweckmäßig" ist (§ 31 III JGG).

Überschreiten der Höchstgrenze

> **HEMMER-METHODE:** Wendet der Richter § 31 III JGG an, so kann es passieren, daß die beiden unterschiedlichen Strafen die zulässige gesetzliche Höchstgrenze (bspw. fünf Jahre Jugendstrafe) überschreiten, wenn man sie addiert. Dies ist nach herrschender Meinung nur in Grenzfällen zulässig, wenn sonst der Jugendliche die Höchstgrenze als "Freibrief" für weitere Taten ansehen würde.[134]

3. Anwendbarkeit des § 31 JGG

Anwendbarkeit des § 31 JGG

a) § 31 JGG gilt selbstverständlich für alle Jugendlichen und für die Heranwachsenden, für die § 105 I JGG zu bejahen ist.

b) Zusätzlich ist § 31 II, III JGG auch auf die Heranwachsenden anwendbar, die im ersten Urteil nach allgemeinem Strafrecht verurteilt worden sind, *§ 105 II JGG*.

---

132 BRUNNER/DÖLLING, § 31 Rn.3.
133 Beachte: § 55 StGB ist nicht das exakte Gegenstück zu § 31 II JGG, da § 55 StGB nur den Fall regelt, daß die im zweiten Urteil relevante Straftat *vor* der ersten Verurteilung begangen wurde.
134 SCHAFFSTEIN/BEULKE, S. 74 f.

c) Außerdem gilt § 31 I JGG, wenn Straftaten teils nach allgemeinem, teils nach Jugendstafrecht beurteilt werden (§ 32 JGG) und das Schwergewicht bei den jugendstrafrechtlichen Taten liegt.[135]

III. Mehrere Straftaten in verschiedenen Alters- und Reifestufen (§ 32 JGG)

1. Voraussetzungen

§ 32 JGG für mehrere Straftaten in verschiedenen Alters- und Reifestufen

Wenn mehrere Straftaten begangen wurden, die *teilweise nach Jugendstrafrecht und teilweise nach allgemeinem Strafrecht* zu beurteilen sind, so kommt § 32 JGG in Betracht. Allerdings müssen die verschiedenen Taten *gleichzeitig abgeurteilt* werden. Geprüft wird nun, bei welchen Straftaten das *Schwergewicht* liegt, wobei sowohl die Tat als auch der Täter eine Rolle bei der Beurteilung spielen.

Beispiele:

Der Jugendliche Richie hat mit 17 Jahren erstmals einen Diebstahl begangen und mit 18 Jahren einen Raub, wobei der Raub nicht mehr nach § 105 I JGG zu beurteilen ist. Somit wäre einmal Jugendstrafrecht und für den Raub Erwachsenenstrafrecht anzuwenden. Die Schwergewichtsprüfung ergibt, daß das Schwergewicht trotz des geringeren Unrechtsgehalts bei dem Diebstahl liegt, da er den ersten Schritt in Richtung kriminelle Laufbahn darstellt. Somit ist einheitlich Jugendstrafrecht nach § 31 JGG anzuwenden.

Frankie hat mit 20 Jahren eine Sachbeschädigung, die gem. § 105 JGG nach Jugendstrafrecht zu beurteilen ist, und mit 21 Jahren ein Verkehrsdelikt begangen. Je nach Schwergewicht kommt einheitlich Jugend- oder Erwachsenenstrafrecht zur Anwendung.

Bobby beging mit 17 Jahren einen Diebstahl und mit 18 Jahren einen Raub, der jedoch wegen Reifeverzögerung nach Jugendstrafrecht zu beurteilen ist (§ 105 I Nr.1 JGG). Hier kommt § 32 JGG überhaupt nicht zur Anwendung, weil zwar mehrere Straftaten und eine gleichzeitige Aburteilung vorliegen, jedoch alle Straftaten ohnehin nach Jugendstrafrecht zu beurteilen sind. Es gilt vielmehr § 105 I i.V.m. § 31 JGG direkt.

2. Problem der getrennten Aburteilung

Getrennte Aburteilung str.

§ 32 JGG gilt nur für mehrere Straftaten bei gleichzeitiger Aburteilung. Streitig ist die Behandlung mehrerer Straftaten in verschiedenen Alters- bzw. Reifestufen, die nacheinander abgeurteilt werden.

Bsp.: Ein Jugendlicher begeht mit 18 Jahren einen Diebstahl und wird dafür nach Jugendstrafrecht (§ 105 JGG) verurteilt. Mit 19 Jahren verübt er einen Raub, auf den nicht § 105 JGG, sondern Erwachsenenstrafrecht Anwendung findet.

§ 32 JGG analog oder jeweilig einschlägiges Recht

Eine Ansicht möchte hier § 32 JGG analog anwenden, so daß eine Schwergewichtsprüfung durchzuführen wäre. Dies soll zumindest dann möglich sein, wenn nach allgemeinem Strafrecht eine Gesamtstrafenbildung nach § 55 StGB möglich wäre.[136]

Die Gegenansicht verneint die analoge Anwendung des § 32 JGG und wendet getrennt das jeweilig einschlägige Recht an, fordert jedoch eine Strafmilderung.[137]

---

135 dazu unten Rn.123.
136 SCHAFFSTEIN/BEULKE, S. 60; BRUNNER/DÖLLING, § 32 Rn. 11; BÖHM, Einführung in das Jugendstrafrecht, S. 48.
137 BGHSt 10, 100 (101); 14, 287; 36, 270 (295).

§ 4 RECHTSFOLGEN DER JUGENDSTRAFTAT

Die Streitfrage stellt sich in einer Konstellation nicht: Ist ein Heranwachsender zunächst nach allgemeinem Strafrecht verurteilt worden und steht nun noch eine Verurteilung nach Jugendstrafrecht aus, so bestimmt § 105 II JGG, daß § 31 II, III JGG anzuwenden ist. Allerdings ist hier noch eine Schwergewichtsprüfung nach den Grundsätzen des § 32 JGG durchzuführen.[138]

IV. Vorgehensweise bei mehreren Straftaten

Übersicht

> **Systematisch müssen folgende Fragen gestellt werden:**
>
> 1. Liegen überhaupt mehrere Straftaten (Realkonkurrenz) vor?
>
> 2. Nach welchem Recht werden sie beurteilt?
>
> **a)** Alle nach Jugendstrafrecht (auch über § 105 JGG): Es gilt das Einheitsprinzip nach § 31 JGG.
>
> **b)** Alle nach Erwachsenenstrafrecht: Es gelten die allgemeinen Konkurrenzvorschriften der §§ 52 ff. StGB.
>
> **c)** Teils, teils: Liegt eine gleichzeitige oder eine getrennte Aburteilung vor?
>
> **aa)** gleichzeitige Aburteilung: Es gilt § 32 JGG und je nach Schwergewicht Jugend- oder Erwachsenenstrafrecht.
>
> **bb)** getrennte Aburteilung: Liegt der Sonderfall des § 105 II JGG vor?
>
> **(1)** Wenn ja: Es gilt § 31 II, III JGG, allerdings erst nach Schwergewichtsprüfung.
>
> **(2)** Wenn nein: Die Frage ist streitig: entweder § 32 JGG analog oder getrennte Anwendung des jeweiligen Rechts.
>
> 3. Kommt man im Ergebnis zur Anwendung des Jugendstrafrechts, so muß die jeweilig gewählte Sanktionskombination auch zulässig sein (§ 8 JGG).

125

B. Einzelne Rechtsfolgen

I. Erziehungsmaßregeln

Erziehungsmaßregeln

Die Erziehungsmaßregeln (§§ 9 ff. JGG) dienen - wie das Wort bereits sagt - ausschließlich erzieherischen Zwecken und nicht der Ahndung der Tat. Sie werden also "aus Anlaß der Straftat" (§ 5 I JGG) und nicht etwa "wegen der Straftat" angeordnet. Das Merkmal "aus Anlaß der Straftat" meint, daß in der Tat Erziehungsdefizite zum Vorschein kommen. Diese Defizite sollen mit den Erziehungsmaßregeln ausgeglichen werden, allerdings nur dann, wenn sie ausreichen und nicht auf schärfere Sanktionen zurückgegriffen werden muß (§ 5 II JGG).

126

1. Weisungen

a) Weisungskatalog nach § 10 I S.3 JGG

Weisungen nicht abschließend

Die Weisungen sind in § 10 JGG genannt, wobei es sich hier lediglich um eine beispielhafte Aufzählung handelt (beachte den Wortlaut § 10 I S.3 JGG: "insbesondere").[139]

127

---

138 BGHSt 37, 34 (35); EISENBERG, § 105 Rn. 44.

139 teilweise wird deswegen die Einhaltung des verfassungsmäßigen Bestimmtheitsgrundsatzes im Hinblick auf Art. 103 II GG verneint, vgl. ALBRECHT, S. 158.

Der Richter kann somit auch eigene Weisungen anordnen, solange sie sich in den unten genannten Grenzen halten.[140] Besondere Bedeutung haben die Arbeitsweisung (Nr.4), die Betreuungsweisung (Nr.5) und der soziale Trainingskurs (Nr.6). Ebenfalls eine wichtige Rolle spielen die Anweisung der heilerzieherischen Behandlung und der Entziehungskur nach § 10 II JGG.

b) Grenzen der Weisungen

aa) Verfassungsrechtliche Grenzen

Verfassungsrechtliche Grenzen

128 Weisungen dürfen selbstverständlich nicht gegen Grundrechte verstoßen.

> *Beispiele:*
>
> *Die Weisung, regelmäßig den Gottesdienst zu besuchen, verstößt gegen Art. 4 GG.*
>
> *Ebenso ist die Weisung, eine bestimmte Arbeit anzunehmen, nicht mit Art. 12 GG vereinbar.*
>
> *Dagegen ist die Arbeitsweisung kein Verstoß gegen Art. 12 II, III GG, da es sich nicht um eine herabsetzende, totalitär angeordnete Zwangsarbeit handelt.[141]*

Aus dem Rechtsstaatsprinzip ergibt sich weiterhin, daß die Weisungen verhältnismäßig sein müssen.

> *Bsp.: Einem Jugendlichen wird aus Anlaß eines leichten Verkehrsdelikts aufgegeben, 300 Arbeitsstunden abzuleisten. Hier ist der Verhältnismäßigkeitsgrundsatz verletzt.*

bb) Sonstige gesetzliche Grenzen

Gesetzliche Grenzen

129 In § 10 I S.2 JGG ist festgelegt, daß die Weisungen für den Jugendlichen nicht unzumutbar sein dürfen. Aber auch gegen sonstige Gesetze, wie z.B. das StGB, dürfen die Weisungen nicht verstoßen.

> *Bsp.: Lehrling Alois, der in dem Laden, in dem er als Verkäufer arbeitet, Geld aus der Kasse gestohlen hat, wird die Weisung erteilt, die nächsten drei Jahre nicht mehr in Verkaufsstätten zu arbeiten. Dies ist unzulässig, da die Weisung ein Berufsverbot i.S.d. § 70 StGB darstellt, welches für Jugendliche gem. § 7 JGG nicht angeordnet werden darf.*

cc) Funktionale Grenzen

Funktionale Grenzen

130 Damit die Weisung ihren erzieherischen Auftrag erfüllen kann, muß die Weisung *spezialpräventive* Ziele verfolgen. Sie darf also nicht aus generalpräventiven Zwecken (Abschreckung anderer Jugendlicher) oder aus dem Vergeltungsgedanken heraus angeordnet werden.[142] Des weiteren muß die Weisung *erzieherisch zweckmäßig* sein.

> *Bsp.: Die erzieherische Zweckmäßigkeit kann bspw. bei einer überhaupt nicht überprüfbaren Weisung fehlen und somit unter Umständen zur Rechtswidrigkeit führen.*

---

140 Beispiele hierfür: Nachhilfeunterricht nehmen; Geldausgaben von einem Betreuer kontrollieren lassen; weitere Beispiele siehe Schaffstein/BEULKE, S.80 f.
141 BVerfGE 74, 102.
142 zu den Begriffen der Prävention siehe unten Rn. 296 ff.

c) Vollstreckung der Weisungen

Weisungsvollstreckung

Der Jugendrichter (§ 82 I JGG) überwacht mit Hilfe der Jugendgerichtshilfe (§ 38 I, II JGG) die Einhaltung der Weisungen. Die Laufzeit und zwangsweise Durchsetzung ist in § 11 JGG geregelt.

> **HEMMER-METHODE:** Die Vollstreckung der Rechtsfolgen ist u.a. in den §§ 82 ff. JGG geregelt. Suchen Sie immer zuerst im JGG nach speziellen Normen, die zu der jeweiligen Sanktion passen, bevor Sie auf die allgemeinen Vorschriften zurückgreifen!

2. Hilfe zur Erziehung

Hilfe zur Erziehung

In § 12 JGG sind sowohl die Hilfe zur Erziehung als Erziehungsbeistandschaft (Nr.1) als auch die Hilfe zur Erziehung in einer Einrichtung über Tag und Nacht (Heimerziehung) geregelt.

Voraussetzungen für die Anordnung

Folgende Voraussetzungen müssen dafür gegeben sein:

- Eine Erziehungsmaßregel muß generell zulässig sein (§ 5 II JGG).

- Auch die Hilfe zur Erziehung muß sich in den bereits oben genannten verfassungsrechtlichen Schranken halten.

- Die Voraussetzungen des Achten Buches des Sozialgesetzbuchs (SGB VIII) müssen gegeben sein. Da im Gesetzestext auf §§ 30 bzw. 34 SGB VIII verwiesen wird, findet man in diesem Abschnitt auch die Voraussetzungen, und zwar in § 27 SGB VIII: Die Erziehung des Jugendlichen darf nicht gewährleistet sein, und die Hilfe muß für seine Entwicklung geeignet und notwendig sein.

- Die freiwillige Inanspruchnahme durch den Jugendlichen geht der Anordnung durch den Richter vor.

- Das Jugendamt muß angehört werden (§ 12 JGG).

- Zusätzlich ist die Heimerziehung subsidiär zur Erziehungsbeistandschaft und zu den Weisungen.

Trotz des Wortlauts in § 12 JGG a.E. "in Anspruch zu nehmen" besteht eine Verpflichtung des Jugendlichen hierzu.[143]

II. Zuchtmittel

Zweck der Zuchtmittel

Die Zuchtmittel (Verwarnung, Auflage und Jugendarrest) sollen die Tat *ahnden*, wenn dem Jugendlichen "eindringlich zum Bewußtsein gebracht werden muß, daß er für das von ihm begangene Unrecht einzustehen hat" (§ 13 I JGG). Gleichzeitig sollen sie aber auch erzieherische Wirkung haben (arg.ex § 17 II 1.Alt. JGG), ihnen kommt insofern eine Denkzettelfunktion zu.

1. Voraussetzungen

Voraussetzungen für die Anordnung

Zuchtmittel dürfen nur angewendet werden, wenn Erziehungsmaßregeln nicht ausreichen, § 5 II JGG.

Mildeste Sanktion

Andererseits sind sie dann fehl am Platz, wenn eine Jugendstrafe geboten ist (zu diesen Voraussetzungen siehe § 17 II JGG). Die Zuchtmittel sind damit eine Sanktion nur für sog. "im Grunde gutgeartete" Jugendliche ohne gravierende Erziehungsmängel.[144]

---

[143] § 12 JGG ist ein "junger" Paragraph: Das Kinder - und Jugendhilfegesetz (KJHG) von 1990 schaffte die stigmatisierenden Begriffe der "Fürsorgeerziehung" und "Verwahrlosung" ab und ersetzte sie durch die Formulierung der Hilfe zur Erziehung als Leistungsangebot.

[144] kritisch hierzu EISENBERG, § 13 Rn.12; ALBRECHT, S.204.

> **HEMMER-METHODE:** Aus der Reihenfolge in § 5 I, II JGG kann nicht geschlossen werden, daß Erziehungsmaßregeln automatisch die mildeste Sanktion darstellen! So ist selbstverständlich die Heimerziehung ein schärferer Eingriff als die Verwarnung.

2. Einzelne Zuchtmittel

a) Verwarnung (§ 14 JGG)

Verwarnung

Die Verwarnung wird nur bei leichten einmaligen Vergehen ausgesprochen. Sie unterscheidet sich von der formlosen Ermahnung in §§ 45 III 1, 47 I Nr.3 JGG dadurch, daß sie eine förmliche Sanktion darstellt.

135

b) Auflagen

Auflagen

Unter die Auflagen fallen die Schadenswiedergutmachung, die Entschuldigung, die Arbeitsleistung und die Geldauflage. Letztere hat die größte Bedeutung, hier gilt es allerdings, die besonderen Voraussetzungen des § 15 II JGG zu beachten. Wenn der Jugendliche ohnehin kein Geld hat, wird eher eine Arbeitsauflage angeordnet. Die Schadenswiedergutmachung ist für Fälle gedacht, in denen das Opfer einen Schaden erlitten hat, auf dessen Ersatz es auch einen zivilrechtlichen Anspruch hat.

136

Die Vollstreckung ist in § 15 III JGG geregelt.

c) Jugendarrest

aa) Arten des Jugendarrests

Freizeit-, Kurz- und Dauerarrest

In § 16 JGG wird zwischen dem Freizeit-, dem Kurz- und dem Dauerarrest unterschieden. Der Dauerarrest wird am häufigsten angeordnet und beträgt idealerweise maximal drei Wochen. Daneben gibt es den Beugearrest (§§ 11 III, 15 III 2, 23 I 4 JGG), der verhängt wird, wenn der Jugendliche schuldhaft den entsprechenden Weisungen oder Auflagen nicht nachkommt.

137

bb) Voraussetzungen

Voraussetzungen für die Anordnung

Natürlich müssen die allgemeinen Voraussetzungen für die Anordnung von Zuchtmitteln vorliegen. Das heißt auch, daß nur "gutgeartete" oder - anders gesagt - "arrestgeeignete" Jugendliche für den Arrest in Frage kommen.[145] Bei leichten Verfehlungen soll der Jugendarrest nicht verhängt werden. Ebenso wirkt er sich negativ (durch hohe Rückfallquoten) aus, wenn zum wiederholten Male Arrest angeordnet wurde oder dem Jugendlichen bereits vorher stationäre Sanktionen wie eine Jugendstrafe oder die Heimerziehung auferlegt wurden.[146] Zur Anwendung neben § 21 bzw. § 27 JGG siehe unten Rn. 155.

138

cc) Kritik

Kritik

Der Jugendarrest ist seit jeher heftig umstritten.[147] Einerseits verspricht man sich von dieser Sanktion eine effektive Denkzettelwirkung (sog. "short sharp shock"), die Sofortwirkung zeigt, ohne die schädlichen Fernwirkungen einer Jugendstrafe auszulösen (so erfolgt auch keine Eintragung in das Bundeszentralregister).

139

---

145 kritisch ALBRECHT, S.219 f.
146 SCHAFFSTEIN/BEULKE, S. 110 f.
147 Der Jugendarrest wurde 1940 eingeführt und wird daher teilweise als "Nazistrafe" kritisiert; ALBRECHT, S. 219.

Auf der anderen Seite wird bemängelt, daß in so kurzer Zeit keine ausreichende Erziehung möglich ist, wobei teilweise auf hohe Rückfallquoten verwiesen wird.[148] Zudem würde der Jugendarrest zu häufig bei "nicht gutgearteten" bzw. "arrestungeeigneten" Jugendlichen angewendet und verfehle damit völlig seine Wirkung.[149]

dd) Vollstreckung und Vollzug

Vollstreckung und Vollzug

Die Vollstreckung und der Vollzug ist in den §§ 86 f. bzw. 90 JGG geregelt. Daneben besteht noch die Jugendarrestvollzugsordnung (JAVollzO), bei der es sich jedoch lediglich um eine Verwaltungsvorschrift handelt.

140

III. Jugendstrafe

Zweck der Jugendstrafe

Die Jugendstrafe (§§ 17 ff. JGG) ist die einzige echte Kriminalstrafe im Jugendstrafrecht. Sie verfolgt die Ahndung der Tat im Sinne einer *vergeltenden* Strafe. Aber auch der *Erziehungsgedanke* spielt bei der Jugendstrafe eine Rolle.

141

1. Voraussetzungen

Voraussetzungen für die Anordnung

Damit überhaupt Jugendstrafe angewendet werden kann, muß mindestens eine der folgenden Voraussetzungen aus § 17 II JGG gegeben sein:[150]

142

a) Schädliche Neigungen (§ 17 II 1.Alt. JGG)

Definition "Schädliche Neigungen" X

Schädliche Neigungen liegen bei einem Jugendlichen dann vor, wenn erhebliche Anlage- oder Erziehungsmängel die Gefahr begründen, daß er ohne Durchführung einer längeren Gesamterziehung weitere nicht ganz unerhebliche Straftaten begehen wird.

143

Damit fällt die bloße Gelegenheits-, Konflikts- oder Notkriminalität nicht unter den Begriff der schädlichen Neigungen. Ebensowenig werden diese bei Bagatellstraftaten zu bejahen sein, da es sich um Straftaten eher unerheblicher Art handelt. Auch müssen die schädlichen Neigungen "in der Tat hervorgetreten" sein, § 17 II JGG.

> *Bsp.:* Ein Jugendlicher ist mehrmals wegen kleineren Betrügereien in seinem Lehrbetrieb aufgefallen. Nach dem Besuch des Oktoberfestes läuft er betrunken nach Hause und triff dabei auf seine Nachbarin, die er versucht zu vergewaltigen. Hier sind die eventuell vorhandenen schädlichen Neigungen nicht in dem Sexualdelikt hervorgetreten.

Bei Ersttaten ist in der Regel nicht von schädlichen Neigungen auszugehen.[151]

Entscheidender Zeitpunkt

Die Anordnung der Jugendstrafe wegen schädlicher Neigungen hat einen *erzieherischen* Zweck, nämlich die längerfristige Beeinflussung des Jugendlichen. Daher ist die Jugendstrafe sinnlos und unzulässig, wenn die schädlichen Neigungen sich nach der Tat zurückentwickeln.[152]

b) Schwere der Schuld (§ 17 II 2.Alt JGG)

Definition "Schwere der Schuld"

Eher vom *Vergeltungsgedanken* als von der erzieherischen Zweckmäßigkeit getragen ist das Merkmal "Schwere der Schuld".

144

---

148 ALBRECHT, S. 221 ff., hierzu auch SCHAFFSTEIN/BEULKE, S. 114.
149 SCHAFFSTEIN/BEULKE, S. 108.
150 lies hierzu Hauf, Der praktische Fall, JuS 94, 678 ff.; EISENBERG/BLAU, Der praktische Fall, JuS 94, 46 ff.
151 BGHSt 16, 261.
152 SCHAFFSTEIN/BEULKE, S. 119.

Diese ist dann gegeben, wenn ein Absehen von Jugendstrafe (zugunsten von Erziehungsmaßregeln oder Zuchtmitteln) in unerträglichem Widerspruch zum allgemeinen Gerechtigkeitsgefühl stehen würde.

> **HEMMER-METHODE:** Die Definitionen von "schädlichen Neigungen" und "Schwere der Schuld" gehören zum absoluten Standardwissen!

Die Schwere der Schuld wird in den meisten Fällen der Tötungsdelikte sowie der schweren Raub- und Notzuchtdelikte zu bejahen sein. Auch Fahrlässigkeitstaten können unter Umständen eine ausreichende Schuld des Täters begründen. Zu betrachten ist nicht nur die Tat und ihre Folgen, sondern auch der Täter und seine Verantwortung (Vorsatz oder Fahrlässigkeit, Reifegrad des Jugendlichen).

Keine Generalprävention

Neben dem Schuldausgleich vertritt die Rechtsprechung teilweise, daß Jugendstrafe nur angeordnet werden darf, wenn sie *erzieherisch notwendig* ist.[153] Der Erziehungsgedanke im Merkmal "Schwere der Schuld" wurde in der Folge dahingehend modifiziert, daß die erzieherische Notwendigkeit nur in Grenzfällen den Ausschlag gibt. Jedenfalls sind *generalpräventive Überlegungen* unzulässig.

2. Dauer der Jugendstrafe

Dauer der Jugendstrafe

Während nach § 17 JGG nur entschieden wird, *ob* die Jugendstrafe verhängt wird, klärt § 18 JGG die Frage nach der Dauer der Strafe.

a) Gesetzliche Grenzen

Gem. § 18 I S.3 JGG gelten die Strafrahmen des StGB nicht.

> **HEMMER-METHODE:** Daher gelten auch die Strafzumessungsregeln des StGB nicht (Bsp.: § 243 StGB)!

Höchst- und Mindestgrenzen

Die Mindeststrafe beträgt sechs Monate, die Höchststrafe fünf Jahre (§ 18 I S.1 JGG). Allerdings kann für Verbrechen, die nach allgemeinem Strafrecht mit mehr als zehn Jahren Freiheitsstrafe bestraft werden, auch eine Höchststrafe von zehn Jahren angeordnet werden (§ 18 I S.2 JGG). Für Heranwachsende gilt immer eine Höchststrafe von zehn Jahren (§ 105 III JGG).

b) Strafzumessung

aa) Erziehungsgedanke

Erzieherische Wirkung notwendig

Innerhalb des gesetzlichen Strafrahmens hat der Richter einen Ermessensspielraum. Allerdings unterliegt er den Anforderungen des § 18 II JGG, der eine erzieherische Wirkung der Jugendstrafe fordert. Der Erziehungsauftrag in § 18 II JGG gilt im übrigen sowohl für die Fälle der schädlichen Neigungen als auch für die der Schwere der Schuld.

> **HEMMER-METHODE:** Die Jugendstrafe sollte fünf Jahre nicht überschreiten, da spätestens nach diesem Zeitraum die negativen Effekte des Haftaufenthalts die erzieherische Wirkung zerstören. Andererseits wären Freiheitsstrafen unter 6 Monaten nicht geeignet, auf den Jugendlichen lange genug einzuwirken. Idealerweise liegt die Jugendstrafe daher zwischen einem und drei Jahren.

---

[153] BGHSt 15, 224; 16, 261 (263).

bb) Schuldgedanke

Schuldausgleich?

Neben dem erzieherischen Schwerpunkt ist auch anerkannt, daß die Schuld bei der Bemessung der Strafhöhe mit einbezogen werden darf, wenn auch nur in Maßen. Die Schuld spielt zudem eine weitere wichtige Rolle: Auch aus erzieherischen Gründen darf die Jugendstrafe das Maß der Schuld nicht übersteigen. Das heißt gleichzeitig, daß die Strafrahmen des allgemeinen Strafrechts nicht überschritten werden dürfen.

147

> *Bsp.: Ein Heranwachsender hat einen Totschlag begangen, zu dem er durch eine schwere Beleidigung hingerissen wurde. Die Jugendstrafe - sofern gem. § 105 JGG anwendbar - darf den Strafrahmen des § 213 StGB von fünf Jahren nicht überschreiten.*

cc) Generalpräventive Motive

Keine Generalprävention

Nach vorzugswürdiger Ansicht dürfen generalpräventive Gesichtspunkte bei der Strafzumessung keine Rolle spielen.[154] Zum einen widerspricht es dem Sinn und Zweck des § 18 II JGG, zum anderen ist die generalpräventive Wirkung auf die üblichen Jugendlichen zweifelhaft.[155]

148

> *Bsp.: Die Anzahl der jugendlichen Räuber hat in letzter Zeit in der Stadt X zugenommen. Der Richter möchte durch ein besonders hohes Strafmaß die übrigen Räuber abschrecken. Dies ist nach der hier vertreten Auffassung unzulässig.*

HEMMER-METHODE: Häufig wird in der Klausur der Staatsanwalt, der Jugendgerichtshelfer o.ä. erzieherische, vergeltende oder generalpräventive Gesichtspunkte ansprechen. Überlegen Sie zunächst, ob es um die Verhängung an sich oder um die Höhe der Jugendstrafe geht. Erst dann können Sie entscheiden, welche Argumente zulässig sind und welche nicht!

IV. Aussetzung zur Bewährung, Aussetzung der Verhängung

1. Aussetzung zur Bewährung (§ 21 JGG)

a) Rechtsnatur und Voraussetzungen

Aussetzung ist Vollstreckungsfrage

Gem. § 21 JGG kann die Jugendstrafe auch zur Bewährung ausgesetzt werden. Hierbei handelt es sich nicht um eine Strafe eigener Art oder gar um eine Erziehungsmaßregel. Vielmehr ist die Aussetzung eine Frage der Vollstreckung.

149

In der Regel bei Jugendstrafe bis zu einem Jahr

aa) Bei einer Jugendstrafe bis zu einem Jahr wird (obligatorisch!) ausgesetzt, "wenn zu erwarten ist, daß der Jugendliche sich schon die Verurteilung zur Warnung dienen lassen und auch ohne die Einwirkung des Strafvollzugs (...) künftig einen rechtschaffenen Lebenswandel führen wird" (§ 21 I JGG). Notwendig ist also eine *günstige Prognose*[156] bezüglich des *Legalverhaltens* des Jugendlichen. Das heißt, es muß zu erwarten sein, daß der Jugendliche keine Straftaten mehr begeht.[157] Bei der Entscheidung über die Bewährungsvoraussetzungen dürfen nur *spezialpräventive* Überlegungen angestellt werden; Vergeltung oder generalpräventive Motive sind unzulässig.

---

154 BGHSt 15, 224 (226); 16, 261 (263); EISENBERG, § 18 Rn. 23; KAISER/SCHÖCH, Fall 16 Rn. 32; anders SCHAFFSTEIN/BEULKE, S. 126.

155 KAISER/SCHÖCH, Fall 16 Rn. 32.

156 zum Begriff der Prognose siehe unten Rn. 303.

157 Das Legalverhalten bezieht sich nur auf die Begehung weiterer Straftaten, nicht auf sozialschädliches Verhalten im weiteren Sinne. Der Begriff "rechtschaffener Lebenswandel" ist daher nur auf die künftige Gesetzestreue zu beziehen.

Auch bei Jugendstrafe bis zu zwei Jahren möglich

bb) Selbst bei einer Jugendstrafe bis zu zwei Jahren ist die Aussetzung zur Bewährung gem. § 21 II JGG möglich, wenn zusätzlich zu den Voraussetzungen des Abs. 1 die Vollstreckung im Hinblick auf die Erziehung des Jugendlichen nicht geboten ist. Dieses zusätzliche Merkmal hat jedoch in der Praxis keine selbständige Bedeutung.[158]

b) Bewährungszeit

Bewährungszeit

aa) Gem. § 22 JGG kann eine Bewährungszeit zwischen zwei und drei Jahren festgesetzt werden. Wenn der Jugendliche sich entsprechend verhält, wird nach Ablauf der Bewährungszeit die Jugendstrafe gem. § 26a JGG erlassen. Erfüllt er jedoch die Voraussetzungen für einen Widerruf gem. § 26 JGG (erneute Straffälligkeit, Verstoß gegen Weisungen oder Auflagen), so wird die Aussetzung widerrufen und die Jugendstrafe wird vollstreckt. Die Widerrufsgründe werden jedoch äußerst restriktiv gehandhabt.

Bewährungshilfe

bb) Um die Bewährungszeit für den Jugendlichen zu erleichtern, wird er gem. § 24 JGG einem Bewährungshelfer für maximal zwei Jahre unterstellt. Zusätzlich soll bzw. kann der Richter gem. § 23 JGG Weisungen bzw. Auflagen festlegen.

Exkurs: Bewährungshilfe

Exkurs: Bewährungshilfe

1. Bewährungshelfer sind meistens in die jeweilige Justizbehörde eingegliedert und in der Regel hauptamtlich tätig.

2. Ihre Aufgabe besteht in der Bewährungshilfe (bspw. Gespräche, Unterstützung bei der Arbeitsplatzsuche etc.) und der Bewährungsüberwachung des Jugendlichen.

a) Somit hat der Bewährungshelfer gewisse Rechte wie z.B. das Zutrittsrecht zu dem Jugendlichen sowie Auskunftsrechte (§ 24 III S.4, 5 JGG). Ebenso steht ihm ein eingeschränktes Weisungsrecht gegenüber dem Jugendlichen zu.

b) Andererseits ist er dem Richter gegenüber weisungsgebunden und muß ihm wiederum Auskunft erteilen (§ 25 S.2, 3 JGG).

> **HEMMER-METHODE:** Der Bewährungshelfer steckt immer in einem Dilemma: einerseits ist er Vertrauensperson, andererseits Überwacher. Problematisch ist weiterhin, daß er zwar eine Geheimhaltungspflicht i.S.d. § 203 StGB hat, ihm jedoch kein prozessuales Zeugnisverweigerungsrecht zusteht.

Exkurs Ende

2. Vorbewährung

a) Inhalt

Vorbewährung

Die sogenannte Vorbewährung ist nicht im Gesetz geregelt, sondern hat sich durch richterliche Praxis entwickelt. Der Richter verurteilt den Jugendlichen zu einer Jugendstrafe, läßt aber noch offen, ob die Strafe zur Bewährung ausgesetzt wird. Dabei setzt er eine Frist, innerhalb derer der Jugendliche beweisen kann, daß er die Bewährung "verdient" hat. Meistens ergeht gleichzeitig die Weisung (§§ 8 II S.1, 10, 15 JGG analog), sich einem Bewährungshelfer zu unterstellen.

---

158 SCHAFFSTEIN/BEULKE, S. 134.

§ 4 RECHTSFOLGEN DER JUGENDSTRAFTAT

Bsp.: Der Jugendliche Anton wurde zu einem Jahr Jugendstrafe verurteilt. Der Richter war sich jedoch nicht sicher, ob eine günstige Prognose i.S.d. § 21 I JGG bei Anton vorliegt. Also setzt er eine dreimonatige Frist fest, innerhalb derer sich dies herausstellen soll.

b) Kritik

Kritik

Befürworter der Vorbewährung verweisen auf die bessere Prognosemöglichkeit und die erzieherische Wirkung. Außerdem würde der Wortlaut der §§ 57 I S.1, 59 I S.2 JGG auf die Zulässigkeit einer nachträglichen Aussetzung und damit einer Vorbewährung hinweisen.

Die Gegner verneinen die Zulässigkeit der Vorbewährung, weil eine solche Maßnahme unter dem Vorbehalt des Gesetzes stehe, eine Rechtsgrundlage jedoch nicht gegeben sei.[159] Auch eine Regelungslücke bestünde wegen der vielfachen anderen Möglichkeiten nicht.

3. Aussetzung der Verhängung (§ 27 JGG)

a) Inhalt

Aussetzung der Verhängung

Bei der Aussetzung der Verhängung der Jugendstrafe ergeht zwar ein Schuldspruch (die Strafbarkeit durch Tatbestand, Rechtswidrigkeit und Schuld wird festgestellt). Wegen Zweifel am Bestehen von schädlichen Neigungen (gilt nicht für Schwere der Schuld!) kann der Richter die Verhängung der Jugendstrafe jedoch für eine bestimmte Zeit aussetzen.

Bsp.: Der Jugendliche Herbert hat einen Raub gem. § 249 StGB begangen. Ob eine Jugendstrafe wegen schädlicher Neigungen gem. § 17 II JGG erforderlich ist, kann nach Abschluß der Verhandlung nicht festgestellt werden. Der Richter kann die Verhängung der Jugendstrafe zunächst aussetzen.

Vorbewährung

Die Bewährungszeit beträgt gem. § 28 JGG zwischen einem und zwei Jahren. Ebenfalls wird der Jugendliche einem Bewährungshelfer unterstellt (§ 29 JGG) und kann Weisungen oder Auflagen zu erfüllen haben (§ 29 S.2 i.V.m. § 23 JGG). Stellen sich in der Bewährungszeit schädliche Neigungen heraus, so erkennt der Richter nun auf Jugendstrafe (auch zur Bewährung gem. § 21 JGG möglich), ansonsten erfolgt Tilgung des Schuldspruchs, § 30 JGG.

b) Verbindung mit Jugendarrest

Streitig, ob Vorbewährung möglich

Umstritten ist, ob die Aussetzung der Verhängung gem. § 27 JGG mit der Anordnung von Jugendarrest verbunden werden kann. Bei der einfachen Jugendstrafe ist diese Verbindung gem. § 8 II JGG ausgeschlossen, § 27 JGG stellt einen Grenzfall dar.

Eine Ansicht verteidigt die Verbindungsmöglichkeit folgendermaßen: Ein Jugendlicher, der definitiv keine schädlichen Neigungen besitzt und gegen den daher Jugendarrest angeordnet werden könne, sei schlechter gestellt als ein Jugendlicher, bei dem schädliche Neigungen noch zweifelhaft seien.[160] Außerdem würde in der Praxis statt des Jugendarrests die Untersuchungshaft angeordnet, welche weit schlimmere Folgen habe.

Die ablehnende Ansicht hält die Verbindung für eine unzulässige Doppelbestrafung, wenn hinterher doch noch Jugendstrafe verhängt wird.[161]

---

159 SCHAFFSTEIN/BEULKE, S. 139; ALBRECHT, S. 274.
160 LG Augsburg, NStZ 86, 507.
161 hierzu kritisch KAISER/SCHÖCH, Fall 16 Rn. 13.

Überzeugender erscheint jedoch die Argumentation, daß sich Jugendarrest und Jugendstrafe ausschließen: Der Jugendarrest ist nur für "Gutgeartete", sofern keine Jugendstrafe geboten ist (§ 13 I JGG) und würde seine eigentliche Bestimmung verlieren. Zudem besteht aufgrund der Vielzahl der anderen Sanktionen (Weisungen, Auflagen) gar keine Notwendigkeit, Arrest anzuordnen.[162]

Gilt ebenfalls für § 21 JGG und § 12 Nr.2 JGG

Eine Verbindung von Jugendarrest und der Aussetzung zur Bewährung gem. § 21 JGG wird ebenfalls als unzulässig angesehen.

155

Der gleiche Streit besteht im übrigen auch für die Anordnung von Heimerziehung gem. § 12 Nr.2 JGG neben den §§ 21, 27 JGG. Auch hier lehnt die herrschende Meinung eine Verbindung ab.[163]

4. Aussetzung des Strafrestes (§ 88 JGG)

Aussetzung des Strafrestes

Ebenfalls eine Aussetzung zur Bewährung kann vor Verbüßen der vollen Jugendstrafe gem. § 88 JGG angeordnet werden. Voraussetzung ist, daß mindestens sechs Monate bzw. ein Drittel (bei einer Jugendstrafe über einem Jahr) bereits verbüßt sind, § 88 II JGG. Des weiteren muß "verantwortet werden können zu erproben", ob der Jugendliche einen rechtschaffenen Lebenswandel führen wird. Die Voraussetzungen des "verantworten können" sind weniger streng als die des "zu erwarten ist" aus § 21 I JGG.

156

> **HEMMER-METHODE:** Machen Sie sich noch einmal die Systematik klar: Ausgesetzt wird bei § 21 JGG die Vollstreckung, bei § 27 JGG die Verhängung, bei § 88 JGG der Strafrest. Während die Aussetzung gem. § 27 JGG wegen Zweifel an schädlichen Neigungen i.S.d. § 17 II JGG erfolgt, bestehen bei der Vorbewährung Zweifel an einer günstigen Prognose i.S.d. § 21 I JGG!

---

162 BGHSt 18, 207 ff.; KAISER/SCHÖCH, Fall 16 Rn. 14; SCHAFFSTEIN/BEULKE, S. 142 f.
163 SCHAFFSTEIN/BEULKE, S. 143.

§ 5 DAS FORMELLE JUGENDSTRAFRECHT

Das JGG enthält weitgehend eigene Vorschriften über das Prozeßrecht, so daß gem. § 2 JGG die StPO und das GVG nur subsidiär Anwendung finden.

A. Zuständigkeit der Jugendgerichte

Gerichtszuständigkeit

Über die Verfehlungen von Jugendlichen entscheiden die Jugendgerichte, § 33 I JGG. Hierunter fällt der Jugendrichter als Strafrichter, das Jugendschöffengericht und die Jugendkammer (§ 33 II JGG). Die sachliche Zuständigkeit ergibt sich aus den §§ 39 ff. JGG.

> **HEMMER-METHODE:** Die Zuständigkeit der Jugendgerichte gilt über § 108 JGG auch für Heranwachsende, wobei die Besonderheiten des § 108 II, III JGG zu beachten sind. Heranwachsende werden also immer vor dem Jugendgericht verurteilt, unabhängig davon, ob materiell Jugendstrafrecht oder Erwachsenenstrafrecht angewandt wird!

I. Der Jugendrichter

Jugendrichter

Der Jugendrichter entscheidet am Amtsgericht als Einzelrichter über leichtere Verfehlungen. Die Staatsanwaltschaft darf beim Jugendrichter nur Anklage erheben, wenn die geringen Rechtsfolgen aus § 39 I JGG zu erwarten sind. Der Jugendrichter kann aber gem. § 39 II JGG maximal Jugendstrafe bis zu einem Jahr anordnen, wenn sich später herausstellt, daß doch schärfere Sanktionen als die aus § 39 I JGG notwendig sind.

II. Das Jugendschöffengericht

Jugendschöffengericht

Das Schöffengericht (Amtsgericht) setzt sich gem. § 33a I JGG aus dem Jugendrichter und zwei Schöffen zusammen. Es entscheidet als "Auffanggericht" über alle Verfehlungen, die nicht einem anderen Jugendgericht zugeordnet sind. Das Schöffengericht darf - anders als der Jugendrichter - alle Sanktionen ohne Begrenzung anordnen. Eine Ausnahme bildet lediglich die Verurteilung Heranwachsender nach allgemeinem Strafrecht zu einer Freiheitsstrafe von über vier Jahren (§ 108 III StGB).

III. Die Jugendkammer

Jugendkammer

Die Jugendkammer teilt sich in eine kleine und eine große Kammer am Landgericht auf.

1. Die große Jugendkammer

Große Jugendkammer

Die *große Jugendkammer* - bestehend aus drei Richtern und zwei Schöffen (§ 33b I JGG) - entscheidet in erster Instanz über die Fälle, die normalerweise an das Schwurgericht gehen (vgl. § 74 II GVG). Außerdem kann eine Übernahme von Fällen des Jugendschöffengerichts stattfinden (§§ 41 I Nr.2 i.V.m. 40 II JGG).

In der Berufungsinstanz entscheidet die große Kammer über die Berufung gegen Urteile des Jugendschöffengerichts (§ 41 II JGG).

2. Die kleine Jugendkammer

Kleine Jugendkammer

Die *kleine Jugendkammer* ist zuständig für die Berufung gegen Urteile des Jugendrichters (§§ 41 II JGG i.V.m. 33b I a.E. JGG).

3. Revision

Revision nach allgemeinen Regeln

In den Fällen der *Revision* bleibt es bei den allgemeinen Vorschriften: Für die Berufungsurteile der großen und kleinen Jugendkammer sind die Oberlandesgerichte zuständig (§§ 333, 335 II StPO i.V.m. § 121 I Nr.1b GVG), während die Revision gegen erstinstanzliche Urteile der (großen) Jugendkammer an den BGH geht (§ 333 StPO i.V.m. § 135 GVG).

> **HEMMER-METHODE:** Zuständigkeitsfragen werden in Klausuren gerne als Zusatzaufgaben gestellt. Verschenken Sie hier nicht unnötig Punkte! Da die gleichen Probleme auch in Strafrechtsklausuren auftauchen, machen Sie sich noch einmal den Aufbau und die Zuständigkeit der Strafgerichte klar! Achten Sie auf Fallen: Gegen erstinstanzliche Urteile von Landgerichten und Oberlandesgerichten gibt es keine Berufung - auch nicht im Jugendstrafverfahren!

IV. Verbindung von Jugend- und Erwachsenenstrafsachen

Verbindung von Jugend- und Erwachsenenstrafsachen

Ausnahmsweise können Strafsachen von Jugendlichen/Heranwachsenden und Erwachsenen verbunden werden (§ 103 JGG), wenn

Voraussetzungen

- der nach den allgemeinen Vorschriften (§§ 2 bis 4 StPO) geforderte *Zusammenhang* besteht, d.h. wenn bei mehreren Tätern, Teilnehmern, Strafvereitelern, Begünstigern oder Hehlern Jugendliche/Heranwachsende und Erwachsene beteiligt sind und

- wenn die Verbindung zur Erforschung der Wahrheit oder aus anderen wichtigen Gründen geboten ist (§ 103 I JGG).

Zuständigkeit

Zuständig ist grundsätzlich für alle Angeklagten das Jugendgericht, solange nicht die Ausnahmen der §§ 102 oder 103 II S.2 JGG greifen.

B. Die Verfahrensbeteiligten

I. Der Jugendrichter

Jugendrichter

Neben den zu fällenden Urteilen i.S.d. § 39 JGG hat der Jugendrichter alle Aufgaben eines Amtsrichters zu erfüllen (§ 34 I JGG). Außerdem ist er Vollstreckungsleiter (§ 82 JGG), was normalerweise der Staatsanwaltschaft obliegt (vgl. § 451 StPO). In den Fällen des Jugendarrests ist der Jugendrichter sogar gem. § 90 II S.2 JGG Vollzugsleiter. Im Übrigen fallen ihm die Aufgaben des Vormundschaftsrichters zu (§ 34 II, III JGG).

Als Qualifikation sollte der Jugendrichter gem. § 37 JGG "erzieherisch befähigt und in der Jugenderziehung erfahren sein."

II. Die Jugendstaatsanwaltschaft

Jugendstaatsanwalt

Die Aufgaben der Staatsanwaltschaft übernimmt eine spezielle Jugendstaatsanwaltschaft (§ 36 JGG), die ebenfalls den Anforderungen des § 37 JGG genügen muß. Streitig ist, ob ein Revisionsgrund vorliegt, wenn kein Jugendstaatsanwalt tätig war. Teilweise wird dies mit der Qualifizierung des § 36 JGG als bloße Ordnungsvorschrift verneint. Andere sehen aufgrund der Wichtigkeit einer speziellen Staatsanwaltschaft einen Revisionsgrund gem. § 337 StPO gegeben.

§ 5 DAS FORMELLE JUGENDSTRAFRECHT

III. Die Erziehungsberechtigten und gesetzlichen Vertreter

Erziehungsberechtigte und gesetzliche Vertreter

Die Erziehungsberechtigten sind im Jugendstrafverfahren Prozeßbeteiligte. Sie haben in der Hauptverhandlung Anwesenheitsrecht und -pflicht (§ 50 III JGG), ebenso können sie Fragen und Anträge stellen (§ 67 I JGG) sowie Rechtsbehelfe einlegen (§ 67 III JGG). Nach herrschender Meinung haben sie keinen Zeugenstatus inne.[164]

166

IV. Der Verteidiger

1. Allgemeine Stellung des Verteidigers

Verteidiger

Grundsätzlich gelten für den Verteidiger über § 2 JGG die allgemeinen Vorschriften wie im Erwachsenenstrafrecht. Streitig ist allerdings, ob der Verteidiger immer auf die mildeste Sanktion hinwirken muß, auch wenn diese erzieherisch nicht sinnvoll ist.[165]

167

2. Notwendige Verteidigung

Notwendige Verteidigung nach den Kölner Richtlinien

Ein Problem ergibt sich bei der *notwendigen Verteidigung*, die in § 68 JGG geregelt ist. Ein Verteidiger ist u.a. dann zwingend, wenn auch im Erwachsenenstrafrecht ein Anwalt hinzugezogen werden muß (§ 68 Nr.1 JGG i.V.m. § 140 StPO). Die in § 140 II StPO genannten Gründe müssen für das Jugendstrafrecht gesondert ausgelegt werden, was durch die sog. Kölner Richtlinien geschieht:

168

> **Kölner Richtlinien:**
> - "Schwere der Tat" liegt vor, wenn eine Jugendstrafe zu erwarten ist.
> - "Schwierigkeit der Sach- oder Rechtslage" ist zu bejahen, wenn Zweifel über das Vorliegen der §§ 3, 105, 32 JGG oder §§ 20, 21 StGB bestehen, wenn Rechtsmittel eingelegt werden oder das Jugendschöffengericht zuständig ist.
> - "Unfähigkeit, sich selbst zu verteidigen" kann z.B. bei schwereren Taten oder bei ausländischen Jugendlichen gegeben sein.

V. Die Jugendgerichtshilfe (wichtig!)

1. Rechtsnatur

JGH als eigentümliches Prozeßorgan

Der Träger der Jugendgerichtshilfe (JGH) ist das Jugendamt (§ 38 I JGG) mit Unterstützung von Jugendhilfevereinigungen (bspw. Evangelisches Hilfswerk, Caritas, Arbeiterwohlfahrt[166]). Prozessual ist die JGH ein "eigentümliches Prozeßorgan".[167]

169

2. Aufgaben

Ermittlungshilfe, Überwachungs- und Betreuungsaufgaben

Die JGH leistet den Behörden zuvorderst *Ermittlungshilfe* bei der Erforschung der Persönlichkeit des Jugendlichen (§ 38 II, §§ 43 I S.4 i.V.m. 38 III JGG). Daneben hat sie *Überwachungs- und Betreuungsaufgaben* (vgl. § 38 II S.5-7 bzw. S.8 und 9 JGG).

170

---

164 SCHAFFSTEIN/BEULKE, S.166; anders BRUNNER/DÖLLING, § 67 Rn. 2.
165 so ALBRECHT, S. 342; EISENBERG, § 68 Rn. 11 - 13.
166 SCHAFFSTEIN/BEULKE, S. 175.
167 SCHAFFSTEIN/BEULKE, S. 175; EISENBERG, § 38 Rn. 23.

Hierdurch entstehen - ähnlich wie beim Bewährungshelfer - Konflikte, da einerseits der Jugendliche vertrauensvoll unterstützt werden soll, andererseits das Gericht von der JGH Ermittlungshilfe erwartet. Die JGH ist nicht verpflichtet, zur direkten Tataufklärung beizutragen. Ihr steht jedoch, wenn sie als Zeuge vernommen wird, kein Zeugnisverweigerungsrecht zu.

Heranziehung im Verfahren

Im Verfahren ist die JGH stets heranzuziehen (§ 38 III S.1 JGG). Sie hat ein Anwesenheits- und Rederecht in der Hauptverhandlung (§ 50 III JGG). Unterbleibt die Mitteilung von Ort und Zeit der Hauptverhandlung an die JGH und erscheint sie daraufhin nicht im Prozeß, so stellt dies einen Revisionsgrund dar.[168] Wenn eine Benachrichtigung an die JGH ergeht und diese dann nicht erscheint, so besteht kein Verstoß gegen § 244 II StPO. Allerdings muß das Gericht davon ausgehen, daß von der JGH auch keine weitere Aufklärung zu erwarten war.[169]

„Gerichtsgeher"

> **HEMMER-METHODE:** Es ist wünschenswert, daß im Prozeß derjenige JGH-Mitarbeiter erscheint, der auch mit dem Fall befaßt ist (so auch § 38 II S.4 JGG). Häufig stellt sich jedoch das Problem der sog. "Gerichtsgeher", die den Fall nur aus Akten kennen.

Ermittlungsbericht

Zur Durchführung der Ermittlungshilfe verfaßt die JGH einen schriftlichen Ermittlungsbericht, der in der Hauptverhandlung eingeführt werden kann.[170]

> **HEMMER-METHODE:** Die bloße Verlesung des Ermittlungsberichts in der Hauptverhandlung reicht nicht aus, denn es gilt gem. § 250 StPO der Grundsatz der Unmittelbarkeit! Streitig ist, ob der Gerichtsgeher, der den Fall nicht kennt, den Bericht verlesen darf.[171]

Die JGH muß weiterhin bei der Verhängung von Weisungen gem. § 38 III S.3 JGG gehört werden. Zudem ist der JGH schriftlicher und mündlicher Verkehr mit dem Jugendlichen zu gestatten, § 93 III JGG. Sie ist in Haftsachen gem. § 72a JGG zu unterrichten

C. Das Vorverfahren

Besonderheiten im Vorverfahren

Im Vorverfahren gelten wiederum im wesentlichen die Vorschriften der StPO. Unterschiede ergeben sich lediglich aus den §§ 43 ff. JGG. Danach gehört die *Persönlichkeitserforschung* zur Ermittlungstätigkeit (§ 43 JGG); gegebenenfalls ist ein *Sachverständiger* hinzuzuziehen (§ 43 II JGG). Bei der Frage nach dem Sachverständigen besteht ein Ermessensspielraum, die Hinzuziehung empfiehlt sich jedoch z.B. bei Zweifeln über das Vorliegen der §§ 3, 105 JGG.

171

Die herausragende Norm im Vorverfahren ist jedoch § 45 JGG, der die sogenannte *Diversion* regelt.

D. Diversion

I. Allgemeines

Diversion

Das Jugendstrafrecht kennt ein System von informellen Reaktionsmöglichkeiten auf Straftaten, §§ 45, 47 JGG. Hierbei wird zugunsten einer formlosen Erledigung von der Verfolgung abgesehen.

172

---

168 Es liegt dann ein Verstoß gegen die allgemeine prozessuale Aufklärungspflicht gem. § 244 II StPO vor, SCHAFFSTEIN/BEULKE, S. 176.
169 BGH, Strafverteidiger 85, 153.
170 SCHAFFSTEIN/BEULKE, S. 178.
171 ablehnend SCHAFFSTEIN/BEULKE, S.179 m.w.N.

§ 5 DAS FORMELLE JUGENDSTRAFRECHT

Dies kann sowohl vor als auch nach Erhebung der Anklage geschehen. Sinn und Zweck ist die Beseitigung der stigmatisierenden Wirkung eines Prozesses und die Beschleunigung der Erledigung. Man spricht insoweit von Diversion (Ablenkung, Umleitung).[172]

Verhältnis zu §§ 153 ff. StPO

Streitig ist, ob die §§ 153 ff. StPO, die ja das Absehen von Verfolgung im Erwachsenenstrafrecht regeln, neben den §§ 45, 47 JGG anwendbar bleiben. Dies wird teilweise bejaht,[173] teilweise wird entweder §§ 153 ff. StPO[174] oder §§ 45, 47 JGG[175] der Vorrang eingeräumt.

> **HEMMER-METHODE:** Die Diversion ist nicht nur theoretisch (insbesondere als Examensklausur) interessant, sondern sie hat auch eine enorme praktische Bedeutung: Über 60 % der Jugendstraftaten werden informell nach den §§ 45, 47 JGG erledigt!

II. Voraussetzungen

1. Absehen von Verfolgung gem. § 45 I JGG

Ohne richterliche Mitwirkung gem. § 45 I JGG

Der Staatsanwalt kann (Ermessensentscheidung!) von der Verfolgung der Straftat absehen, wenn die Voraussetzungen des § 153 StPO vorliegen, d.h. wenn bei einem Vergehen nur geringe Schuld und kein öffentliches Interesse an der Verfolgung besteht. Die Zustimmung des Richters ist jedoch ausdrücklich nicht erforderlich. Diese Vorgehensweise eignet sich besonders für Erstverfahren im Bagatellbereich.

173

2. Absehen von Verfolgung gem. § 45 II JGG

Ohne richterliche Mitwirkung gem. § 45 II JGG

Hält der Staatsanwalt weder die Beteiligung eines Richters noch die Erhebung der Anklage für erforderlich, so muß er von der Verfolgung absehen, wenn eine "erzieherische Maßnahme" durchgeführt oder eingeleitet ist. Ein Geständnis ist nach h.M. nicht erforderlich.[176]

174

Problem der erzieherischen Maßnahmen

Unter erzieherischen Maßnahmen versteht man informelle Reaktionen bspw. der Eltern, der Schule, des Jugendamtes oder des Vormundschaftsgerichts. Hierunter fällt ebenfalls der in § 45 II S.2 JGG geregelte Täter-Opfer-Ausgleich, in den große Hoffnungen gesetzt werden.[177] Da der Täter-Opfer-Ausgleich im Diversionsverfahren weit weniger Sanktionscharakter hat als als Weisung gem. § 10 I S.3 Nr.7 JGG, stellt er ein viel effektiveres Erziehungsmittel dar und wird dementsprechend auch häufiger angewendet.

Entgegen dem Wortlaut des § 45 II JGG kann die Staatsanwaltschaft auch selbst erst erzieherische Maßnahmen initiieren. Streitig ist dann nur, wie weit diese gehen dürfen. Teilweise werden nur Maßnahmen zugelassen, die sich unterhalb der Schwelle der in § 45 III JGG genannten Möglichkeiten halten.[178] Andere vertreten die Auffassung, daß der Staatsanwalt im Rahmen des § 45 III JGG sehr wohl die dort beschriebenen Mittel anwenden dürfe.[179]

---

172 Die Diversion hat ihren Ursprung in den USA, wo sie insbesondere seit den sechziger Jahren nachhaltig gefördert wurde, BRUNNER/DÖLLING, § 45 Rn. 4.
173 KAISER/SCHÖCH, Fall 15 Rn. 64.
174 so BOHNERT, NJW 80, 1927.
175 so SCHAFFSTEIN/BEULKE, S. 185; BRUNNER/DÖLLING, § 45 Rn. 3.
176 ALBRECHT, S. 121.
177 BRUNNER/DÖLLING, § 10 Rn. 12.
178 SCHAFFSTEIN/BEULKE, S.193; EISENBERG, § 45 Rn. 21.
179 BRUNNER/DÖLLING, § 45 Rn. 26.

3. Absehen von Verfolgung gem. § 45 III JGG

Mit richterlicher Mitwirkung gem. § 45 III JGG

Hält der Staatsanwalt zwar nicht die Erhebung der Anklage, aber doch die Anordnung von Maßnahmen durch den Richter für erforderlich, so regt er beim Richter die in § 45 III JGG genannten Maßnahmen an. Voraussetzung ist jedoch ein Geständnis des Jugendlichen. Entspricht der Jugendrichter der Anregung, so muß der Staatsanwalt das Verfahren einstellen (§ 45 III S.2 JGG).

Aussetzung der Entscheidung zur Bewährung

Nicht ausdrücklich geregelt, aber weithin anerkannt ist die sogenannte "Aussetzung der Entscheidung zur Bewährung".[180] Der Staatsanwalt kann in Absprache mit dem Jugendrichter nur bedingt von der Verfolgung absehen; die Bedingung ist die Erfüllung der in § 45 III JGG angeordneten Maßnahmen. Kommt der Jugendliche den Maßnahmen nach, ist das Absehen von der Verfolgung zwingend (vgl. § 45 III S.2 2.HS. JGG).

4. Einstellung des Verfahrens gem. § 47 JGG

Während § 45 JGG zeitlich das Absehen von Verfolgung vor Anklageerhebung im Vorverfahren regelt, so besteht die Möglichkeit für den Richter auch nach Einreichung der Anklage. Unter den Voraussetzungen des § 47 I S.1 Nr.1 bis 4 JGG, die in etwa § 45 JGG entsprechen, kann der Richter das Verfahren mit Zustimmung des Staatsanwalts einstellen. Es besteht zudem die Möglichkeit der *vorläufigen Einstellung* (im Gegensatz zu § 45 ausdrücklich in § 47 I S.2 JGG geregelt), d.h. der Jugendliche muß zunächst den erzieherischen Maßnahmen nachkommen, bis das Verfahren endgültig eingestellt wird.

> **HEMMER-METHODE:** Die Diversionsvorschriften gelten auch für Heranwachsende, soweit gem. § 105 JGG materiell Jugendstrafrecht angewendet wird, § 109 II JGG. Ob die Voraussetzungen des § 105 JGG vorliegen, kann die Staatsanwaltschaft entscheiden.

III. Kritik

Kritik an der Diversion

Trotz der Vorteile (Entstigmatisierung, Entdramatisierung, Beschleunigung), die die Diversion bietet, werden auch Einwände erhoben. So habe sich im Zuge der verstärkten Anwendung der Diversion die staatliche Sozialkontrolle nicht vermindert sondern ausgeweitet; man spricht hierbei von dem sog. "Net-widening-Effekt".[181] Zudem herrsche im Diversionsverfahren eine weitgehende (auch regionale) Ungleichbehandlung.[182] Die Grundprinzipien des Strafverfahrens (bspw. das Legalitäts- und Akkusationsprinzip, Öffentlichkeit der Verhandlung) seien nicht gewährleistet.[183] Außerdem werde auf den Jugendlichen ein Geständnisdruck ausgeübt, weil er nur so auf die Möglichkeit der Einstellung nach § 45 III, 47 JGG hoffen kann. Dies stünde im Widerspruch zur Unschuldsvermutung.[184]

Exkurs: Besondere Verfahrensarten

I. Das Strafbefehlsverfahren (§§ 407 ff. StPO) und das beschleunigte Verfahren (§§ 417 ff. StPO) sind gem. § 79 JGG unzulässig. Ebenso ist die Privat- und Nebenklage nicht möglich (§ 80 JGG, vgl. aber die Ausnahme des § 80 I S.2 JGG).

---

180 KAISER/SCHÖCH, Fall 15 Rn. 72; EISENBERG, § 45 Rn. 30.
181 KAISER, in Kleines Kriminologisches Wörterbuch, S. 91.
182 ALBRECHT, S. 132.
183 SCHAFFSTEIN, in FS für JESCHEK, S. 949.
184 KUHLEN, Diversion im Jugendstrafverfahren, 1988, S. 30 ff.

§ 5 DAS FORMELLE JUGENDSTRAFRECHT

Vereinfachtes Jugendverfahren

II. Es besteht jedoch die Möglichkeit eines *vereinfachten Jugendverfahrens* (§§ 76 - 78 JGG), welches zwischen dem normalen und dem formlosen Verfahren gem. §§ 45, 47 JGG steht.[185] Bei kleineren Straftaten, die nur milde Sanktionen erwarten lassen, kann der Richter auf Antrag der Staatsanwaltschaft auch ohne die Anwesenheit letzterer das Verfahren durchführen. In der Praxis tritt dieses procedere jedoch hinter der Diversion zurück.

Exkurs Ende

E. Das Hauptverfahren

Hauptverfahren

Die §§ 47 ff. JGG bieten einige Sonderregelungen für das Hauptverfahren. Wie oben bereits erklärt, gehört auch die Einstellung des Verfahrens nach § 47 JGG systematisch ins Hauptverfahren.

179

I. Öffentlichkeit gem. § 48 JGG

Einschränkung der Öffentlichkeit

Im Gegensatz zum Erwachsenenverfahren ist die Öffentlichkeit grundsätzlich ausgeschlossen. Allerdings gestattet § 48 II JGG verschiedenen Personen die Anwesenheit (so z.B. den Erziehungsberechtigten, der JGH etc.).[186] Ein Verstoß gegen § 48 I JGG stellt einen Revisionsgrund nach § 337 StPO (nicht § 338 Nr.6 StPO) dar.

180

> **HEMMER-METHODE:** Durch den Ausschluß der Öffentlichkeit soll zum einen die Einschüchterung des Jugendlichen vermieden werden, andererseits soll sich der Jugendliche auch nicht in der Öffentlichkeit als "Held" aufspielen können!

II. Anwesenheit des Angeklagten

Anwesenheit des Angeklagten

Die Anwesenheitspflicht des Angeklagten wird in § 50 JGG gegenüber dem Erwachsenenstrafrecht ausgeweitet, weil zusätzlich besondere Gründe und die Zustimmung des Staatsanwalts vorliegen müssen.

181

Gleichzeitig wird sie durch § 51 JGG eingeschränkt, indem der Angeklagte ausgeschlossen werden kann, wenn "Nachteile für die Erziehung entstehen können".

Zu den Rechten und Pflichten der anderen Verfahrensbeteiligten in der Hauptverhandlung siehe oben Rn. 166 ff.

III. Urteil

Urteil und Kosten

Das Urteil muß gem. § 54 I JGG neben der (auch im Erwachsenenstrafrecht erforderlichen) tatbezogenen auch eine täterbezogene Begründung aufweisen. Bzgl. der Verfahrenskosten kann davon abgesehen werden, sie dem Jugendlichen aufzuerlegen, § 74 JGG.[187]

182

> **HEMMER-METHODE:** Es stehen immer wieder Reformvorschläge für das Hauptverfahren im Raum. So wird z.B. die Schaffung eines sog. Tatinterlokuts vorgeschlagen, bei dem die Hauptverhandlung in zwei Teile gegliedert werden soll: Zunächst wird wie bisher die Schuld festgestellt, die Rechtsfolgen sollen in einem formloseren Rahmen in einem zweiten Schritt festgelegt werden. Ebenso wird der sog. "Runde Tisch" diskutiert. Hierbei soll die Urteilsfindung in einem weniger förmlichen und damit kooperativen Stil durchgeführt werden!

---

[185] SCHAFFSTEIN/BEULKE, S. 214.
[186] § 48 II JGG gilt auch für Presseberichterstatter, SCHAFFSTEIN/BEULKE, S. 198.
[187] anders bei den Kosten für einen Wahlverteidiger, BGHSt 36, 27 (29).

F. Das Rechtsmittelverfahren

I. Wahlrechtsmittel gem. § 55 II JGG

Entweder Berufung oder Revision

Normalerweise kann ein Verurteilter Berufung und Revision einlegen. Im Jugendstrafrecht ist es jedoch erforderlich, daß die Sanktion möglichst schnell auf die Tat folgt, da sonst die erwünschte Wirkung auf den Jugendlichen ausbleibt.[188] Daher gibt es für den Jugendlichen nur die Möglichkeit, entweder Berufung *oder* Revision einzulegen (§ 55 II S.1 JGG).

> **HEMMER-METHODE:** Wenn der Staatsanwalt Berufung einlegt, kann der Jugendliche trotzdem Revision einlegen und andersherum. Dies ergibt sich bereits aus dem Wortlaut des § 55 II JGG: "*Wer* ... eingelegt hat,...".
> § 55 II JGG ist dann nicht von Bedeutung, wenn sowieso nur die Revision möglich ist - also gegen erstinstanzliche Urteile der großen Jugendkammer und des OLG!

II. Eingeschränkte Anfechtbarkeit gem. § 55 I JGG

Keine Anfechtung wegen Umfang oder Art der Maßnahmen

Wenn Erziehungsmaßregeln oder Zuchtmittel angeordnet wurden, kann das Urteil nicht aufgrund der Art oder des Umfangs der Erziehungsmaßregeln oder Zuchtmittel angefochten werden, § 55 I JGG.

Bsp.: Die Jugendliche Charlie S. hat einen Ladendiebstahl begangen und erhält eine Arbeitsweisung von 30 Stunden. Sie kann nicht Berufung einlegen, mit der Begründung die Anzahl der Stunden sei zu hoch, wohl kann sie ihre Unschuld geltend machen oder mit der Begründung anfechten, es habe sich überhaupt nicht um einen Diebstahl, sondern um eine Unterschlagung gehandelt.

1. Mildere Sanktion durch das Rechtsmittelgericht

Mildere Sanktion

Streitig ist, ob die höhere Instanz bei einer zulässigen Anfechtung die Sanktionen der ersten Instanz abändern und abmildern darf.

Bsp.: Charlie hält sich für unschuldig und hat daher Berufung eingelegt. Die Jugendkammer befindet sie zwar schuldig, verhängt aber nur eine Arbeitsweisung in Höhe von 20 Stunden.

Diese Möglichkeit wird einerseits bejaht,[189] andererseits für unzulässig gehalten, weil sonst die Gefahr bestünde, daß der Jugendliche ohne hinreichenden Grund "zur Sicherheit" Rechtsmittel einlegt.[190]

2. Strengere Sanktion durch das Rechtsmittelgericht

Verbot der reformatio in peius

Auch im Jugendstrafrecht gilt das Verbot der reformatio in peius aus §§ 331, 358 II StPO. Auf die Erziehungsmaßregeln und Zuchtmittel werden die §§ 331, 358 II StPO sinngemäß angewandt.[191] Es stellt sich jedoch im Jugendstrafrecht das Problem, welche Sanktion die mildere ist. Hierzu ist festzuhalten, daß Jugendstrafe immer die schärfste Sanktion darstellt. Die §§ 21 und 27 JGG sind strenger als Erziehungsmaßregeln und Zuchtmittel. Innerhalb der Erziehungsmaßregeln und Zuchtmittel ist die Heimerziehung (§ 12 Nr.2 JGG) am stärksten, gefolgt vom Dauerarrest. Bzgl. der restlichen Sanktionen muß im Einzelfall entschieden werden.[192]

---

[188] SCHAFFSTEIN/BEULKE, S. 203.
[189] BGHSt 10, 198; EISENBERG, § 55 Rn. 53.
[190] SCHAFFSTEIN/BEULKE, S. 205.
[191] SCHAFFSTEIN/BEULKE, S. 205.
[192] SCHAFFSTEIN/BEULKE, S. 206.

§ 5 DAS FORMELLE JUGENDSTRAFRECHT

Streitig ist, ob der Jugendliche nach Einlegung der Berufung gegen dieses Urteil Revision einlegen kann mit der Begründung, die Berufungsinstanz habe eine Verschlechterung vorgenommen. Das BayObLG verneint dies, da eine Ausnahme zu § 55 II JGG nur möglich sei, wenn das Urteil "jeder gesetzlichen Grundlage entbehre", dies sei bei einem Verstoß gegen § 331 StPO nicht der Fall.[193]

> **HEMMER-METHODE:** Die Verkürzung des Rechtsmittelzugs gilt für Heranwachsende nur dann, wenn die Voraussetzungen des § 105 JGG bejaht wurden, § 109 I,II JGG!

G. Der Jugendliche in Untersuchungshaft

Schädliche Wirkungen der U-Haft

Die Untersuchungshaft wird allgemein als äußerst schädlich für den Jugendlichen eingeschätzt. Den Gefahren der Prisonisierung und möglicher seelischer Schäden soll zwar durch die Vorschriften des JGG (insbesondere der Unterbringung in einer getrennten Anstalt gem. § 93 I JGG) entgegengewirkt werden, die Praxis wird dem jedoch vielfach nicht gerecht.[194]

1. Anordnung

Anordnung der U-Haft eingeschränkt

Es gelten zunächst die allgemeinen Vorschriften der §§ 112 ff. StPO. Allerdings schränkt § 72 JGG die Anordnung der Untersuchungshaft für Jugendliche ein. So gilt der Grundsatz der Subsidiarität, d.h. es muß zunächst versucht werden, den Jugendlichen durch eine vorläufige Anordnung über die Erziehung (§ 72 I JGG) vor der Untersuchungshaft zu bewahren.

> *Bsp.:*[195] *Der Jugendliche erhält die Anordnung, den Arbeitsplatz zu wechseln, eine Lehrstelle anzunehmen, oder er wird in einer geeigneten Familie untergebracht.*

Weiterhin besteht die Möglichkeit der Heimunterbringung (§§ 72 IV i.V.m. 71 II JGG). Zudem bestehen Einschränkungen für 14- und 15-jährige Täter (§ 72 II JGG) sowie das Beschleunigungsgebot des § 72 V JGG. Auch muß die JGH gem. § 72a JGG informiert werden.

2. Anrechnung

Anrechnung

Grundsätzlich wird die Untersuchungshaft auf den Jugendarrest und die Jugendstrafe angerechnet (§§ 51, 52 I S.1 JGG). Allerdings kann der Richter bei negativem *Nachtatverhalten* oder aus *erzieherischen Gründen* bei der Jugendstrafe davon absehen (§ 52 I S.2 JGG), beim Jugendarrest besteht von vornherein ein Ermessensspielraum (§ 51 JGG: "kann").

H. Vollstreckung und Vollzug

Der Unterschied zwischen Vollstreckung und Vollzug besteht im wesentlichen darin, daß die Vollstreckung das "Ob" der Durchführung der Sanktion und der Vollzug das "Wie" der Durchführung regelt.

I. Die Vollstreckung

Vollstreckung

Die Vollstreckung ist in den §§ 449 ff. StPO geregelt, hinzu kommen die Regelungen der §§ 82 - 89a JGG. Voraussetzung der Vollstreckung ist die Rechtskraft des Urteils (§ 449 StPO).[196]

---

193 BayObLG, in NStZ 89, 194; lies hierzu PÄLZEL, Der praktische Fall, JuS 95, 900.
194 SCHAFFSTEIN/BEULKE, S. 207; ALBRECHT, S. 230 f.; KAISER/SCHÖCH, Fall 13 Rn. 34.
195 vgl. SCHAFFSTEIN/BEULKE, S. 209.
196 Eine Durchbrechung dieses Grundsatzes findet sich in § 56 JGG, der die Teilvollstreckung erlaubt.

1. Vollstreckungsleiter

Vollstreckungsleiter

Während im Erwachsenenstrafrecht die Staatsanwaltschaft bzw. die Strafvollstreckungskammer (§§ 451, 462a StPO) Vollstreckungsleiter sind, übernimmt diese Aufgabe für Jugendliche der Jugendrichter, § 82 I JGG. Um eine bessere Kommunikation zwischen dem Vollstreckungsleiter und dem Jugendlichen zu ermöglichen, wird die Aufgabe an den jeweils örtlich zuständigen Jugendrichter abgegeben (§ 85 I, II JGG).

2. Aufgaben

Aufgaben des Jugendrichters

a) Der Jugendrichter ist zum einen mit den Justizverwaltungsakten (z.B. die Ladung zum Strafantritt, die Benachrichtigung der Erziehungsberechtigten, die Einweisung in eine bestimmte Anstalt) betraut. Der Jugendliche kann sich gegen diese Entscheidungen mit einem Antrag auf gerichtliche Entscheidung gem. §§ 23 ff. EGGVG wehren.

> **HEMMER-METHODE:** Die jeweilige Rechtschutzmöglichkeit zu kennen, ist in der Klausur wichtig! Da viele Vorschriften für das Jugendstrafrecht nicht gelten, stellt der Antrag gem. § 23 EGGVG häufig die einzige Möglichkeit dar!

b) Daneben hat der Jugendrichter gem. § 83 JGG aber auch richterliche Entscheidungen zu treffen (§§ 86 bis 89a, 92 III JGG, §§ 462a, 463 StPO). Der richtige Rechtsbehelf ist die sofortige Beschwerde gem. § 83 III JGG.

Bsp.: Die Entscheidung über die Aussetzung des Strafrestes nach § 88 JGG kann mit sofortiger Beschwerde angegriffen werden.

II. Der Vollzug

1. Der Jugendarrest

Vollzug des Jugendarrests

Vollzugsleiter des Jugendarrests ist der Jugendrichter, § 90 II S.2 JGG. Der Jugendarrestvollzug soll das Ehrgefühl des Jugendlichen stärken und erzieherisch gestaltet werden (§ 90 I S.1 JGG). Zudem bestehen Sonderbestimmungen in § 115 JGG i.V.m. JAVollzO.

2. Die Jugendstrafe

a) Rechtliche Grundlagen

Vollzug der Jugendstrafe

Für den Jugendstrafvollzug gelten zunächst die §§ 91, 92 JGG. Daneben werden im StVollzG ausdrücklich die Regelungen über die Anwendung von unmittelbarem Zwang und über die Entlohnung für anwendbar erklärt (§§ 176 und 178 StVollzG). Die anderen Vorschriften des StVollzG gelten nicht, hierfür wurden gem. § 115 JGG Verwaltungsvorschriften erlassen (VVJug), die dem StVollzG angenähert sind.

Aufgrund dieser eher dürftigen Regelungen wird die Verfassungsmäßigkeit der jetzigen Rechtslage in Zweifel gezogen und teilweise die Schaffung eines Jugendstrafvollzugsgesetzes gefordert.[197]

b) Vollzugsleiter und Aufgaben des Vollzugs

Vollzugsleiter

Vollzugsleiter ist der Leiter der Jugendstrafanstalt.

---

197 Siehe hierzu: Vorlage des AG Herford, NStZ 91, 255; offen BVerfG, NJW 95, 2215.

§ 5 DAS FORMELLE JUGENDSTRAFRECHT

Erziehung als Zweck des Vollzugs

Der Jugendstrafvollzug hat die Erziehung des Jugendlichen zur Aufgabe, Schuldausgleich und Generalprävention sind hier fehl am Platz.[198] Grundlage bilden gem. § 91 II JGG "Ordnung, Arbeit, Unterricht, Leibesübungen und sinnvolle Beschäftigung", wobei auch der lockere Vollzug vorgesehen ist (§ 91 III JGG).

Die Jugendlichen werden in einer gesonderten Jugendstrafanstalt untergebracht (§ 92 I JGG). U.U. können Jugendliche über 18 Jahre und erst recht über 24 Jahre in eine Erwachsenenstrafanstalt eingewiesen werden, § 92 II JGG. Umgekehrt kann der Verurteilte auch in eine Jugendanstalt hereingenommen werden, wenn er das 24. Lebensjahr noch nicht vollendet hat, § 114 JGG.

Gegen die Vollzugsentscheidungen steht dem Jugendlichen der Antrag auf gerichtliche Entscheidung gem. §§ 23 ff. EGGVG zu.

> **HEMMER-METHODE:** Wenn für den Heranwachsenden § 105 bejaht wurde, so gelten die Vollstreckungs- und Vollzugsregeln gem. § 110 JGG auch für ihn.

III. Zusammenfassung: Rechtsbehelfe

Rechtsbehelfe

Die folgende Tabelle gibt noch einmal (allerdings vereinfacht und damit nicht vollständig) einen Überblick über die Rechtsbehelfe gegen Vollstreckungs- und Vollzugsentscheidungen:

	Jugendliche	Erwachsene
Vollstreckung	Justizverwaltungsakte: §§ 23 ff. EGGVG richterl. Entscheidungen: sofortige Beschwerde, § 83 III JGG	Beschwerde (z.B. §§ 453 II, 454 II, 462 III StPO)
Vollzug	§§ 23 ff. EGGVG	§ 109 StVollzG
Untersuchungshaft (Vollstreckung)	Haftprüfung § 117 StPO; Haftbeschwerde, § 304 StPO	

197

J. Straf- und Erziehungsregister, Beseitigung des Strafmakels

I. Straf- und Erziehungsregister

Strafregister

1. Im Jugendstrafrecht gelten für den Jugendlichen etwas günstigere Registrierungsvorschriften als für Erwachsene. Dies liegt an der zu vermeidenden Fernwirkung von Registrierungen (bspw. im späteren Berufsleben); andererseits kann die geeignete Sanktion durch das Gericht nur ausgewählt werden, wenn es über Vortaten informiert ist.

198

Daher werden gem. § 4 BZRG die Jugendstrafe (einschließlich der §§ 21, 27 JGG), die Nebenfolgen gem. § 6 JGG und die Maßregeln gem. § 7 JGG eingetragen.

---

198 SO SCHAFFSTEIN/BEULKE, S. 229.

Erziehungsregister

2. Zusätzlich existiert ein Erziehungsregister, welches die Erziehungsmaßregeln, die Zuchtmittel und auch die Diversionsentscheidungen enthält.

II. Beseitigung des Strafmakels

Strafmakelbeseitigung

Ebenfalls günstiger ist die in den §§ 97 ff. JGG geregelte Beseitigung des Strafmakels. Hinterher ist der Täter rehabilitiert, er darf sich unbestraft nennen und hat keine Auskunftspflicht mehr bzgl. seiner Delikte, vgl. § 53 BZRG.

1. Wenn gem. § 100 JGG eine "Strafe oder ein Strafrest bei Verurteilung zu nicht mehr als zwei Jahren Jugendstrafe nach Aussetzung zur Bewährung erlassen" wird, so wird automatisch der Strafmakel erlassen.

2. Ansonsten geschieht dies frühestens zwei Jahre nach Verbüßung, wenn eine positive Bewertung des Jugendlichen vorliegt, § 97 JGG.

3. KAPITEL: STRAFVOLLZUG

§ 1 ALLGEMEINES

Das Gebiet "Strafvollzug" beschäftigt sich im wesentlichen mit der Durchführung der Freiheitsstrafe in den Justizvollzugsanstalten. Grundlage bildet das Strafvollzugsgesetz (StVollzG).[199]

A. Statistik

I. Strafverfolgungsstatistik

Strafverfolgungsstatistik

Die Strafverfolgungsstatistik enthält die Anzahl der Abgeurteilten und der Verurteilten sowie die Art der vom Gericht getroffenen Entscheidung.

Unterschied Abgeurteilte - Verurteilte

Abgeurteilte sind Angeklagte, gegen die Strafbefehle erlassen wurden bzw. Strafverfahren nach Eröffnung des Hauptverfahrens durch Urteil oder Einstellungsbeschluß rechtskräftig abgeschlossen worden sind.

Verurteilte sind Angeklagte, gegen die nach allgemeinem Strafrecht Freiheitsstrafe, Strafarrest oder Geldstrafe verhängt worden ist. Sie bilden also eine Untergruppe der Abgeurteilten.

> *Bsp.: 1990 gab es 615.089 Verurteilte, davon wurden jedoch nur 5,3 % zu einer Freiheitsstrafe ohne Bewährung verurteilt.*

Die Verfahrenseinstellungen gem. §§ 153, 153a StPO werden nicht erfaßt.

II. Strafvollzugsstatistik

Strafvollzugsstatistik

Die Strafvollzugsstatistik macht Angaben über die Anzahl der Justizvollzugsanstalten und ihre Belegung.

> *Bsp.: 1988 gab es 173 Anstalten und 41.293 Gefangene.*

B. Strafvollstreckung und Strafvollzug

Unterschied Strafvollstreckung - Strafvollzug

Strafvollstreckung und -vollzug stehen zeitlich am Ende der Strafverfolgung, ihnen ist ein intensiver Ausfilterungsprozeß vorgeschaltet (fehlende Entdeckung oder Aufklärung der Tat, Einstellung des Verfahrens, Freispruch etc.). Wie oben bereits erwähnt,[200] beschäftigt sich die Strafvollstreckung mit dem "Ob" und der Strafvollzug mit dem "Wie" der Durchführung der Strafe.

Damit meint die *Strafvollstreckung* die Einleitung, Beendigung und generelle Überwachung der Strafdurchführung.[201] Hierzu gehören z.B. die Fragen über den Strafantritt, den Strafaufschub und die Strafrestaussetzung. Die Vollstreckung kann erst mit der Rechtskraft i.S.d. § 449 StPO beginnen.

---

199 recht ausführlich zur Geschichte des Strafvollzugs siehe KAISER/KERNER/SCHÖCH, § 2 Rn. 18 ff.
200 siehe Rn. 190.
201 ROXIN, Strafverfahrensrecht, § 56 A I.

Der *Strafvollzug* meint die Art und Weise der Durchführung freiheitsentziehender Kriminalsanktionen.[202] Hierunter fallen neben der Freiheitsstrafe auch der Maßregelvollzug (vgl. §§ 61 ff. StGB), nicht aber die Untersuchungshaft.[203]

> **HEMMER-METHODE: Die Unterscheidung ist ganz erheblich für die Zuständigkeit: Vollstreckungsleiter ist die Staatsanwaltschaft, Vollzugsleiter ist der Anstaltsleiter!**

C. Normen des Strafvollzugs

Normen des Strafvollzugs

Folgende Tabelle soll einen kurzen Überblick über die anzuwendenden Normen im Strafvollzug geben. Wichtig ist, daß daneben auch andere Rechtsgebiete berührt werden. So stellen sich im Strafvollzug häufig verfassungsrechtliche Fragen, ebenso können verwaltungsrechtliche Prinzipien ergänzend herangezogen werden.

204

Art der Strafe	Anzuwendendes Recht
Freiheitsstrafe	StVollzG
Jugendstrafe	§§ 91, 92 JGG i.V.m. VVJug*
U - Haft	§ 119 StPO i.V.m. UVollzO*

* Die VVJug und die UVollzO sind bloße Verwaltungsvorschriften und binden die Gerichte nicht!

> **HEMMER-METHODE: Geben Sie dem Korrektor zu verstehen, daß Sie das Problem verstanden haben: die Verwaltungsvorschriften können vom Richter zwar für anwendbar erklärt werden, sie haben aber bekanntermaßen keine bindende Wirkung.**
> **Daher wird immer wieder die mangelhafte rechtliche Ausgestaltung des Jugendstrafvollzugs und des Untersuchungshaftvollzugs unter verfassungsrechtlichen Gesichtspunkten kritisiert![204]**

---

202 ROXIN, Strafverfahrensrecht, § 56 A I.
203 HAUF, S. 21.
204 hierzu KAISER/KERNER/SCHÖCH, § 2 Rn. 61 ff.

§ 2 VOLLZUGSZIELE UND -GRUNDSÄTZE

Vollzugsziele und -grundsätze Die Grundsätze des Strafvollzugs sind in den §§ 2 - 4 StVollzG geregelt.

I. Vollzugsziel gem. § 2 StVollzG

1. Resozialisierung gem. § 2 S.1 StVollzG

Vollzugsziel Resozialisierung Das Vollzugsziel definiert sich folgendermaßen: "Im Vollzug der Freiheitsstrafe soll der Gefangene fähig werden, künftig in sozialer Verantwortung ein Leben ohne Straftaten zu führen." Ziel ist demnach die Resozialisierung des Gefangenen, die in die Gruppe der spezialpräventiven Zwecke fällt. [205]

2. Schutz der Allgemeinheit gem. § 2 S.2 StVollzG

Schutz der Allgemeinheit Gleichzeitig dient der Vollzug der Freiheitsstrafe "auch dem Schutz der Allgemeinheit vor weiteren Straftaten." Das Ziel ist also die Sicherung des Täters, welche ebenfalls spezialpräventiv ist (sog. negative Spezialprävention). [206]

3. Verhältnis von Resozialisierung und Sicherung

Zielkonflikt Auf den ersten Blick scheinen sich die beiden Ansätze zu widersprechen. Zum einen ist *nach* dem Vollzug der Schutz der Allgemeinheit nicht mehr notwendig, schließlich ist der Täter dann resozialisiert. Zum anderen gibt es im StVollzG ausreichende Sicherungsklauseln, die *während* des Vollzugs den Schutz der Allgemeinheit garantieren. Man spricht insofern von einem *Zielkonflikt*. Im Ergebnis wird davon ausgegangen, daß die Resozialisierung das Hauptziel (und damit einziges Vollzugsziel) bleibt, die Regelung in § 2 S.2 StVollzG aber als Ultima-ratio-Klausel eine eigene Bedeutung hat.[205] [207]

4. Verhältnis von Resozialisierung und Schuldausgleich

Resozialisierung und Schuldausgleich Fraglich ist, ob neben der Spezialprävention auch der Strafzweck des Unrechtsausgleichs im Vollzug eine Rolle spielen darf. Diese Frage stellt sich insbesondere im Hinblick auf § 46 StGB, der den Schuldausgleich in den Mittelpunkt stellt. Gerade im Bereich der Vollzugslockerungen sind sich Rechtsprechung und Literatur nicht einig. [208]

Schuldausgleich bei Lockerungen? *Bsp.:[206] Der 68jährige Gefangene X war wegen Mordes an mindestens 18.900 Menschen im Rahmen des nationalsozialistischen Unrechtsregimes zu lebenslanger Haft verurteilt worden. Er beantragt nach 16 Jahren Haft Urlaub, der gem. § 13 StVollzG frühestens nach zehn Jahren gewährt werden kann. Flucht- oder Mißbrauchsgefahr liegen nicht vor (§§ 13 I S.2 i.V.m. § 11 II StVollzG). Der Anstaltsleiter verwehrt den Urlaub im Hinblick auf die Schwere der Schuld des X.*

Über die Rechtmäßigkeit dieser Entscheidung besteht Streit.

a) Rechtsprechung

Ansicht der Rspr. Die Rechtsprechung[207] argumentiert, aus der Vorschrift des § 13 III StVollzG könne bereits geschlossen werden, daß der Schuldgedanke bei der Gewährung von Urlaub eine Rolle spielen dürfe, da schließlich bei lebenslangen Freiheitsstrafe dies erst nach zehn Jahren möglich sei. Zudem würde die Einheit der Rechtsordnung es gebieten, den Schuldausgleich bei der Strafe allgemein zu beachten. Zumindest wenn eine Wirkung nach außen bestünde (der Urlaub gehöre gar nicht unmittelbar zum Vollzug, sondern unterbreche diesen ja), sei dies zulässig. [209]

---

205 KAISER/KERNER/SCHÖCH, § 4 Rn. 24.
206 nach OLG Karlsruhe, JR 78, 213.
207 OLG Frankfurt, NStZ 83, 140; OLG Nürnberg, NStZ 84, 92; zum Jugendstrafvollzug OLG Stuttgart, NStZ 87, 430; vgl. auch BVerGE 64, 261 (272).

b) Literatur

Ansicht der Literatur

Hiergegen wendet sich ein Großteil der Literatur.[208] Im Vollzug herrsche das Schuldprinzip nicht, sondern nur in der Strafzumessung gem. § 46 StGB. Aus der Regelung des § 13 III StVollzG lasse sich im Gegenteil schließen, daß hier eine abschließende Regelung gefunden worden sei, die den Schuldgedanken gerade außen vor lasse. Zudem sei die Einheit der Rechtsordnung nicht zwingend. Auch würde der Urlaub den Vollzug nicht unterbrechen, er gehöre als Bestandteil der Resozialisierung dazu. Gestatte man dem lebenslänglich Gefangenen den Urlaub nicht, so sei dies im übrigen auch vollzugspraktisch nicht sinnvoll, da damit den schädlichen Folgen des Freiheitsentzugs nicht entgegengewirkt werden könne (vgl. § 3 II StVollzG). Entscheidend sei jedoch vor allem, daß die Auslegung der Rechtsprechung eindeutig den Willen des Gesetzgebers unterlaufe, der als Hauptziel die Resozialisierung angeordnet habe.

210

> **"HEMMER-METHODE". Fest steht jedoch nach beiden Ansichten, daß generalpräventive Gesichtspunkte unzulässig sind.[209]**

II. Gestaltungsgrundsätze des Vollzugs (§ 3 StVollzG)

1. Angleichungsgrundsatz gem. § 3 I StVollzG

Angleichungsgrundsatz

Gem. § 3 I StVollzG soll das "Leben im Vollzug den allgemeinen Lebensverhältnissen soweit als möglich angeglichen werden." Der Gefangene hat hierauf keinen Anspruch (vgl. Wortlaut "soll"), die Vorschrift kann jedoch zur Auslegung herangezogen werden.

211

> *Bsp.: Der Gefangene A möchte in seinem Haftraum eine Tagesdecke auf sein Bett legen, damit es wohnlicher aussieht. Legt man § 19 II StVollzG mit Hilfe des § 3 I StVollzG aus, so ist ihm dies wohl zu gestatten.*

2. Gegenwirkungsgrundsatz gem. § 3 II StVollzG

Gegenwirkungsgrundsatz

"Schädlichen Folgen des Freiheitsentzuges ist entgegenzuwirken", § 3 II StVollzG. Zweck ist die Vermeidung der sog. Prisonisierung, d.h. die Anpassung des Gefangenen an ein sozial unerwünschtes, subkulturelles Wertesystem, der "Gefängnisgesellschaft" in der Haftanstalt.[210]

212

3. Eingliederungshilfe gem. § 3 III StVollzG

Eingliederungshilfe

Dem Gefangenen soll geholfen werden, sich in das Leben in Freiheit einzugliedern. Hierunter fallen neben den sozialen Hilfestellungen nach §§ 74, 75 StVollzG auch die Lockerungen des Vollzugs.[211]

213

III. Allgemeine Rechtsstellung des Gefangenen

1. Freiheitsbeschränkungen nur gem. § 4 II S.1 StVollzG

Freiheitsbeschränkungen

§ 4 II S.1 StVollzG bestimmt: "Der Gefangene unterliegt (lies: nur) den in diesem Gesetz vorgesehenen Beschränkungen seiner Freiheit." Hier ist insbesondere die Vorschrift des § 196 StVollzG i.V.m. Art. 2 II und 10 GG von Bedeutung.

214

---

208   KAISER/KERNER/SCHÖCH, § 4 Rn. 39; KAISER, NStZ 83, 142 f. ; MÜLLER-DIETZ, JR 84, 353 ff.; anders BÖHM, S. 36.
209   SCHWIND/BÖHM, § 2 Rn. 5.
210   KAISER/KERNER/SCHÖCH, § 2 Rn. 106.
211   KAISER/KERNER/SCHÖCH, § 5 Rn. 39.

§ 2 VOLLZUGSZIELE UND -GRUNDSÄTZE

> **HEMMER-METHODE:** Das "besondere Gewaltverhältnis" wurde abgeschafft, daher stehen die Eingriffe in die Freiheit des Strafgefangenen wie bei allen anderen Personen unter dem Vorbehalt des Gesetzes![212]

Einschränkungen über § 196 StVollzG hinaus

Dies heißt jedoch nicht, daß andere Einschränkungen nicht möglich sind.

- Es gelten weiterhin die Grundrechtsschranken.

  Bsp.: Der von dem Gefangenen B verfaßte Brief wird unter Berufung auf § 31 StVollzG angehalten. § 31 StVollzG kann das Grundrecht der Meinungsfreiheit einschränken, da das StVollzG ein "allgemeines Gesetz" i.S.d. Art. 5 II GG ist. Allerdings ist natürlich eine Auslegung "im Lichte der Verfassung" notwendig.

- Die Grundrechte in § 196 StVollzG können Reflexwirkungen auf andere Grundrechte haben.

  Bsp.: Art. 6 GG ist in § 196 StVollzG nicht ausdrücklich genannt. Trotzdem ist bspw. die Einschränkung der Erziehungstätigkeit einer Mutter, die sich in Haft befindet, möglich, weil die Erziehungstätigkeit ein Reflex der allgemeinen Fortbewegungsfreiheit ist.

> **HEMMER-METHODE:** Die Grundrechte spielen eine wichtige Rolle im Strafvollzug, da der Staat hier extrem eingreift. Es handelt sich letztendlich um Altbekanntes, da nur eine normale Grundrechtsprüfung gefragt ist![213]

2. Generalklausel des § 4 II S.2 StVollzG

§ 4 II S.2 StVollzG als Generalklausel

Die Generalklausel bildet einen Auffangtatbestand, sie ist daher systematisch nach dem Grundsatz aus § 4 II S.1 StVollzG zu prüfen. Folgende Voraussetzungen müssen gegeben sein:

a) Aufrechterhaltung der Sicherheit

Streitig ist, ob bei Einschränkungen zum Zwecke der "Aufrechterhaltung der Sicherheit" die Sicherheit der Anstalt oder der Allgemeinheit gemeint ist. Für letztere Auffassung spricht der Wortlaut, da in allen anderen Fällen die Formulierung "Sicherheit und Ordnung der Anstalt" gebraucht wird.[214]

b) Schwerwiegende Störung der Ordnung der Anstalt

Störung der Anstaltsordnung

Hier muß es sich um eine so erhebliche Störung der Anstalt handeln, daß ohne die Einschränkung das Funktionieren des Anstaltsbetriebs insgesamt außer Kraft gesetzt wird.[215]

Ultima - Ratio - Klausel

Beide Alternativen setzen voraus, daß eine Beschränkung des Gefangenen *unerläßlich* ist, es handelt sich also um eine Ultima - Ratio - Klausel.

c) Fehlende anderweitige gesetzliche Regelung

Subsidiarität der Generalklausel

Probleme bereitet die Formulierung "Soweit das Gesetz eine besondere Regelung nicht enthält...". Es kann auf die Generalklausel dann nicht zurückgegriffen werden, wenn das Gesetz Einschränkungen entweder positiv (d.h. die Einschränkung ist erlaubt) oder negativ (d.h. die Einschränkung ist abschließend verboten) regelt.

---

212 KAISER/KERNER/SCHÖCH, § 5 Rn. 11 f.

213 lies hierzu PÄLZEL, Der praktische Fall, JuS 95, 900.

214 KAISER/KERNER/SCHÖCH, § 4 Rn. 25; SCHWIND/BÖHM, § 4 Rn. 20.

215 CALLIESS/MÜLLER-DIETZ, § 4 Rn. 17.

Bsp.: Der Anstaltsleiter kontrolliert den Brief des Gefangenen C.

Hier ist kein Raum für die Generalklausel des § 4 II S.2 StVollzG, weil § 29 III StVollzG die Briefüberwachung abschließend regelt und eine Briefkontrolle also nur unter den dort vorgeschriebenen Voraussetzungen möglich ist.

Besuchsverbot für Angehörige

Der Gefangene D übermittelt seiner Ehefrau Nachrichten während der Besuchszeit, um seinen Drogenring außerhalb der Anstalt aufrechtzuerhalten. Können die Besuche untersagt werden?

Das Besuchsverbot ist in § 25 StVollzG geregelt. Eine Gefährdung der Sicherheit und Ordnung der Anstalt (§ 25 Nr.1 StVollzG) geht von dem Verhalten des D wohl kaum aus, seine Tätigkeit richtet sich ja ausschließlich nach außen. Aber auch § 25 Nr.2 StVollzG ist nicht einschlägig, da die Angehörigen ausdrücklich ausgenommen sind. Somit ist der Fall eigentlich abschließend geregelt, § 4 II S.2 StVollzG wäre nicht anwendbar. Jedoch wird teilweise §§ 4 II S.2 i.V.m. 2 S.2 StVollzG als Ultima-Ratio-Klausel herangezogen, wenn Grundrechte anderer verletzt werden.[216] Damit wäre ein Besuchsverbot gestützt auf die Ultima-Ratio-Klausel möglich.

Trennscheibenregelung

Beim Besuch seines Verteidigers wird zwischen dem Drogenhändler E und seinem Anwalt eine Trennscheibe errichtet, um die Übergabe von Drogen zu vermeiden. Ist dies evtl. über § 4 II S.2 StVollzG zulässig?

Die Trennscheibe ist bei Verteidigerbesuchen möglich, soweit der Mandat Terrorist ist. Dies gilt sowohl für das Ermittlungsverfahren (§ 148 II StPO), als auch für den Vollzug (§§ 26 I S.4 i.V.m. 29 I S.2 StVollzG i.V.m. § 148 II S.3 StPO). Streitig ist die Frage, ob diese Parallelsituation auf den hier vorliegenden Fall (Drogenhändler statt Terrorist) angewandt werden darf.

Eine Ansicht argumentiert, die Trennscheibe sei für Drogenhändler gerade nicht geregelt, so daß man auf § 4 II S.2 StVollzG zurückgreifen könne. Außerdem wäre sogar ein Besuchsverbot (§ 25 StVollzG) möglich, somit a maiore ad minus erst recht die Überwachung durch Trennscheibe.[217]

Dagegen wird eingewandt, daß sehr wohl eine abschließende Regelung vorliege. Dadurch, daß der Gesetzgeber nur bei Terroristen eine Trennscheibe angeordnet hat, folgt argumentum e contrario, daß für Drogendealer dieses Vorgehen unzulässig ist.[218] Ein Rückgriff auf § 4 II S.2 StVollzG ist nicht möglich.

Entzug der Berufsausbildung

Dem Gefangenen X wurde i.S.d. § 37 III StVollzG eine Berufsausbildung gewährt. Nach zwei Monaten mißbraucht er diese Möglichkeit jedoch, indem er immer wieder Unruhe stiftet. Wie kann ihm die Berufsausbildung wieder entzogen werden?

Das Gesetz regelt den Entzug nicht ausdrücklich, so daß sich hier verschiedene Meinungen gebildet haben:[219]

Es handelt sich um einen actus contrarius, die Entziehung der Berufsausbildung kann dann geschehen, wenn der Gefangene nicht mehr *geeignet* ist i.S.d. § 37 III StVollzG.

Andere bilden eine Analogie zu § 49 II VwVfG, da es sich bei der Berufsausbildung um einen begünstigenden Verwaltungsakt handele. Problematisch ist allerdings, daß § 2 VwVfG die Strafverfolgung ausdrücklich ausschließt.

---

216 KAISER/SCHÖCH, Fall 18 Rn. 36; anders HAUF, S. 54.

217 OLG Celle, NStZ 81, 116.

218 BGHSt 30, 38 ff.; SCHWIND/BÖHM, § 27 Rn. 13.

219 vgl. zum Streitstand HAUF, S. 58 ff.

Teilweise wird eine Analogie zu Normen im StVollzG gebildet: Die Berufsausbildung gehört u.a. in den Katalog der Maßnahmen für den Behandlungsplan gem. § 7 StVollzG. Einige Maßnahmen (z.B. die Lockerungen nach § 7 II Nr.7 StVollzG) können wieder entzogen werden (gem. § 14 II StVollzG). Im Falle der Berufsausbildung ist daher eine Analogie zu den anderen Fällen zu bilden.

Eine letzte Ansicht vertritt, daß es keine gesetzliche Regelung gibt und daher die Berufsausbildung nur unter den Voraussetzungen des § 4 II S.2 StVollzG wieder entzogen werden darf.

> **HEMMER-METHODE:** Nichts fällt so unangenehm auf wie oberflächliche Gesetzesarbeit! Suchen Sie immer zuerst im StVollzG, ob der Eingriff oder ein ähnlicher Fall ausdrücklich geregelt ist. Die oben genannten Beispiele sind nur Ausschnitte aus der Masse der diskutierten Fälle. Sie müssen jedoch nicht jeden Einzelfall kennen. Machen Sie sich das Argumentationsmuster klar!

§ 3 DER BEGINN DES VOLLZUGS

Beginn des Vollzugs

Hier lassen sich im wesentlichen drei Schritte unterscheiden.[220]

A. Strafantritt

Strafantritt

Nach Eintritt der Rechtskraft (§ 449 StPO) wird der Verurteilte zum Strafantritt geladen. Entweder stellt sich der Verurteilte selbst oder er wird (bspw. bei flüchtigen Verurteilten) durch die Vollstreckungsbehörde der Vollstreckung und dem Vollzug zugeführt (§ 457 StPO). Möglich ist auch die sog. Anschlußvollstreckung, d.h. der Gefangene wechselt die Vollzugsanstalt oder wird von der Untersuchungshaft in die endgültige Anstalt überwiesen.

223

B. Annahme zum Vollzug

Annahme zum Vollzug

Ist der Betroffene in der Strafanstalt erschienen, folgt die Annahme zum Vollzug, d.h. das faktische Akzeptieren eines rechtskräftig Verurteilten im Vollzugssystem.[221] Dies passiert auch, wenn der Geladene in der falschen Anstalt erscheint.

224

C. Aufnahme in den Vollzug, § 5 StVollzG

Aufnahme in den Vollzug

Mit der Aufnahme als förmlicher Akt ändert sich der gesetzliche Status des Betroffenen, er ist nun als Gefangener allen Rechten und Pflichten des Vollzugs unterworfen.[222] Im Aufnahmeverfahren muß der Gefangene über seine Rechte und Pflichten belehrt werden, § 5 II StVollzG. Es erfolgt eine ärztliche Untersuchung und die Vorstellung beim Anstaltsleiter, § 5 III StVollzG. All dies muß in Abwesenheit der anderen Gefangenen geschehen (§ 5 I StVollzG).

225

D. Vollstreckungs- und Vollzugsplan

I. Vollstreckungsplan, § 152 StVollzG

Vollstreckungsplan

Gem. § 152 StVollzG stellen die Landesjustizverwaltungen (vgl. § 139 StVollzG) einen sog. Vollstreckungsplan auf. Hiermit soll die Aufteilung der verschiedenen Gefangenen auf eine jeweils für sie passende Anstalt gewährleistet werden.

226

1. Klassifizierung

Klassifizierung

Um dies sicherzustellen ordnet man den Gefangenen verschiedene Klassifikationsmerkmale zu.

227

Allgemeine Merkmale

a) Unter die in § 152 III StVollzG erwähnten "allgemeinen Merkmale" fallen z.B. das Lebensalter, die Vollzugsdauer oder der Erstvollzug. Auch die vorläufige Einweisung in eine Einweisungsanstalt (§ 152 II StVollzG) gehört hierzu.

Gesetzliche Trennungsprinzipien

b) Diesen Einteilungsmöglichkeiten gehen jedoch die gesetzlichen Trennungsprinzipien vor. So werden Männer und Frauen getrennt untergebracht (§ 140 II StVollzG), ebenso erfolgt die Trennung zwischen Freiheitsstrafvollzug und Sicherungsverwahrung (§ 140 I StVollzG). Das gleiche gilt für die Trennung von Jugendlichen, die eine Jugendstrafe verbüßen, und Erwachsenen (§ 92 JGG). Auch Untersuchungshäftlinge (Nr.11 UVollzO) sollen nicht mit den sonstigen Häftlingen zusammengelegt werden.

---

220 HAUF, S. 67.
221 HAUF, S. 68.
222 HAUF, S. 69.

§ 3 DER BEGINN DES VOLLZUGS

2. Differenzierung

Differenzierung

Neben der Klassifizierung existiert die sog. Differenzierung. Hiermit ist die Unterscheidung zwischen offenem und geschlossenem Vollzug gemeint (§ 141 II StVollzG). Im offenen Vollzug können sich die Gefangenen grundsätzlich frei bewegen, Wohnräume und sogar Außentüren können offen bleiben. Die Übergänge sind fließend, es besteht ein "Kontinuum vom geschlossenen über den halboffenen bis zum offenen Vollzug."[223]

228

II. Vollzugsplan, § 7 StVollzG

1. Abgrenzung

Vollzugsplan

Der Vollzugsplan regelt das "Wie" der Behandlung des einzelnen Gefangenen.

229

> **HEMMER-METHODE:** Vollstreckungs- und Vollzugsplan dürfen nicht verwechselt werden. Wie immer beschäftigt sich die Vollstreckung mit dem "Ob" bzw. mit dem "Wo" und der Vollzug mit dem "Wie" der Durchführung der Strafe!

Abgrenzung zwischen Vollzugs- und Vollstreckungsplan

Die Abgrenzung zwischen Vollzug und Vollstreckung kann schwierig sein.

Bsp.: Der Verurteilte F möchte nicht in eine Einweisungsanstalt (§ 152 II S.1 StVollzG) eingewiesen werden. Wie kann er sich dagegen wehren?

Hier ist streitig, ob eine Vollzugsentscheidung vorliegt (denn schließlich wird auch über das "Wie" des Vollzugs entschieden). Der Rechtsschutz würde sich dann nach den §§ 109 ff. StVollzG richten. Nimmt man eine Vollstreckungsentscheidung an (hierfür spricht i.ü. bereits die Formulierung in § 152 II StVollzG), so ist der richtige Rechtsbehelf die gerichtliche Entscheidung gem. § 458 StPO.

> **HEMMER-METHODE:** Die Verlegung in eine andere Anstalt (vgl. § 8 StVollzG) ist eine Vollzugsentscheidung, so daß auf § 109 StVollzG zurückgegriffen werden kann.

III. Erstellung des Vollzugsplans

Erstellung des Vollzugsplans

Grundlage des Vollzugsplans, der festlegt, was mit dem einzelnen Gefangenen im Rahmen des Strafvollzugs zu geschehen hat, ist der Behandlungsplan gem. § 6 StVollzG.[224] Probleme ergeben sich in zweierlei Hinsicht:

230

Bsp.: Der Gefangene verlangt eine Abschrift des Vollzugsplans.

Eine Ansicht verweigert dem Gefangenen sogar die Einsicht in den Vollzugsplan. Die Gegenansicht legt § 6 III StVollzG (Erörterung des Plans mit dem Gefangenen) weiter aus und bejaht einen Anspruch auf Aushändigung einer Abschrift.[225]

Der Gefangene lehnt eine aktive Mitwirkung an der Behandlungsuntersuchung ab. Der Anstaltsleiter möchte hiergegen Disziplinarmaßnahmen (§§ 102 ff. StVollzG) verhängen.

---

223 KAISER/KERNER/SCHÖCH, § 6 Rn. 26.
224 lies hierzu JUNG, Der praktische Fall, JuS 86, 49 ff.
225 KAISER/KERNER/SCHÖCH, §6 Rn. 16.

Voraussetzung ist eine Pflichtverletzung (§ 102 I StVollzG), wobei die verweigerte Mitwirkung gem. § 4 I StVollzG in Betracht kommt. Allerdings besteht keine Mitwirkungs*pflicht,* so daß Disziplinarmaßnahmen ausscheiden. Dem Gefangenen können jedoch Nachteile (z.B. die Versagung von Vollzugslockerungen) durch seine Verweigerungshaltung entstehen (str.).[226]

> **HEMMER-METHODE: Der Vollzugsplan als solches ist mit dem Antrag gem. § 109 StVollzG nicht angreifbar.**[227]

Exkurs: Sozialtherapeutische Anstalt

Sozialtherapeutische Anstalt

Im Vollzugsplan (vgl. § 7 II Nr.2 StVollzG) kann auch festgelegt werden, daß der Gefangene in einer sozialtherapeutischen Anstalt untergebracht wird.[228] Hierbei handelt es sich um gesonderte Anstalten (§§ 9, 123 ff. StVollzG), die dem Gefangenen mit Hilfe einer Gruppen– oder Einzeltherapie die Eingliederung in das Leben außerhalb des Vollzugs erleichtern sollen. Das Gesetz sagt sehr wenig zur Ausgestaltung der Therapie, so daß nicht nur die klassische psychotherapeutische Behandlung, sondern auch soziales Training im weiteren Sinne angeboten wird.

1. Voraussetzungen

Voraussetzungen

Zunächst einmal müssen der Gefangene und der Leiter der sozialtherapeutischen Anstalt ihre Zustimmung erteilen. Der Gefangene muß behandlungsfähig und therapiebedürftig sein.

> *Bsp.: Der 55 Jahre alte Gefangene U, der zu aggressiven Verhalten neigt, möchte in eine sozialtherapeutische Anstalt verlegt werden. Hiergegen spricht zunächst sein Alter, da die Chance, daß er seine erlernten Verhaltensweisen noch einmal umstellt, mit zunehmendem Alter geringer wird. Zudem können besonders aggressive oder auch alkoholabhängige Gefangene für die relativ offene Vollzugsform der therapeutischen Anstalt ungeeignet sein. Ebenso wird man bei Gefangenen, die nur eine sehr geringe Strafe verbüßen, die Einweisung wegen der zu kurzen Einwirkungsmöglichkeit verneinen.*

Des weiteren muß die konkrete Anstalt für den einzelnen Gefangenen passende Therapieangebote bereithalten. Wenn der Gefangene voraussichtlich keine Erfolge in der Anstalt erzielen wird, kann er gem. § 9 I S.2 StVollzG wieder zurückverlegt werden.

2. Erfolge

Erfolge

Die aus der sozialtherapeutischen Anstalt entlassenen Gefangenen weisen eine bessere Legalbewährung auf, als die „Normalverbüßer". Hierbei ist jedoch zu beachten, daß bereits durch die Auswahl der therapiefähigen Gefangenen aus der großen Masse eine positive Selektion stattfindet. Zum anderen werden nicht wenige Gefangene wieder zurückverlegt und fallen damit aus der Statistik heraus. Dennoch dürfen diese Einschränkungen nicht überbewertet werden. So spricht KAISER von „einer sinnvollen Alternative zum Strafvollzug."[229]

Exkurs Ende

---

226 zustimmend KAISER/KERNER/SCHÖCH, § 5 Rn. 34.
227 CALLIES/MÜLLER-DIETZ, § 109 Rn. 7.
228 hierzu CALLIESS/MÜLLER-DIETZ, § 9 Rn. 1 ff.
229 KAISER/KERNER/SCHÖCH, § 9 Rn. 55.

§ 4 ORGANISATION DES STRAFVOLLZUGS

Strafvollzug als Ländersache

Grundsätzlich ist Strafvollzug Ländersache (Art. 30, 70 I , 83 ff. GG). Oberste Vollzugsbehörden sind demnach die Landesjustizverwaltungen, also die Landesjustizministerien (§ 151 I StVollzG). Diese haben die Aufsicht über die untere Vollzugsbehörde, die Justizvollzugsanstalten (vgl. § 139 StVollzG).[230]

A. Der Anstaltsleiter

Anstaltsleiter

Die Zentralfigur der Justizvollzugsanstalt ist der Anstaltsleiter. Er hat die volle Außen- und Innenkompetenz (§ 156 II StVollzG) und ist selbst die Vollzugsbehörde. Es besteht jedoch die Möglichkeit der Delegation gewisser Aufgaben (vgl. § 156 I S.2 a.E., III StVollzG). [232]

B. Vollzugsbedienstete und Vollzugshelfer

Vollzugsbedienstete

Die Vollzugsbediensteten (§ 155 StVollzG) sind in der Regel Beamte, die die verschiedenen Aufgaben im Vollzug wahrnehmen (so z.B. allgemeiner Verwaltungs- und Vollzugsdienst, Seelsorger, Ärzte etc., vgl. § 155 II StVollzG). [233]

Vollzugshelfer

Demgegenüber handeln die Vollzugshelfer (nicht im Gesetz genannt) aus Privatinitiative, sie unterstützen den Vorgang der Resozialisierung durch Gruppenarbeit o.ä..

C. Der Anstaltsbeirat

Anstaltsbeirat

Gem. §§ 162 ff. StVollzG sind sog. Anstaltsbeiräte zu bilden. Sie stellen ein Außengremium dar, welches den Gefangenen im Vollzug unterstützt und ein Bindeglied zwischen ihm und der Gesellschaft darstellen soll. Die Anstaltsbeiräte haben ein umfassendes und unüberwachtes Kommunikationsrecht sowie ein Informations- und Kontrollrecht, § 164 StVollzG. [234]

D. Gefangenenmitverantwortung, § 160 StVollzG

Gefangenenmitverantwortung

Um die Gefangenen möglichst früh an das Leben in Freiheit zu gewöhnen, soll gem. § 160 StVollzG die Gefangenenmitverantwortung ermöglicht werden. Die Betroffenen sollen an Entscheidungen mitbeteiligt werden, soweit es eine Angelegenheit von gemeinsamen Interesse ist und sie sich zur Mitwirkung eignet. (Letzteres ist z.B. zu verneinen bei Fragen der Sicherheit und Ordnung der Anstalt). Ein Anspruch besteht allerdings nicht (vgl. Wortlaut "soll"). Streitig ist, ob diese Insassenvertretung zumindest begrenzt legitimiert ist, einen Antrag gem. § 109 StVollzG zu stellen.[231] [235]

Gefangenenmitveranwortung als e.V.

> **HEMMER-METHODE:** Daß ein Antrag zulässig ist, sagt natürlich noch nichts über seinen letztendlichen Erfolg aus. Die Rechte der Gefangenenmitverantwortung sind recht eingeschränkt. So ist heftig umstritten, ob ein Recht der Gefangenen besteht, die Gefangenenmitverantwortung in Form eines *eingetragenen Vereins* zu betreiben. Dies wird teilweise mit dem Hinweis auf Art. 9 GG bejaht,[232] andere halten in diesem Bereich § 160 StVollzG für abschließend.[233]

---

230   In manchen Ländern (Niedersachsen, Nordrhein-Westfalen) sind sog. Justizvollzugsämter i.S.d. § 151 I S.2 StVollzG zwischengeschaltet.

231   zustimmend KAISER/KERNER/SCHÖCH, § 13 Rn. 47.

232   SCHWIND/BÖHM, § 160 Rn. 6.

233   OLG Karlsruhe, NStZ 83, 527 fordert die Zustimmung der Anstaltsleitung.

§ 5 DAS LEBEN IM VOLLZUG

> **HEMMER-METHODE:** Der Alltag im Vollzug ist relativ ausführlich im StVollzG geregelt. Hier können nur die wichtigsten Regelungen herausgegriffen werden. Wird ein unbekannter Bereich abgefragt, gilt wie immer: Suchen Sie zuerst im Gesetz nach einer passenden Norm!

A. Besuch

I. Anspruch auf Besuch

Grundsätzlich besteht ein Anspruch auf Besuch

Grundsätzlich gilt gem. § 23 StVollzG, daß der Gefangene Kontakt zur "Außenwelt" unterhalten darf, hierbei handelt es sich um einen einklagbaren Anspruch. Dies gilt ebenfalls für das Recht, Besuch zu empfangen, § 24 I StVollzG. 236

II. Einschränkungen

1. Dauer

Ein Anspruch besteht gem. § 24 I S.2 StVollzG lediglich auf eine Stunde Besuch monatlich. Darüber hinaus "sollen" Besucher unter bestimmten Voraussetzungen zugelassen werden (§ 24 II StVollzG). Besuche von Verteidigern, Rechtsanwälten und Notaren unterliegen jedoch keiner zeitlichen Einschränkung, § 26 StVollzG. 237

2. Durchsuchung

Vorherige Durchsuchung

Um die Sicherheit zu gewährleisten, kann (Ermessensvorschrift!) der Besuch nur unter der Bedingung erlaubt werden, daß sich der Besucher durchsuchen läßt (§ 24 III StVollzG). Dies gilt auch für die sonst privilegierte Gruppe der Verteidiger, Rechtsanwälte und Notare (vgl. § 26 I S.2 StVollzG). 238

3. Überwachung

Sicht- oder Gesprächsüberwachung

Die nächste Stufe der Einschränkung ist die Überwachung, § 27 StVollzG. Auch hier gibt es unterschiedliche Eingriffe. Aus Gründen der Behandlung oder der Sicherheit und Ordnung der Anstalt kann eine *Sichtüberwachung* gem. § 27 I S.1 StVollzG vorgenommen werden. 239

> *Bsp.: Der Anstaltsleiter befürchtet, daß die Freundin des Gefangenen diesem Drogen übergeben will. Er ordnet eine Beobachtung des Besuchs an.*

Wenn die Sichtüberwachung nicht ausreichend ist, kann die *Gesprächsüberwachung* geboten sein (§ 27 I S.2 StVollzG).

Privilegierung des Verteidigers

Die Überwachungsregeln gelten nicht für Verteidiger (§ 27 III StVollzG).[234] Der Verteidiger darf auch - im Gegensatz zu anderen Besuchern (§ 27 IV S.1 StVollzG) - unbeschränkt Schriftstücke übergeben, § 27 IV S.2 StVollzG. Allerdings ist bei Vorliegen einer terroristischen Straftat die Trennscheibe zulässig.[235]

4. Abbruch des Besuchs

Besuchsabbruch

Bei Verstoß gegen das StVollzG oder gegen Anordnungen aufgrund dieses Gesetzes (z.B. die Hausordnung) kann der Besuch auch abgebrochen werden. 240

---

[234] In § 27 III StVollzG ist nur der Verteidiger genannt, der Gegenschluß ergibt daher, daß Rechtsanwalts - und Notarbesuche sehr wohl überwacht werden können.

[235] Zur Problematik der Trennscheibe siehe oben Rn. 221.

§ 5 DAS LEBEN IM VOLLZUG

Bsp.: Der Gefangene unterhält sich in aller Breite mit seinem alten Freund über den geplanten nächsten Hungerstreik. Nach einer erfolglosen Abmahnung wird der Besuch von dem Vollzugsbeamten beendet.

5. Besuchsverbot

Besuchsverbot

Die schärfste Maßnahme ist das Besuchsverbot gem. § 25 StVollzG wegen Gefährdung der Sicherheit oder Ordnung der Anstalt oder wegen schädlichen Einflusses auf den Gefangenen oder der Behinderung seiner Eingliederung.[236]

241

> **HEMMER-METHODE:** Es fällt auf, daß viele Regelungen im StVollzG Ermessensentscheidungen (vgl. Wortlauf "können", "sollen") enthalten. Andererseits gibt es eine Masse von unbestimmten Rechtsbegriffen. Machen Sie sich die aus dem Verwaltungsrecht bekannte Problematik im folgenden noch einmal klar!

Exkurs: Ermessen und unbestimmter Rechtsbegriff

Ermessen

1. Bei Vorliegen eines *Ermessensspielraums* hat der Gefangene lediglich einen Anspruch auf fehlerfreie Ermessensentscheidung der Vollzugsbehörde, das Ermessen kann natürlich auch auf Null reduziert sein. Das Gericht kann daher die Entscheidung (z.B. innerhalb eines Antrags nach § 109 StVollzG) nur auf Ermessensfehler hin überprüfen.

242

2. Anders liegt der Fall bei *unbestimmten Rechtsbegriffen* (z.B. "grob unrichtig" in § 31 I Nr.3 StVollzG). Diese sind grundsätzlich vom Gericht voll überprüfbar. Eine Ausnahme wird allerdings gemacht, wenn der Vollzugsbehörde ein *Beurteilungsspielraum* zusteht.[237] Hier überprüft das Gericht nur, ob die Behörde vom richtigen Sachverhalt ausgegangen ist, sie richtige Wertmaßstäbe angelegt hat und ihren Beurteilungsspielraum nicht überschritten hat.

243

Im Strafrecht ist ein solcher Beurteilungsspielraum für Prognoseentscheidungen anerkannt.[238] Streitig ist im Strafvollzug, ob dies auch für die Beurteilung der Flucht- und Mißbrauchsgefahr bei Vollzugslockerungen gilt (§§ 11 II, 13 StVollzG).[239]

Unbestimmter Rechtsbegriff

3. Wenn eine Norm sowohl einen unbestimmten Rechtsbegriff als auch eine Ermessensentscheidung beinhaltet (z.B. § 31 StVollzG), ist folgendermaßen vorzugehen: Da die unbestimmten Rechtsbegriffe den *Tatbestand* betreffen und das Ermessen die *Rechtsfolge*, ist von der Prüfungsreihenfolge her immer zuerst das Vorliegen des unbestimmten Rechtsbegriffs zu bejahen, ehe auf die fehlerfreie Ermessensausübung eingegangen wird.

> **HEMMER-METHODE:** Diese Unterscheidung muß natürlich auch in der Klausur auftauchen. Zeigen Sie dem Korrektor, welchen Prüfungsmaßstab Sie in der Begründetheit eines Antrags gem. § 109 StVollzG ansetzen!

B. Schriftwechsel

Anspruch auf Schriftwechsel

Der Gefangene hat das Recht auf Schriftwechsel, § 28 I StVollzG. Doch auch hier gibt es mögliche Einschränkungen.

244

---

236 Zum Problem des Besuchsverbots gegen Angehörige siehe oben Rn. 220.
237 Bekanntestes Beispiel: Die gerichtliche Kontrolle von Prüfungsentscheidungen!
238 SCHWIND/BÖHM, § 115 Rn.22; zur Prognose siehe auch unten Rn. 303.
239 hierzu unten Rn. 253.

I. Überwachung

Überwachung

Grundsätzlich sind die Schreiben über die Anstalt zu vermitteln (§ 30 StVollzG). Aus Gründen der Behandlung oder der Sicherheit oder Ordnung der Anstalt können dann Briefe überwacht werden, § 29 III StVollzG. Diese Norm ist somit eine Konkretisierung der §§ 4 II S.1, 196 StVollzG i.V.m. Art. 10 GG. In der Regel wird die ausgehende Post inhaltlich überwacht, während bei der eingehenden Post eine Sichtkontrolle ausreicht.[240]

Bsp.: Der Anstaltsleiter erläßt aus Gründen der Sicherheit und Ordnung die Anordnung, daß alle Briefe der Gefangenen im geschlossenen Vollzug immer inhaltlich überprüft werden. Diese Maßnahme ist zulässig.[241]

II. Anhalten von Schreiben

Anhalten von Schreiben

Unter den Voraussetzungen des § 31 StVollzG können Schreiben nicht nur überwacht, sondern auch angehalten werden. Die Ermessensentscheidung des Anstaltsleiters muß immer unter Berücksichtigung der Meinungsfreiheit aus Art. 5 I S.1 GG getroffen werden.[242]

Beispiele:

Der Gefangene K schreibt seinem ehemaligen Komplizen, sein Ausbruchsplan sei nun endgültig ausgereift. Hier kann das Schreiben wegen Gefahr für die Sicherheit oder Ordnung der Anstalt (§ 31 I Nr.1 StVollzG) angehalten werden.

Der Gefangene L schreibt seiner Ehefrau folgende Zeilen zur Situation in der Anstalt: "Wäre so was im Dritten Reich passiert, würde S. (Anstaltsleiter) schon aufgehängt sein...".

Hier könnte eine grobe Beleidigung gem. § 31 I Nr.4 StVollzG vorliegen. Problematisch ist jedoch, daß der Adressat die Ehefrau ist, wodurch auf das Grundrecht aus Art. 6 GG zu achten ist. Zumindest bei Untersuchungshäftlingen ist das Anhalten des Schreibens damit unzulässig, bei "normalen" Gefangenen ist die Frage umstritten.[243]

III. Untersagen des Schriftwechsels

Verbot des Schriftwechsels

Schließlich kann unter den gleichen Voraussetzungen, unter denen auch ein Besuchsverbot ergehen kann, auch der Schriftwechsel mit bestimmten Personen untersagt werden, § 28 II StVollzG.

Zu der Erlaubnis von Ferngesprächen und dem Empfang vom Paketen siehe §§ 32, 33 StVollzG.

C. Auflockerungen des Vollzugs

Auflockerungen des Vollzugs

Unter den Auflockerungen des Vollzugs versteht man den offenen Vollzug, den Urlaub und die Lockerungen i.S.d. § 11 StVollzG.

I. Offener Vollzug, § 10 StVollzG

1. Offener Vollzug als Regelvollzugsform

Offener Vollzug ist die Regel

Nach h.M. stellt der offene Vollzug - im Gegensatz zum geschlossenen Vollzug - die Regel dar.[244]

---

240 SCHWIND/BÖHM, § 29 Rn. 8 f.
241 SCHWIND/BÖHM, § 29 Rn. 7.
242 BVerfG, NStZ 96, 55.
243 Für die Möglichkeit des Anhaltens: KAISER/KERNER/SCHÖCH, § 6 Rn. 85; a.A.. SCHWIND/BÖHM, § 31 Rn. 21.
244 KAISER/KERNER/SCHÖCH, § 6 Rn. 27.

§ 5 DAS LEBEN IM VOLLZUG

Dies ergibt sich bereits aus der Formulierung des § 10 StVollzG: Der Gefangene "soll" im offenen Vollzug untergebracht werden (§ 10 I StVollzG), "im übrigen" ist der geschlossene Vollzug zu wählen (§ 10 II StVollzG).

2. Voraussetzungen

a) Zustimmung des Gefangenen

250 Um dem Gefangenen ein ausreichendes Maß an Selbstbestimmung zu gewährleisten, ist seine Zustimmung erforderlich.

b) Keine Flucht- oder Mißbrauchsgefahr

Fehlende Flucht- und Mißbrauchsgefahr

251 Es darf nicht zu befürchten sein, daß der Gefangene fliehen wird oder neue Straftaten begehen wird. Notwendig ist für die Ablehnung der Lockerung der konkrete Hinweis auf eine nicht unerhebliche Gefahr.[245] Dies wird in der Regel der Fall bei süchtigen Gefangenen oder "Ausbrechern" sein.[246] Die Mißbrauchsgefahr wird dahingehend teleologisch reduziert, daß nicht jede zu befürchtende Straftat zum Ausschlußgrund wird. Ein gewisses Risiko muß eingegangen werden.

> **HEMMER-METHODE:** Die Formulierung in § 10 StVollzG "nicht zu befürchten ist,..." muß im Kontext zu vergleichbaren Prognoseentscheidungen gesehen werden. So muß bei der bedingten Entlassung gem. § 57 StGB auch keine sichere Prognose vorliegen, die Entlassung ist möglich, wenn "verantwortet werden kann zu erproben, ...". A maiore ad minus kann die Auslegung bei der bloßen Vollzugs*lockerung* nicht strenger gehandhabt werden.[247]

Im Zweifel zu Lasten des Gefangenen

In unklaren Fällen wird jedoch zu Lasten des Gefangenen entschieden.

II. Urlaub, § 13 StVollzG

1. Aufgabe

Sinn und Zweck

252 Wie die anderen Lockerungen auch, dient der Urlaub dem Resozialisierungsziel. Es soll vermieden werden, daß der Gefangene später mit seinem Leben in Freiheit überfordert ist.

> **HEMMER-METHODE:** Die Lockerungen sind also keine "Belohnungen", sondern sollen das Erreichen des Vollzugsziel erleichtern. Konsequenterweise hätte ein nicht resozialisierungsbedürftiger Gefangener keinen Anspruch auf Lockerungen. Hier ist jedoch das Gegenwirkungsverbot des § 3 II StVollzG zu beachten: Die schädlichen Wirkungen des Vollzugs müssen natürlich auch bei nicht resozialisierungsbedürftigen Betroffenen vermieden werden!

2. Voraussetzungen

Voraussetzungen

Der Urlaub kann nur unter folgenden Voraussetzungen gewährt werden.

---

[245] HAUF, S. 108.
[246] KAISER/KERNER/SCHÖCH, § 6 Rn. 33.
[247] KAISER/KERNER/SCHÖCH, § 6 Rn. 34.

a) Keine Flucht - oder Mißbrauchsgefahr

Gem. § 13 I S.2 StVollzG gelten die Voraussetzungen für die Lockerungen (§ 11 II StVollzG) entsprechend. Also muß neben der Zustimmung des Gefangenen eine Flucht- oder Mißbrauchsgefahr verneint werden. Hierzu sei auf die Ausführungen zum offenen Vollzug verwiesen.

Streitig ist, ob der Vollzugsbehörde ein vom Gericht nur schwer überprüfbarer Beurteilungsspielraum zusteht.

Teilweise wird dies bejaht mit der Begründung, die Situation sei mit anderen Fällen, in denen ein solcher Spielraum bestünde (Planungs- und Prüfungsentscheidungen im Öffentlichen Recht), zu vergleichen. Die Arbeit der Vollzugsbediensteten, die tagtäglich mit dem Gefangenen zu tun hätten, sei für das Gericht nach objektiven Kriterien nur schwer zu beurteilen.[248]

Andere verneinen den Beurteilungsspielraum mit dem Hinweis auf den Ausnahmecharakter desselben.[249]

b) Mindestverbüßung

Der Urlaub wird in der Regel gewährt, wenn der Gefangene sich bereits sechs Monate in Haft befindet (§ 13 II StVollzG), für lebenslang Verurteilte gilt eine Mindestfrist von zehn Jahren (§ 13 III StVollzG). Zusätzlich enthalten die Verwaltungsvorschriften zum Strafvollzug die Maßgabe, daß der Gefangene in der Regel ungeeignet ist, wenn er noch mehr als 18 Monate Reststrafe verbüßen muß. Als Ende der Vollzugszeit wird von dem Zeitpunkt ausgegangen, in dem eine Restaussetzung gem. § 57 StGB möglich ist (also in der Regel nach zwei Drittel der Strafe).[250]

2. Urlaubsdauer

Der Gefangene kann bis zu 21 Tagen Urlaub im Jahr erhalten (§ 13 I S.1 StVollzG). Dieser muß nicht zusammenhängend gewährt werden (vgl. Wortlaut "Tage"). Ein Wochenende (Samstag bis Sonntag) gilt mittlerweile nur als ein Urlaubstag.[251]

3. Sonderformen des Urlaubs

Neben dem Urlaub nach § 13 StVollzG besteht der Arbeitsurlaub (§ 42 StVollzG), der Urlaub aus wichtigem Anlaß (§ 35 StVollzG) und der Entlassungsvorbereitungsurlaub nach § 15 III StVollzG (das Pendant für die sozialtherapeutische Anstalt findet sich in § 124 StVollzG).

> **HEMMER-METHODE:** Denken Sie noch einmal zurück: Bei der Gewährung von Urlaub kann sich die Frage stellen, ob der Anstaltsleiter wegen der Schwere der Schuld oder wegen generalpräventiver Überlegungen die Lockerung versagen darf!

III. Lockerungen i.e.S., § 11 StVollzG

In § 11 I StVollzG wird zwischen verschiedenen Lockerungsmöglichkeiten unterschieden:

---

248 BGHSt 30, 320 (325 ff.).
249 KAISER/KERNER/SCHÖCH, § 6 Rn. 7.
250 KAISER/KERNER/SCHÖCH, § 6 Rn. 45.
251 KAISER/KERNER/SCHÖCH, § 6 Rn. 51.

§ 5 DAS LEBEN IM VOLLZUG

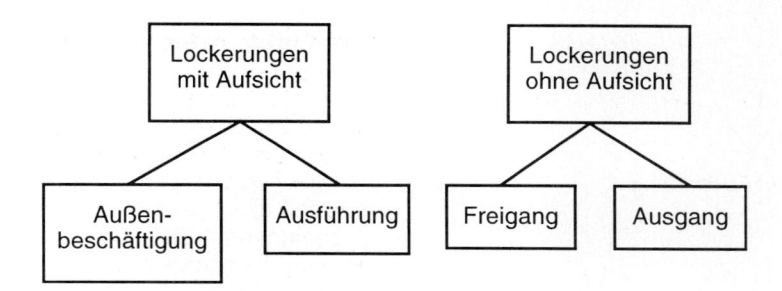

```
        Lockerungen              Lockerungen
        mit Aufsicht             ohne Aufsicht
         /      \                 /       \
   Außen-      Ausführung    Freigang   Ausgang
beschäftigung
```

Außenbeschäftigung, Freigang, Ausführung und Ausgang

Bei der Außenbeschäftigung und dem Freigang (§ 11 I Nr.1 StVollzG) ist das Ziel des Verlassens der Haftanstalt, daß der Betroffene einer Beschäftigung nachgeht. Dieses ist bei der Ausführung und dem Ausgang nicht notwendig. Unter den Freigang fallen z.B. das freie Arbeitsverhältnis (§ 39 I StVollzG), die Ausbildung oder die Selbstbeschäftigung (§ 39 II StVollzG) außerhalb der Anstalt.[252]

Voraussetzung ist nach § 11 II StVollzG die Zustimmung des Gefangenen und die fehlende Flucht- oder Mißbrauchsgefahr.[253]

Bsp.: Der Gefangene Iglesius möchte am Wochenende "seine Ehe ausüben" und zu diesem Zwecke die Haftanstalt zwei Tage (Wochenende) verlassen.

Fraglich ist, ob Iglesius der Ausgang (§ 11 I Nr.2 StVollzG) gestattet werden kann. Einerseits könnte dies verneint werden, da sich das Wochenende nur schwer unter den Gesetzeswortlaut „bestimmte Tageszeit" subsumieren läßt. Andererseits ergibt sich aus der Formulierung „namentlich", daß die in § 11 StVollzG aufgezählten Lockerungen nicht abschließend sind. Der Streit ist jedoch insofern unerheblich, als I genauso gut Urlaub i.S.d. § 13 StVollzG nehmen kann, da ein Wochenende nur als ein Urlaubstag gezählt wird.[254]

Der Gefangene Karl hat einen Fernstudiengang belegt und möchte über mehrere Tage an Lehrgängen teilnehmen. Nach welcher Vorschrift richtet sich dieser „Dauerausgang"?

Dauerausgang

Der Urlaub kommt hier nicht in Betracht, da die Lehrgänge nicht der Erholung dienen. Für die Gewährung des Ausgangs fehlt es am Merkmal der „bestimmten Tageszeit". Daher legt man den Begriff der Arbeit in § 11 I Nr.1 StVollzG weit aus und begreift hierunter auch die in Frage stehenden Lehrgänge, die dem Karl unter den üblichen Lockerungsvoraussetzungen gewährt werden können.[255]

D. Die Arbeit

I. Die Arbeitspflicht, § 41 StVollzG

Arbeitspflicht

Der Gefangene unterliegt gem. § 41 StVollzG einer Arbeitspflicht, solange die Arbeit körperlich angemessen ist. Die Arbeit soll zudem seinen Fähigkeiten entsprechen und wirtschaftlich ergiebig sein (§ 37 II StVollzG). Hierbei handelt es sich lediglich um eine Sollvorschrift, daher muß die Anstalt nicht zwingend optimal fördernde Arbeiten verteilen. Die Gefangenen können entweder in Eigenbetrieben der Anstalt oder (wie meist) in Unternehmensbetrieben beschäftigt werden. Bei einem Verstoß gegen die Arbeitspflicht kommen Disziplinarmaßnahmen in Frage.[256]

258

---

252 zur Arbeit i.e. siehe unten Rn. 258 ff.

253 siehe oben Rn. 250 f.

254 siehe oben Rn. 255.

255 CALLIESS/MÜLLER-DIETZ, § 11 Rn. 3.

256 zum ganzen unbedingt lesen KAISER/SCHÖCH, Fall 18 Rn. 12 ff.

II. Besondere Arten der Arbeit

1. Ausbildung und Fortbildung, § 37 III StVollzG

Aus- und Fortbildung

Durch die Regelung in § 37 III StVollzG wird die Ausbildung der sonstigen Arbeit gleichgestellt. Die Ausbildungsmöglichkeiten stehen jedoch nur „geeigneten" Gefangenen zu. Hierunter ist die individuelle Begabung und Leistungsfähigkeit des einzelnen Gefangenen zu verstehen.[257] Des weiteren ist die Zustimmung des Gefangenen erforderlich. Zum Entzug einer Ausbildungsmöglichkeit siehe oben Rn. 222.

259

2. Freies Beschäftigungsverhältnis, § 39 I StVollzG

Freies Beschäftigungsverhältnis

Bei einem freien Beschäftigungsverhältnis schließt der Gefangene mit seinem Arbeitgeber (außerhalb der Anstalt) einen Arbeitsvertrag. Das freie Beschäftigungsverhältnis ist in der Regel zu gestatten, wenn die Voraussetzungen des Freigangs vorliegen (§ 39 I S.2 i.V.m. § 11 II StVollzG) und Gründe des Vollzugs nicht entgegenstehen. Letzteres kann der Fall sein, wenn die Anstalt keine ausreichenden Kontrollmöglichkeiten hat.[258] Eine Pflicht zur Vermittlung eines Beschäftigungsverhältnisses besteht nicht, geregelt ist nur die Gestattung.

260

3. Selbstbeschäftigung, § 39 II StVollzG

Selbstbeschäftigung

Bei der Selbstbeschäftigung handelt es sich meist um freiberufliche Tätigkeiten, die erlaubt werden können, wenn das Ziel in § 37 StVollzG hierdurch besser erreicht werden kann und Gründe des Vollzugs nicht entgegenstehen. Im Gegensatz zum freien Beschäftigungsverhältnis ist die Selbstbeschäftigung nicht die Regel, sondern die Ausnahme. Insbesondere müssen immer die organisatorischen Möglichkeiten der Anstalt berücksichtigt werden, die u.U. einer Selbstbeschäftigung entgegenstehen. Wenn die Arbeitskraft innerhalb der Anstalt dringend benötigt wird, kann die Selbstbeschäftigung versagt werden. Insbesondere hat nicht jeder Gefangene den Anspruch, in seinem alten Beruf weiter zu arbeiten.

261

Selbstbeschäftigung außerhalb der Anstalt str.

Streit herrscht bezüglich der Frage, ob die Selbstbeschäftigung auch außerhalb der Anstalt zulässig ist.

262

Eine Ansicht verneint dies mit der Begründung, daß in § 39 II StVollzG im Gegensatz zu § 39 I S.2 StVollzG nicht auf die Lockerungsvoraussetzungen hingewiesen wird. Der Gesetzgeber habe offensichtlich die Selbstbeschäftigung außerhalb der Anstalt nicht gewollt.[259]

Die Gegenansicht läßt die Selbstbeschäftigung außerhalb der Anstalt zu: Der Verweis in § 39 I S.2 StVollzG habe lediglich klarstellende Funktion, für die Selbstbeschäftigung (die ja nicht unbedingt außerhalb der Anstalt geschehen muß) sei eine solche Verweisung gar nicht sinnvoll. Zudem begünstige diese Art der Arbeit das Erreichen des Vollzugsziels. Des weiteren treten verfassungsrechtliche Probleme im Hinblick auf Art. 12 GG auf, wenn man die Beschäftigung wegen ihrer Selbständigkeit verbietet.[260]

> **HEMMER-METHODE:** In der Klausur kann Ihnen ein Gefangener unterkommen, der die Arbeit verweigert, weil er eine andere haben möchte. Prüfen Sie die Möglichkeiten der §§ 37 ff. StVollzG durch und gehen Sie dann noch auf die Vollzugsziele und -grundsätze ein (§§ 2, 3 StVollzG), um eine Rechtfertigung für die Arbeitsverweigerung zu finden!

---

[257] CALLIESS/MÜLLER-DIETZ, § 37 Rn. 4.
[258] SCHWIND/BÖHM, § 39 Rn. 7.
[259] OLG Hamm, NStZ 86, 428.
[260] KAISER/KERNER/SCHÖCH, § 6 Rn. 95.

§ 5 DAS LEBEN IM VOLLZUG

Exkurs: Vergütung und Verwendung finanzieller Mittel

1. Vergütung

Arbeitsentgelt

Dem Gefangenen steht gem. § 43 StVollzG ein Arbeitsentgelt zu, welches 5 % des durchschnittlichen Arbeitsentgelts aller Versicherten (Eckvergütung, vgl. § 43 I S.2 i.V.m. § 200 StVollzG) beträgt.

263

Bsp.: Ein Gefangener erhielt 1990 ein Arbeitsentgelt in Höhe von 7,78 DM pro Tag.[261]

Falls der Gefangene (z.B. wegen Erkrankung) nicht arbeiten kann, so erhält er unter den Voraussetzungen des § 45 StVollzG eine Ausfallentschädigung. Ist aus sonstigen Gründen (bspw. altersbedingt) kein Arbeitsentgelt zu zahlen, so wird bei Bedürftigkeit ein Taschengeld gezahlt, § 46 StVollzG.

2. Verwendung

Verwendung

Der Gefangene kann nicht völlig frei über sein Geld verfügen, sondern er muß es zu bestimmten Zwecken aufteilen.

264

So steht dem Gefangenen gem. § 47 StVollzG ein gewisser Betrag als Hausgeld (z.B. für Einkäufe) zu. Ist der Gefangene unterhaltspflichtig, so hat er einen Teil auf die Unterhaltsleistungen zu verwenden, § 49 StVollzG. Ebenso ist ein Überbrückungsgeld für die ersten vier Wochen nach der Entlassung zurückzulegen (§ 51 StVollzG). Über andere Beträge kann er als Eigengeld (§ 52 StVollzG) frei verfügen.

Exkurs Ende

E. Die Freizeit

Freizeitgestaltung

Die Anstalt muß dafür sorgen, daß die Gefangenen ein Freizeitangebot während ihrer Haftzeit nutzen können (vgl. § 67 StVollzG). Einen Anspruch auf ein bestimmtes Freizeitangebot besteht jedoch nicht.

265

I. Zeitungen und Zeitschriften, § 68 StVollzG

Zeitungen und Zeitschriften

Der Gefangene hat einen Anspruch auf Zeitungen und Zeitschriften in angemessenem Umfang, solange deren Verbreitung nicht mit Strafe oder Geldbuße bedroht ist, § 68 II StVollzG.

266

Beispiele:

Der Gefangene M möchte zwei Tageszeitungen und drei Wochenzeitungen abonnieren. Dies ist noch angemessen.[262]

Der Gefangene M bestellt eine Zeitschrift, indem u.a. Artikel enthalten sind, die sich ausschließlich mit der heftigen Beschimpfung der Staatsanwälte beschäftigt. Der Anstaltsleiter möchte die jeweiligen Ausgaben anhalten.

Gem. § 68 II S.2 StVollzG ist es möglich wegen Gefährdung des Vollzugsziels oder der Sicherheit und Ordnung der Anstalt einzelne Ausgaben nicht an den Gefangenen weiterzuleiten. Wegen der hier angenommenen übermäßig überzogenen und böswilligen Kritik an den Strafverfolgungsbehörden[263] kann hier von einer Vollzugszielgefährdung gesprochen werden. Allerdings ist immer der Verhältnismäßigkeitsgrundsatz (hier in Verbindung mit Art. 5 I GG) zu beachten, so daß als milderes Mittel auch das Schwärzen der betreffenden Seiten in Betracht kommt.

---

261 vgl. zur Berechnung KAISER/KERNER/SCHÖCH, § 6 Rn. 106.
262 SCHWIND/BÖHM, § 68 Rn. 9.
263 SCHWIND/BÖHM, § 68 Rn. 11.

> **HEMMER-METHODE:** Beim Empfang von Zeitungen ist immer auch die zu gewährleistende Übersichtlichkeit des Haftraums gem. § 19 II StVollzG zu beachten!

II. Rundfunk und Fernsehen, § 69 StVollzG

Rundfunk und Fernsehen

Grundsätzlich kann der Gefangene am Anstaltsempfang teilnehmen, § 69 I StVollzG. Ein eigener Fernseher wird gem. § 69 II 2.Alt. StVollzG nur in begründeten Ausnahmen gewährt, diese sind z.B. bei schwerer Krankheit oder bei berechtigtem Bildungsinteresse zu bejahen.[264] Ein Hörfunkgerät ist demgegenüber in der Regel zu gestatten (beachte aber die Beschränkung über §§ 69 II 2.Alt., 70 StVollzG).

III. Gegenstände für die Freizeitbeschäftigung, § 70 StVollzG

Sonstige Freizeitgegenstände

Die Gefangenen dürfen in angemessenem Umfang Gegenstände (Bücher, Kassettenrecorder, Musikinstrumente etc.) in ihrem Haftraum aufbewahren, solange die Ausnahmen nach § 70 II StVollzG nicht eingreifen. Bzgl. der Gefährdung der Sicherheit und Ordnung der Anstalt (§ 70 II Nr.2 2.Alt. StVollzG) hat die Rechtsprechung folgende Kriterien entwickelt:[265]

(1) Der Gegenstand wird danach kontrolliert, ob er sich als Versteck (z.B. für Waffen oder Rauschgift) eignet. Hier kommt als milderes Mittel auch das Verplomben oder Versiegeln des Gegenstandes in Betracht.

(2) Bei elektrischen Geräten wird die realistische Möglichkeit des Umfunktionierens zur Nachrichtenübermittlung nach außen oder auch innerhalb der Anstalt geprüft.

Beispiele:

Der Gefangene Otto, der leicht beeinflußbar ist und sich schon häufig von seinen Mitgefangenen zu Pflichtverstößen hat anstiften lassen, möchte zwei Lautsprecherboxen für seinen Kassettenrecorder in seinem Haftraum aufstellen. Der Anstaltsleiter kann dies unter Hinweis auf die Gefährdung der Sicherheit und Ordnung der Anstalt verbieten, da in den Lautsprecherboxen leicht Drogen o.ä. versteckt werden können und bei Otto die Gefahr besteht, daß er, entweder selbst oder unter dem Druck der Mitgefangenen, von diesem Versteck Gebrauch macht.

Der zu lebenslanger Freiheitsstrafe verurteilte Peppi beantragt die Haltung eines Wellensittichs in seinem Haftraum. Zwar könnte hier die Sicherheit und Ordnung der Anstalt durch die Gefahr der Übertragung von Krankheiten gefährdet sein, allerdings ist bei Lebenslänglichen auch im Hinblick auf § 3 II StVollzG die Haltung von Kleintieren zuzulassen, da hier die Extrembelastung des Gefangenen berücksichtigt werden muß.[266]

> **HEMMER-METHODE:** In einer solchen Klausur müssen Sie natürlich ausführlicher auf die Rechtmäßigkeit der Entscheidung des Anstaltsleiters eingehen (eine solche wird Ihnen in der Regel vorgelegt werden). Denken Sie immer an das Verfassungsrecht: Neben den Grundrechten spielt z.B. der Vertrauensgrundsatz als Ausfluß des Rechtsstaatsprinzips eine Rolle. Je länger der Gefangene eine Vergünstigung genießt, desto stärker ist sein Vertrauen und desto schwieriger kann ihm die Vergünstigung wieder entzogen werden!

---

264 KAISER/KERNER/SCHÖCH, § 6 Rn. 145.
265 SCHWIND/BÖHM, § 70 Rn. 7.
266 SCHWIND/BÖHM, § 70 Rn. 6.

F. Sicherheit und Ordnung, §§ 81 ff. StVollzG

Sicherheit und Ordnung der Anstalt

Naturgemäß kommt der Sicherheit und Ordnung in Justizvollzugsanstalten eine hohe Bedeutung zu. Umfaßt wird hiervon die Fluchtverhinderung, die Abwehr von Gefahren für die Vollzugsbediensteten und die Gefangenen und die Gewährleistung eines geordneten Zusammenlebens in der Anstalt.[267] Die Einschränkung des Gefangenen und das Vollzugsziel der Resozialisierung stehen hierbei in einem Spannungsverhältnis. Der Gesetzgeber hat daher in § 81 StVollzG die Sicherheitsvorschriften gewissen Beschränkungen unterworfen (Selbstverantwortungsgrundsatz, Subsidiarität der Beschränkungen und Pflichten, Verhältnismäßigkeit).

Bei den Vorschriften über die Sicherheit und Ordnung unterscheidet man zwischen Verhaltensvorschriften (§§ 82, 83 StVollzG) und allgemeinen und besonderen Sicherungsmaßnahmen (§§ 84 ff. StVollzG).

Verhaltensvorschriften

Sicherungsmaßnahmen

Verhaltensvorschriften (§§ 82, 83 StVollzG)	
<ul><li>Sichrichten nach dem Tagesablauf der Anstalt (z.B. durch die Hausordnung gem. § 161 II Nr.2 StVollzG</li><li>allgemeine Gehorsamspflicht, Gefangener darf den ihm zugewiesenen Bereich nicht verlassen</li><li>Ordnungs - und Meldepflicht</li><li>Gewahrsam von Erlaubnis abhängig</li></ul>	
Sicherungsmaßnahmen (präventiv)	
allgemeine Sicherungsmaßnahmen (§§ 84-87 StVollzG)	besondere Sicherungsmaßnahmen (§§ 88 ff. StVollzG)
<ul><li>Durchsuchung</li><li>Sichere Unterbringung</li><li>Erkennungsdienstliche Maßnahmen</li><li>Festnahmerecht</li></ul>	§ 88 II StVollzG
	Voraussetzungen (§ 88 I StVollzG)<ul><li>erhöhte Fluchtgefahr</li><li>Gefahr von Gewalttätigkeiten</li><li>Gefahr der Selbsttötung oder -verletzung</li></ul>
	Besonders streng:<ul><li>Einzelhaft (§ 89 StVollzG)</li><li>Fesselung (§ 90 StVollzG)</li></ul>

---

[267] KAISER/KERNER/SCHÖCH, § 7 Rn. 2.

Problem Festnahmerecht

Probleme ergeben sich bei der Abgrenzung des Festnahmerechts der *Vollzugs*behörde und der *Vollstreckungs*behörde. Die Vollstreckungsbehörde ist (per Haftbefehl gem. § 457 StPO) zuständig, wenn die unmittelbare Verfolgung des Gefangenen nicht alsbald zur Wiederergreifung führt, d.h. wenn die Beziehung des Gefangenen zur Anstalt sich räumlich oder zeitlich gelöst hat. Vorher steht das Festnahmerecht der Vollzugsbehörde zu.[268]

G. Unmittelbarer Zwang, §§ 94 ff. StVollzG

Unmittelbarer Zwang

Unter bestimmten Voraussetzungen kann gegenüber dem Gefangenen unmittelbarer Zwang angewendet werden (zur Definition siehe § 95 StVollzG). Voraussetzung ist zum einen die *Akzessorietät*, d.h. daß die Durchführung von Vollzugs- und Sicherheitsmaßnahmen rechtmäßig sein muß. Zum anderen gilt das Prinzip der *Subsidiarität* (§ 94 I StVollzG) und der *Verhältnismäßigkeit* (§ 96 StVollzG), außerdem ist eine *Androhung* gem. § 98 StVollzG erforderlich.

§§ 94 ff. StVollzG sind keine selbständige Rechtsgrundlage

Zu beachten ist, daß hier keine selbständige Rechtsgrundlage vorliegt, sondern daß nur das „Wie" der Durchführung geregelt ist.

Der Gebrauch von Schußwaffen und die ärztliche Zwangsbehandlung sind gesondert in den §§ 99, 101 StVollzG festgelegt.

Hungerstreik

Bsp.: Der Gefangene Quentin tritt in den Hungerstreik. Kann er zwangsernährt werden?

Rechtsgrundlage ist die Fürsorgepflicht der Anstalt gem. § 56 I StVollzG. Bezüglich der Durchführung der ärztlichen Maßnahmen tritt das Problem auf, daß das Persönlichkeitsrecht des Gefangenen nach Art. 1, 2 I GG mit der Sicherungsaufgabe der Anstalt in Widerspruch steht. Eine Zwangsernährung ist - sofern sie mit einem körperlichen Eingriff verbunden ist - nur unter den engen Voraussetzungen des § 101 I StVollzG zulässig.

Aids-Test

Der Gefangene R, der als heroinabhängig gilt, soll einem Aids-Test unterzogen werden. Ist dies möglich?[269]

Die Voraussetzungen des § 101 I StVollzG, d.h. eine konkrete Gefahr, ist wegen der Drogenabhängigkeit des R zu bejahen. Ein allgemeiner Zwangstest, ohne den hier vorliegenden Hinweis auf eine Risikogruppe, ist jedoch unzulässig.[270]

H. Disziplinarmaßnahmen, §§ 102 ff. StVollzG

Disziplinarmaßnahmen

Bei schuldhaften Pflichtverstößen des Gefangenen hat die Anstalt die Möglichkeit, diese mit Disziplinarmaßnahmen zu ahnden. Folgendes Prüfungsschema bietet sich an:

Voraussetzungen

Voraussetzungen (§ 102 StVollzG)	• **schuldhafter Verstoß** • **gegen Pflicht** durch oder aufgrund des StVollzG (z.B. §§ 41, 82 StVollzG)

---

268 HAUF, S. 121.
269 lies hierzu EISENBERG/FISCHER, Der praktische Fall, JuS 91, 754 ff.
270 KAISER/KERNER/SCHÖCH, § 7 Rn. 13.

§ 5 DAS LEBEN IM VOLLZUG

Folgen	**Folgen** (§ 103 StVollzG)	• **Katalog gem. § 103 II StVollzG** ⇨ beachte Verhältnismäßigkeit beim Arrest (§ 103 II StVollzG), Verbindungsmöglichkeiten (§ 103 III StVollzG), Spiegelungsprinzip (§ 103 IV StVollzG) • immer **Subsidiarität** (§ 102 II StVollzG) • immer Ermessensentscheidung
Verfahren	**Verfahren** (§§ 105 ff. StVollzG)	• **Zuständigkeit:** Anstaltsleiter (§ 105 I StVollzG) ⇨ beachte: bei Verfehlungen gegen Anstaltsleiter Zuständigkeit der Aufsichtsbehörde (§ 105 II StVollzG) • **Verfahren:** §§ 106, 107 StVollzG

Ausbruch aus der Anstalt

Bsp.: Der Gefangene S bricht aus der Anstalt aus, wird jedoch kurze Zeit später gefaßt. Der Anstaltsleiter will gegen S Disziplinarmaßnahmen verhängen. Ist dies möglich?

276

Voraussetzung ist gem. § 102 I StVollzG ein schuldhafter Pflichtverstoß gegen Normen des StVollzG. Fraglich ist, ob auf § 82 II S.2 StVollzG zurückgegriffen werden kann. Ausdrücklich ist das Ausbrechen aus der Anstalt nicht geregelt, der Wortlaut „zugewiesener Bereich" meint nur Gebiete innerhalb der Anstalt. Ob hierin eine konkludente Pflicht liegt, die Anstalt an sich nicht zu verlassen, ist umstritten.

Eine Ansicht verneint dies mit dem Hinweis, daß der Ausbruch strafrechtlich nicht geahndet wird und es sich bei den Disziplinarmaßnahmen um Quasistrafrecht handelt. Der trägt bewußt dem Freiheitsbedürfnis der Gefangenen Rechnung.[271]

Die Gegenansicht argumentiert, daß, wenn schon ein zugewiesener Bereich nicht verlassen werden darf, a maiore ad minus auch nicht aus der ganzen Anstalt ausgebrochen werden darf. Den Gefangenen trifft vielmehr eine „Vollzugsduldungspflicht".[272] Somit sind Disziplinarmaßnahmen zulässig.

---

[271] CALLIESS/MÜLLER-DIETZ, § 102 Rn. 3 ff.
[272] KAISER/KERNER/SCHÖCH, § 7 Rn. 16.

§ 6 RECHTSBEHELFE

> **HEMMER-METHODE:** Die Rechtsbehelfe sind von essentieller Bedeutung für die Klausur, da - wie im Öffentlichen Recht- die meisten Fragen auf die Erfolgsaussichten eines Rechtsbehelfs abzielen.

A. Beschwerde gem. § 108 StVollzG

Beschwerde gem. § 108 StVollzG

Der Gefangene kann sich mit der Beschwerde direkt an den Anstaltsleiter wenden, § 108 I StVollzG. Hierbei handelt es sich nicht um ein förmliches Rechtsmittel, sondern um eine anstaltsinterne Konfliktregelung. 277

Daneben bleibt auch die Möglichkeit der Dienstaufsichtsbeschwerde bestehen (§ 108 III StVollzG).

B. Rechtsbehelfe außerhalb des StVollzG

Verfassungsbeschwerde, Petitionsrecht, Anrufung der Europäischen Kommission für Menschenrechte

Selbstverständlich kann der Gefangene auch Verfassungsbeschwerde gem. Art. 93 I Nr.4a GG erheben. Ebenfalls steht ihm das Petitionsrecht gem. Art. 17 GG zu sowie die Anrufung der Europäischen Kommission für Menschenrechte. 278

C. Antrag auf gerichtliche Entscheidung, §§ 109 ff. StVollzG

Antrag gem. §§ 109 ff. StVollzG

Der weitaus wichtigste Rechtsbehelf ist der Antrag auf gerichtliche Entscheidung. Der Antrag des Gefangenen hat Aussicht auf Erfolg, wenn er zulässig und begründet ist. 279

I. Zulässigkeit

1. Maßnahme (§ 109 I StVollzG)

Maßnahme

Unter Maßnahmen sind auch *Realakte* zu verstehen. Sie müssen die Regelung eines *Einzelfalls* beinhalten, d.h. allgemeine Anordnungen wie z.B. die Hausordnung fallen nicht unter den Maßnahmenbegriff. Eine *Regelung* liegt nur vor, wenn durch die Maßnahme unmittelbare Rechtswirkung verursacht wird. Zuletzt muß es sich um eine Maßnahme *auf dem Gebiet des Strafvollzugs* handeln. Hier können Abgrenzungsprobleme zu Strafvollstreckungsmaßnahmen auftreten.[273] 280

2. Statthafte Antragsart

Statthafte Antragsart

Der Antrag kann verschiedene Ziele verfolgen:

- Anfechtungsantrag (§ 109 I S.1 StVollzG)
- Verpflichtungsantrag (§ 109 I S.2 StVollzG)
- Vornahmeantrag (§ 113 StVollzG)
- Fortsetzungsfeststellungsantrag (§ 115 III StVollzG)
- Eilantrag (§ 114 StVollzG) 281

3. Antragsbefugnis, § 109 II StVollzG

Antragsbefugnis

Der Antragsteller muß eine mögliche Rechtsverletzung geltend machen. 282

---

[273] siehe oben Rn. 203, 229.

§ 6 RECHTSBEHELFE

Antragsbefugnis auch für Nichtgefangene

> **HEMMER-METHODE:** In diesem Prüfungspunkt ist - ebenfalls wie im Öffentlichen Recht - bereits eine Norm zu zitieren, die dem Antragsteller ein subjektives Recht oder zumindest ein Recht auf fehlerfreie Ermessensentscheidung gewährt. Neben den Vorschriften des StVollzG können auch Grundrechte herangezogen werden!
> Die Antragsbefugnis steht nicht nur dem Gefangenen zu, sondern auch dem Verteidiger, den Besuchern etc., soweit sie eine Rechtsverletzung geltend machen.

4. Vorverfahren, § 109 III StVollzG

Vorverfahren

Ein Vorverfahren ist nur in manchen Bundesländern erforderlich.[274]   **283**

5. Zuständigkeit, § 110 StVollzG

Zuständigkeit

Zuständig ist die Strafvollstreckungskammer, in deren Bezirk die beteiligte Vollzugsbehörde ihren Sitz hat, § 110 StVollzG, § 78a GVG.

6. Form und Frist, § 112 StVollzG

Form und Frist

Zu den Form - und Fristvorgaben lies § 112 StVollzG.

> **HEMMER-METHODE:** Schreiben Sie keine Romane zur Zulässigkeit, wenn hierin kein Problem liegt!

II. Begründetheit

Begründetheit

Je nach Antragsart folgt nun die Begründetheitsprüfung, die wie im Verwaltungsrecht vorzunehmen ist (vgl. § 115 StVollzG).   **284**

Beispiele:

Ein Anfechtungsantrag ist begründet, wenn die Maßnahme rechtswidrig ist und der Antragsteller hierdurch in seinen Rechten verletzt wird.

Bei einem Verpflichtungsantrag verpflichtet das Gericht die Behörde, den Antragsteller unter Beachtung der Rechtsauffassung des Gerichts neu zu bescheiden, § 115 IV S.2 StVollzG, wenn die Sache noch nicht spruchreif ist. (Dies ist i.d.R. der Fall bei Ermessensentscheidungen, nicht jedoch bei einer Ermessensreduzierung auf Null).

D. Rechtsbeschwerde, § 116 StVollzG

Rechtsbeschwerde gem. § 116 StVollzG

Gegen die gerichtliche Entscheidung gibt es nur noch die Rechtsbeschwerde gem. § 116 StVollzG zum OLG (§ 117 StVollzG). Voraussetzung ist, daß die Entscheidung zur *Fortbildung des Rechts* oder zur *Sicherung einer einheitlichen Rechtsprechung* geboten ist, d.h. wenn sich die Überprüfung geradezu aufdrängt.[275] Wie bei einer Revision werden ausschließlich Gesetzesverstöße überprüft (§ 116 II StVollzG).   **285**

E. Antrag auf gerichtliche Entscheidung gem. §§ 23 ff. EGGVG

Antrag gem. §§ 23 ff. EGGVG

Für Jugendliche gelten die Rechtsbehelfe des StVollzG nicht, sie können sich gegen Vollzugsentscheidungen mit dem Antrag gem. § 23 EGGVG wehren.[276]   **286**

---

274 so in Baden-Württemberg, Bremen, Hamburg, Niedersachsen, Nordrhein-Westfalen, Schleswig-Holstein; vgl. SCHWIND/BÖHM, § 109 Rn. 31.

275 SCHWIND/BÖHM, § 116 Rn. 8.

276 siehe oben Rn. 197.

> **Zulässigkeit des Antrags gem. § 23 EGGVG:**
>
> - Maßnahme der Vollzugsbehörde, § 23 I S.2 EGGVG
> - Antragsbefugnis, § 24 EGGVG
> - Frist, § 25 EGGVG
> - Zuständigkeit, § 26 EGGVG

Exkurs: Untersuchungshaft

Exkurs: Untersuchungshaft

Die Untersuchungshaft fällt zwar nicht unter den Begriff des Strafvollzugs,[277] dennoch ähneln sich die Probleme naturgemäß. Allerdings bestehen deutliche Unterschiede in der Rechtsstellung, da der Untersuchungshäftling kein Strafgefangener ist. Er gilt bis zur Rechtskraft des Urteils als unschuldig, woraus eine gewisse Zurückhaltung des Staates bei Eingriffen in die Freiheit des Betroffenen notwendig ist.

1. Anzuwendende Normen

Anwendbare Vorschriften

Die zentrale Vorschrift für den Vollzug der Untersuchungshaft ist § 119 StPO. Das StVollzG gilt nicht, lediglich in §§ 177, 178 StVollzG wird auf die Untersuchungshaft Bezug genommen. Zur Konkretisierung des Vollzugs bestehen aber Verwaltungsvorschriften, nämlich die UVollzO.[278] Die Untersuchungshaft bei Jugendlichen ist in § 93 JGG geregelt, daneben ist sie auch in Nr.77 ff. UVollzO erwähnt.

2. Rechtsstellung des Untersuchungsgefangenen

Rechtsstellung

Der Untersuchungsgefangene steht in der Regel besser dar als der Strafgefangene. So hat er - abgesehen von den Ausnahmen in § 119 II StPO - einen Anspruch auf eine Einzelzelle. Bezüglich der Beschränkungen, die er dulden muß, ist § 119 III StPO die Zentralnorm:

§ 119 IV StPO

> "Dem Verhafteten dürfen nur solche Beschränkungen auferlegt werden, die der Zweck der Untersuchungshaft oder die Ordnung in der Vollzugsanstalt erfordert."

So unterliegt der Untersuchungsgefangene keiner Arbeitspflicht.

> **HEMMER-METHODE:** Bei Jugendlichen ist streitig, ob diese nicht im Hinblick auf die erzieherische Ausgestaltung der Untersuchungshaft (§ 93 II JGG) zur Arbeit verpflichtet werden können (so Nr.80 II UVollzO). Solange die zugewiesene Arbeit tatsächlich eine erzieherische Zielrichtung hat, ist dies gerade unter dem Gesichtspunkt der zentralen Bedeutung der sinnvollen Beschäftigung bei Jugendlichen zulässig.[279]

Der Untersuchungsgefangene darf sich unter den Voraussetzungen des § 119 IV StPO Bequemlichkeiten und Beschäftigungen verschaffen. So kann er eigene Kleidung tragen, er darf sich (natürlich auf eigene Kosten) Genußmittel und Gegenstände des persönlichen Bedarfs kaufen (vgl. Nr. 50 ff. UVollzO).

---

277 siehe oben Rn. 203.
278 siehe oben Rn. 204.
279 KAISER/KERNER/SCHÖCH, § 5 Rn. 50.

3. Rechtsbehelfe

Rechtsschutz

Gem. § 119 VI S.1 StPO ordnet der nach § 126 StPO zuständige Richter alle erforderlichen Maßnahmen an. Nur in Ausnahmefällen kann dies auch durch den Staatsanwalt, den Anstaltsleiter oder einen Aufsichtsbeamten mit Genehmigung des Richters geschehen, § 119 VI S.2 StPO. Der richtige Rechtsbehelf gegen die Entscheidungen des Richters ist die Beschwerde gem. § 304 StPO. Wenn es sich jedoch um generelle Fragen handelt, die nicht nur einen einzelnen Gefangenen betreffen und auf die der Richter keinen Einfluß hat, so ist der Antrag auf gerichtliche Entscheidung gem. § 23 EGGVG zum OLG zu stellen.

Beispiele:

Der Untersuchungsgefangene U hat den Verdacht, daß der Anstaltsarzt schon seit Jahren nur Placebos oder nicht zugelassenen Medikamente verschreibt. Hier ist der Antrag nach § 23 EGGVG erforderlich.

Der Untersuchungsgefangene V möchte gerne einen Kanarienvogel während seiner Haftzeit halten. In diesem Einzelfall kann gegen die Ablehnung mit der Beschwerde gem. § 304 StPO vorgegangen werden.

Exkurs Ende

4. KAPITEL: SANKTIONSRECHT

Das folgende Kapitel beschäftigt sich mit den Sanktionen im Erwachsenenstrafrecht.

> **HEMMER-METHODE:** In diesem Bereich sind keine Detailkenntnisse gefragt. Allerdings verstehen sich die Sanktionen im Jugendstrafrecht wesentlich besser, kennt man auch die Parallele im Erwachsenenstrafrecht. Absolut unerläßlich sind jedoch die Themen Strafzwecke, Prognose und Schuldunfähigkeit!

§ 1 STRAFTHEORIEN

Straftheorien

Bevor man sich die Art der Bestrafung näher ansieht, muß zunächst gefragt werden, warum und mit welcher Legitimation der Staat überhaupt straft. Hierzu bestehen im wesentlichen drei Grundansätze sowie einige Mischformen: die Vergeltungstheorie, die Theorie der Spezialprävention und die Theorie der Generalprävention.[280]

> **HEMMER-METHODE:** Auf die drei Theorien ist bereits in den vorstehenden Kapiteln häufig eingegangen worden. Sie gehören zum "Handwerkszeug" und müssen daher in Fleisch und Blut übergehen!

A. Vergeltungstheorie

Vergeltungstheorie

Nach der Vergeltungstheorie, die von KANT und HEGEL vertreten wurde, liegt der Zweck der Strafe darin, daß der Täter für das von ihm begangene Unrecht sühnt, daß er die Schuld wieder ausgleicht. Hegel spricht in diesem Zusammenhang von dem Verbrechen als Negation, auf die die Strafe als „Negation der Negation" folgen müsse. Die Vergeltung durch Strafe ist losgelöst von gesellschaftlichen Zielen, man nennt sie daher auch "absolute Straftheorie".

> *Bsp.: Selbst wenn sich die Gesellschaft eines auf einer Insel lebenden Volkes auflöst, indem sämtliche Bewohner die Insel unwiderruflich verlassen, so muß nach der Vergeltungstheorie trotzdem der letzte Mörder noch hingerichtet werden, um dem Sühnegedanken gerecht zu werden.*

Vorteile

Der Vorteil dieser Idee liegt in der Möglichkeit, die Strafe durch die Schuld zu begrenzen und damit einen Maßstab für die Höhe der Strafe zu finden.

Nachteile

Andererseits läßt die Vergeltungstheorie die Folgen der Strafe für den Täter und die Gesellschaft völlig außen vor und führt damit nicht zur Besserung der Gesellschaft im Sinne der Verhinderung von Straftaten. Der Staat ist - als vom Volk und nicht von Gott legitimiert - zum Schutze des friedlichen Zusammenlebens verpflichtet, zu Weitergehendem ist er nicht berechtigt.

B. Die Theorie der Spezialprävention

Spezialprävention

Bei der Spezialprävention geht es um die Vorsorge vor weiteren Straftaten und zwar in bezug auf den einzelnen Täter. Dieser soll durch die Spezialprävention zu legalem Verhalten veranlaßt werden. Ein wichtiger Vertreter dieser Richtung war FRANZ V. LISZT, der die Spezialprävention in drei Bereiche aufgliedert:

- die Sicherung des individuellen Täters, indem man ihn einsperrt,
- die Abschreckung des einzelnen Täters,
- die Besserung des Täters (Resozialisierung).

---

[280] Sehr lesenswert hierzu ROXIN, Strafrecht AT Bd.I, § 3 Rn. 1-53.

§ 1 STRAFTHEORIEN

Vorteile — Der Theorie der Spezialprävention gelingt es, die Schutzaufgabe des Staates einerseits (durch Verhütung neuer Verbrechen) und die Integration des Täters andererseits zu erfüllen. — 297

Nachteile — Allerdings würde die strikte Durchführung der Spezialprävention dahin führen, daß der Täter - ohne Rücksicht auf seine Schuld - solange bestraft würde, bis er resozialisiert ist. Im Gegenzug müßte bei Tätern, bei denen eine Wiederholungsgefahr nicht besteht und die damit keiner Resozialisierung bedürfen, auf eine Bestrafung völlig verzichtet werden. Zudem gilt unter Berücksichtigung der Art. 1 I, 2 I GG das Verbot der staatlichen Zwangserziehung. Auch entstehen Probleme bei der praktischen Durchführung, deren Scheitern mit dem resignierten Schlagwort "nothing works" zusammengefaßt wird. — 298

C. Theorie der Generalprävention

Generalprävention — Die Theorie der Generalprävention stellt nicht auf den einzelnen Täter ab, sondern auf die Allgemeinheit. Man unterscheidet zwischen der negativen und der positiven Generalprävention. — 299

Negative Generalprävention — Die von FEUERBACH entwickelte *negative* Generalprävention meint die Abschreckung der Allgemeinheit, die sich durch die Strafandrohung und den Strafvollzug davon abhalten läßt, Verbrechen zu begehen.

Positive Generalprävention — Demgegenüber ist unter der *positiven* Generalprävention die Erhaltung und Stärkung des Vertrauens der Gesellschaft in die Durchsetzungskraft der Rechtsordnung zu verstehen. Man kann zwischen dem *Lerneffekt* (die Einübung der Rechtstreue), dem *Vertrauenseffekt* (der Bürger sieht, daß die Rechtsordnung sich durchsetzen kann) und dem *Befriedungseffekt* (das allgemeine Rechtsbewußtsein beruhigt sich angesichts der erfolgten Bestrafung des Täters) unterscheiden.

Vorteile — Der Vorteil der Generalprävention liegt in ihrer normbekräftigenden Wirkung, schließlich verhält sich der Großteil der Bevölkerung normenkonform. Zudem ermöglicht der generalpräventive Ansatz die Bestrafung von nicht resozialisierungsbedürftigen Tätern, denn auch deren Bestrafung ist zur Abschreckung der Allgemeinheit erforderlich. — 300

Nachteile — Die Generalprävention ist jedoch der gleichen Kritik wie die Vergeltungstheorie ausgesetzt: Sie wendet sich nicht dem einzelnen Täter zu und riskiert eine erneute Straffälligkeit. Zudem bietet sie - ebensowenig wie die Spezialprävention - keinen Schuldmaßstab. Die Gefahr der Generalprävention liegt in der unbegrenzten Verschärfung des Strafrechts, welche in staatlichen Terror umschlagen kann. — 301

D. Vereinigungstheorien

Vereinigungstheorien — Da keine Theorie alle Vorteile auf einmal bietet, wurden die sogenannten Vereinigungstheorien entwickelt. — 302

- Vergeltende Vereinigungstheorie: Die Vergeltung hat dominierende Funktion, General- und Spezialprävention treten in den Hintergrund.[281]

- Gleichrangiges Nebeneinander von Vergeltung, Spezial- und Generalprävention[282]

- Vorrang von Spezial- und Generalprävention, die Schuld dient lediglich der Begrenzung für das Strafmaß nach oben.[283]

Zu den Strafzwecken der Maßregeln der Besserung und Sicherung siehe unten Rn. 338 ff.

---

[281] RGSt 58, 106 (109).
[282] BVerfGE 45, 187 (253); 39, 1 (57).
[283] ROXIN, Strafrecht AT Bd.I, § 3 Rn. 46 ff.

§ 2 PROGNOSE

Prognose

Viele Entscheidungen der Gerichte und der Behörden hängen von einer günstigen Prognose für den Täter ab. Die individuelle Kriminalprognose trifft *Wahrscheinlichkeitsaussagen über das künftige Legalverhalten*[284] *des Betroffenen.*[285]

A. Arten der Prognose

Die Notwendigkeit einer Prognose ergibt sich in folgenden Fällen:[286]

I. Urteilsprognose

Urteilsprognose

Das Gericht muß bereits zum Zeitpunkt des Urteils entscheiden, wie sich der Täter wahrscheinlich weiterhin verhalten wird.

Beispiele:

Der Richter überlegt, ob er die Freiheitsstrafe des Angeklagten gem. § 56 StGB zur Bewährung aussetzen soll. Dies ist nur möglich, „wenn zu erwarten ist, daß der Verurteilte sich schon die Verurteilung zur Warnung dienen lassen und künftig auch ohne die Einwirkung des Strafvollzugs keine Straftaten mehr begehen wird" (§ 56 I S.1 StGB). Eine solche Prognose setzt voraus, daß eine durch Tatsachen begründete Wahrscheinlichkeit besteht, daß der Täter sich in Zukunft legal verhalten wird.[287]

Der vermindert schuldfähige Angeklagte A kann nur in einem psychiatrischen Krankenhaus (§ 63 StGB) untergebracht werden, „wenn die Gesamtwürdigung des Täters und seiner Tat ergibt, daß von ihm infolge seines Zustandes erhebliche rechtswidrige Taten zu erwarten sind ...".

Gefährlichkeitsprognose

Weitere Urteilsprognosen finden sich in den §§ 46 I S.2, 47, 59 I Nr.1 StGB, aber auch im Jugendstrafrecht (bspw. §§ 5, 17, 21 JGG). Von *Gefährlichkeitsprognosen* spricht man bei den Aussagen zur Anordnung von Maßregeln der Besserung und Sicherung (vgl. §§ 63, 64, 66 I StGB).

II. Entlassungsprognose

Entlassungsprognose

Bei den Entlassungsprognosen (§§ 57, 57a, 67d II StGB) steht in Frage, ob der Betroffene bereits eine ausreichend günstige Prognose zur Entlassung aufweisen kann.

Bsp.: Der zu 4 Jahren Freiheitsstrafe Verurteilte B möchte nach drei Jahren wegen „guter Führung" entlassen werden. Gem. § 57 I S.1 Nr.2 StGB ist hierfür u.a. Voraussetzung, daß „verantwortet werden kann zu erproben, ob der Verurteilte außerhalb des Strafvollzugs keine Straftaten mehr begehen wird,...". Diese Formulierung ist großzügiger als die in § 56 StGB („wenn zu erwarten ist..."), somit reicht aus, daß das Risiko einer Entlassung vertretbar ist.[288]

B. Methoden

I. Intuitive, klinische und statistische Prognose

Man unterscheidet zwischen der intuitiven, der klinischen und der statistischen Prognose.

---

284 Das Legalverhalten meint nur die Frage nach künftigen Straftaten, es beinhaltet keine Aussagen über sozialadäquates Verhalten.
285 KAISER, Kriminologie, 3.Auflage, § 86 Rn. 1.
286 KAISER/SCHÖCH, Fall 8 Rn. 4 ff.
287 BGH, Strafverteidiger 91, 514.
288 KAISER, Kriminologie, 3.Auflage, § 89 Rn.3.

1. Intuitive Methode

Intuitive Prognose

Die am häufigsten von Richtern, Staatsanwälten etc. angewandte intuitive Prognose beruht auf der Berufserfahrung und der Menschenkenntnis des Beurteilenden.[289]

306

2. Klinische Methode

Klinische Prognose

Im Gegensatz hierzu wird die klinische Prognose von Fachleuten (Psychiater, Psychologen mit kriminologischer Erfahrung) durchgeführt. Hilfsmittel sind sog. psychodiagnostische Testverfahren und Explorationen (Befragung und Beobachtung), in denen die Lebensverhältnisse des Betroffenen untersucht werden.[290]

307

Heranziehen eines Sachverständigen

Die klinische Prognose (durch Heranziehen eines Sachverständigen) ist zwingend, wenn im Urteil die Unterbringung in einem psychiatrischen Krankenhaus, einer Entziehungsanstalt oder in der Sicherungsverwahrung möglich erscheint, § 246a StPO, vgl. ebenfalls §§ 80a, 414 III StPO. Ebenso muß ein Sachverständiger gehört werden, wenn über die Aussetzung der Vollstreckung des Restes einer lebenslangen Freiheitsstrafe entschieden wird, § 454 I S.5 StPO. Ansonsten soll der Sachverständige nur in Ausnahmefällen bei schwereren Straftaten und erheblichen Zweifeln des Gerichts beauftragt werden, wenn also das Gericht „völlig im Dunkeln tappt" und anders seiner Aufklärungspflicht gem. § 244 II StPO nicht genügen kann.[291]

3. Statistische Methode

Statistische Prognose

Die statistische Prognose arbeitet mit Wahrscheinlichkeitsaussagen, die aufgrund der Häufigkeit bestimmter beim Täter vorliegender Merkmale getroffen werden. Hierzu werden sog. Prognosetafeln herangezogen.

308

Bsp.: Zunächst werden Rückfällige und Nichtrückfällige auf Merkmale hin untersucht, die bei den Rückfälligen besonders häufig vorkommen (Alkoholmißbrauch bei einem Elternteil, Heimaufenthalte, häufiges Wechseln des Arbeitsplatzes, Anzahl der Straftaten in früher Jugend etc.). Hierfür wird an den Betroffenen jeweils ein Punkt verteilt: Je mehr Punkte, desto größer die Rückfallgefahr.

Innerhalb der statistischen Prognose haben sich verschiedene Verfahren herausgebildet:[292]

a) Einfaches Punkteverfahren

Einfaches Punkteverfahren

Hier werden - ohne die Berücksichtigung von „Gutpunkten" - sog. „Schlechtpunkte" verteilt und addiert (siehe Bsp. Rn. 308).

309

b) Punktwertverfahren

Punktwertverfahren

In dem differenzierteren Punktwertverfahren wird jeder Punkt noch einmal gesondert gewichtet, indem die allgemeine Rückfälligkeitsquote für diesen Punkt festgestellt wird und diese Quoten dann zusammengerechnet werden.

310

Bsp.: Die Rückfallwahrscheinlichkeit bei dem Punkt „wenig Zusammenhalt in der Familie" liegt bei 61%. Für einen Betroffenen, auf den dieses Merkmal zutrifft, wird also der Punkt nicht nur einfach gezählt, sondern mit der Gewichtung von 61% berücksichtigt. Dann folgt der nächste Punkt usw.

---

289 KAISER, Kriminologie, 3.Auflage, § 88 Rn. 4.
290 KAISER, Kriminologie, 3.Auflage, § 88 Rn. 6.
291 KAISER/SCHÖCH, Fall 8 Rn. 42.
292 GÖPPINGER, S. 198 f.

c) Strukturprognosetafeln

Strukturprognosetafeln

Noch ausgefeilter sind die Strukturprognosetafeln konstruiert: Es wird zusätzlich zu der Gewichtung der einzelnen Merkmale auch noch die Abhängigkeit der einzelnen Punkte voneinander miteinbezogen.

311

> **HEMMER-METHODE:** Auf diese Merkmale kann in der Klausur zurückgegriffen werden, wenn bspw. nach den passenden Sanktionen für einen Jugendlichen gefragt wird (z.B. Aussetzung der Jugendstrafe zur Bewährung)!

d) Merkmale in Prognosetafeln

Typische Merkmale

Folgende Punkte werden typischerweise in Prognosetafeln angesprochen:[293]

312

- Verhalten der Eltern (Kriminalität, Alkoholmißbrauch, Scheidung)
- Verhalten in der Schule (Sitzenbleiben, Schuleschwänzen)
- Häufiger Arbeitsstellenwechsel
- Erziehungsheimaufenthalte, Ausreißer
- früher Beginn der Delinquenz
- Häufigkeit und Rückfallgeschwindigkeit delinquenten Verhaltens

Des weiteren werden häufig das Erziehungsverhalten der Eltern und der Drogenkonsum als Merkmale aufgeführt.

4. Idealtypisch - vergleichende Methode

Idealtypischer Vergleich

GÖPPINGER[294] entwickelte die Methode des idealtypischen Vergleichs, die die Elemente der einzelnen Prognosemethoden in sich vereinigt. Der Täter wird in seinen sozialen Bezügen betrachtet und zwar

313

- im Lebenslängsschnitt (Vergleich von Straffälligen und Nichtstraffälligen hinsichtlich der gesamten Entwicklung von Kind an),
- im Lebensquerschnitt (gesonderte Betrachtung der Zeit unmittelbar vor der Tat),
- unter Herausarbeitung der sog. Relevanzbezüge und der Wertorientierung des Betroffenen (d.h. die Diagnose soll zusätzlich durch die Werte und Prinzipien des Täters gestützt werden).

II. Vor- und Nachteile der einzelnen Prognosen

1. Intuitive Methode

Vorteile

Die intuitive Methode ist kostengünstig und zeitsparend.

314

Nachteile

Allerdings ist sie nicht objektivierbar und entbehrt daher einer wissenschaftlichen Grundlage. Die Beurteilung divergiert naturgemäß von Richter zu Richter.

---

[293] KAISER, § 88 Rn. 8.

[294] GÖPPINGER, Angewandte Kriminologie, S. 32 ff.

2. Klinische Methode

Vorteile

Durch die besonderen Hilfsmittel und die spezielle Ausbildung bietet die klinische Prognose eine differenziertere Analysemöglichkeit als die intuitive Methode. Auch kann der Beurteilende auf die statistische Prognosetafeln zusätzlich zurückgreifen. Die klinische Prognose läßt insbesondere die Einbeziehung von aktuellen oder vergangenen Lebensphasen (Krisen o.ä.) zu.

Nachteile

Dagegen sprechen jedoch die hohen Kosten und die relativ zeitaufwendige Erstellung der Prognose. Auch ist die Untersuchung stark vom einzelnen Psychiater oder Psychologen abhängig, so daß kein vollständige Objektivität gegeben ist.[295] Im übrigen wird, da naturgemäß die klinische Prognose bei Extremfällen angewandt wird, das breite Mittelfeld vernachlässigt.[296]

315

3. Statistische Methode

Vorteile

Die statistische Prognose weist einen relativ hohen Grad an Zuverlässigkeit auf, d.h. auch bei wiederholter Anwendung bleiben die Ergebnisse gleich.

316

Nachteile

Problematisch ist jedoch die Objektivität,[297] also die Gewährleistung von gleichen Ergebnissen trotz unterschiedlicher Prüfer. Da die Merkmale häufig durch unbestimmte Begriffe („wenig Zusammenhalt in der Familie", „lasche Erziehung des Jungen durch den Vater") definiert werden, versteht jeder Beurteilende hierunter etwas anderes. Zum anderen werden in den Prognosetafeln aktuelle Ereignisse (neue Lehrstelle, Heirat etc.) nicht berücksichtigt. Ebensowenig wird die *Sanktionswirkung* beachtet: Die Wirkungen, die das Urteil und die eventuelle Vollstreckung haben, bleiben außen vor.[298]

4. Grundsätzliche Einwände gegen wissenschaftliche Prognosemethoden

Verstoß gegen die Menschenwürde?

Fraglich ist, ob die Prognose nicht gegen die *Menschenwürde* verstößt, da der Betroffene zum bloßen Objekt wissenschaftlicher Kriterien gemacht wird. Hierzu ist jedoch zu sagen, daß die wissenschaftliche Prognose der Individualität des Betroffenen eher gerecht wird als „unwissenschaftliche Zufallsentscheidungen".[299]

317

Verstoß gegen die Willensfreiheit?

Ebenfalls wird der Einwand geltend gemacht, die Prognose widerspreche der *Willensfreiheit* des Menschen, das Verhalten des Betroffenen dürfe nicht als feststehend angesehen werden, da er sich frei entscheiden könne. Hierzu merkt SCHÖCH an:[300] „Auch ein Indeterminist kann aber einräumen, daß die freien Willensentscheidungen gewisse Regelmäßigkeiten aufweisen, die es ermöglichen, aus vergangenem Verhalten mit statistischer Wahrscheinlichkeit Vorhersagen für künftige Ereignisse zu formulieren."

"Self - fulfilling - prophecy"

Letztendlich wird kritisiert, daß die Prognose eine sog. *"self-fulfilling-prophecy"* sein kann, d.h. eine ungünstige Prognose wirkt so sehr auf den Betroffenen, daß sich diese dann auch verwirklicht. Hiergegen kann mit einer positiven Formulierung der Prognose, die auf den Täter keinen derartig niederschlagenden Effekt hat, angegangen werden.[301]

---

295 KAISER/SCHÖCH, Fall 8 Rn. 9, 39 ff.

296 KAISER, Kriminologie, 3.Auflage, § 88 Rn. 6.

297 Zu den Begriffen Zuverlässigkeit und Objektivität siehe oben Rn. 43.

298 KAISER/SCHÖCH, Fall 8 Rn. 24 ff.

299 KAISER/SCHÖCH, Fall 8 Rn. 16.

300 KAISER/SCHÖCH, Fall 8 Rn. 17.

301 KAISER/SCHÖCH, Fall 8 Rn. 20 ff.

§ 3 SCHULDUNFÄHIGKEIT UND VERMINDERTE SCHULDFÄHIGKEIT GEM. §§ 20, 21 StGB

Die Anordnung einer Strafe setzt unverzichtbar das Vorhandensein der Schuld voraus. Die Exkulpation (§ 20 StGB) bzw. die Dekulpation (§ 21 StGB) ist zweistufig aufgebaut: zunächst muß zumindest einer der vier Befunde vorliegen (krankhafte seelische Störung, tiefgreifende Bewußtseinsstörung, Schwachsinn, schwere andere seelische Abartigkeit), in einem zweiten Schritt muß die Unfähigkeit der Einsichts- oder Handlungsunfähigkeit festgestellt werden.

Krankheitsbegriff

Wichtig ist, daß der enge klinisch - psychiatrische Krankheitsbegriff, nach dem eine *körperliche* Störung vorhanden sein muß, aufgegeben wurde und somit auch psychopathologische Störungen ohne organischen Befund erfaßt werden.[302]

A. Krankhafte seelische Störung[303]

Krankhafte seelische Störung

Hierunter fallen die Psychosen, die Krankheiten im engeren Sinne (also körperlich nachweisbare oder zumindest vermutete Störungen) darstellen.

I. Exogene Psychosen

Exogene Psychosen

Die exogene (von außen in den Körper eindringende) Psychose ist körperlich nachweisbar wie z.B.:

- psychische Schäden nach Hirnverletzungen (z.B. nach Gehirntumor)
- Intoxikationspsychose (z.B. der Alkoholrausch)
- Psychosen aufgrund hirnorganischer Störungen (Epilepsie, Stoffwechselkrankheiten)

II. Endogene Psychosen

Endogene Psychosen

Im Gegensatz zu den exogenen sind die endogenen (von innen kommenden) Psychosen nicht körperlich nachweisbar, sie werden aber vermutet, d.h. postuliert:

- Schizophrenie (Geisteskrankheit)
- Zyklotomie, d.h. manisch-depressive Zustände (Gemütskrankheit)

B. Tiefgreifende Bewußtseinsstörung

Tiefgreifende Bewußtseinsstörung

Hierunter fallen z.B.

- Bewußtseinsstörung aufgrund von Erschöpfung, Übermüdung
- Bewußtseinsstörung aufgrund von Erregungszuständen, Affekt

Wichtig ist, daß das Merkmal "tiefgreifend" eine gewisse Intensität der Störung verlangt, so daß sie den anderen Befunden gleichgestellt werden kann. So muß ein Affekt ohne jedes Vorzeichen "über den Täter hereinbrechen".[304]

---

302 ROXIN, Strafrecht AT Bd.I, § 20 A I Rn. 3.
303 siehe zum folgenden ROXIN, Strafrecht AT Bd.I, § 20 Rn. 1 - 26.
304 KAISER/SCHÖCH, Fall 6 Rn. 36.

§ 3 SCHULDUNFÄHIGKEIT

C. Schwachsinn

Schwachsinn

Schwachsinn meint eine angeborene Intelligenzschwäche ohne nachweisbare Ursachen, wobei nach der Schwere der Intelligenzschwäche unterschieden wird:

- Idiotie (IQ unter 20)
- Imbezillität (IQ von 20 - 50)
- Debilität (IQ von 50 – 70)
- Grenzfälle der Minderbegabung (IQ 70 - 85)

Je eher der Grenzwert der durchschnittlichen Intelligenz erreicht wird, desto seltener wird von verminderter Schuldfähigkeit und erst recht nicht von voller Schuldunfähigkeit ausgegangen.

D. Schwere andere seelische Abartigkeit

Schwere andere seelische Abartigkeit

Hiermit hat der Gesetzgeber den Weg zur Exkulpation von nicht organisch nachweisbaren oder postulierbaren Störungen freigemacht.

- Persönlichkeitsstörungen (auch als Psychopathien bekannt), d.h. meist anlagebedingte Charakterstörungen, die die soziale Anpassungfähigkeiten beeinträchtigen
- Neurosen (*erlebnisbedingte* Verhaltensanomalien)
- Triebstörungen (sexuelle Störungen)
- Sucht, die nicht auf einer akuten Vergiftung beruht.

> **HEMMER-METHODE:** Natürlich wird von Ihnen kein psychiatrisches Gutachten verlangt, Sie sollten aber bei entsprechenden Angaben im Sachverhalt richtig unter die §§ 20, 21 StGB subsumieren können!

§ 4 SANKTIONEN

Strafen und Maßregeln

Das Strafrecht umfaßt Haupt- und Nebenstrafen, Nebenfolgen und Maßregeln der Besserung und Sicherung. Während die Strafe an die Schuld anknüpft (§ 46 StGB), haben die Maßregeln die Besserung und Sicherung, also primär spezialpräventive Aspekte zum Ziel. Die Strafe ist daher (grob vereinfacht) rückwärts und die Maßregeln in die Zukunft gerichtet. Man spricht daher von der *Zweispurigkeit des Strafrechts*. Zu beachten ist jedoch, daß auch die Strafe präventive Zwecke verfolgt, so daß die strikte Trennung der Zielrichtung gar nicht möglich ist.[305]

326

Strafe
- Hauptstrafen:
  - Geldstrafe (§ 40 StGB)
  - Freiheitsstrafe (§ 38 StGB)
- Nebenstrafen:
  - Vermögensstrafe (§ 43a StGB)
  - Fahrverbot (§ 44 StGB)

Maßregeln der Besserung und Sicherung (§§ 61 ff. StGB)
- Psychiatrisches Krankenhaus
- Entziehungsanstalt
- Sicherungsverwahrung
- Führungsaufsicht
- Entziehung der Fahrerlaubnis
- Berufsverbot

Nebenfolgen
- Verlust der Amtsfähigkeit, Wahlrecht (§ 45 StGB)
- Verfall (§§ 73 ff. StGB)
- Einziehung (§§ 74 ff. StGB)

A. Die Freiheitsstrafe

I. Die zeitige Freiheitsstrafe

Zeitige Freiheitsstrafe

Die zeitige Freiheitsstrafe (vgl. § 38 StGB) darf höchstens fünfzehn und muß mindestens einen Monat betragen.

327

1. Die kurze Freiheitsstrafe

Kurze Freiheitsstrafe

Gem. § 47 StGB darf die kurze Freiheitsstrafe (unter sechs Monate) statt einer Geldstrafe nur angeordnet werden, wenn:

---

305 ROXIN, Strafrecht AT Bd.I, § 3 II Rn. 59.

- dies zur Einwirkung auf den Täter unerläßlich ist (Spezialprävention) oder

- zur Verteidigung der Rechtsordnung unerläßlich ist (Generalprävention) und

- besondere Umstände in der Tat oder der Persönlichkeit des Täters vorliegen.

> **HEMMER-METHODE:** Das Merkmal der „Verteidigung der Rechtsordnung" als Ausfluß der positiven Generalprävention findet sich ebenfalls in §§ 56 III, 59 I S.1 Nr.3 StGB.

Wichtig ist, daß die kurze Freiheitsstrafe nur äußerst restriktiv angewandt werden darf (Ultima-ratio-Klausel). Der Betroffene soll nicht unnötig aus seinem sozialen und beruflichen Umfeld herausgerissen werden.

Die kurzfristige Freiheitsstrafe kann z.B. bei sozial eingegliederten Verkehrsstraftätern oder Wirtschaftsstraftätern einen heilsamen Schock auslösen, ohne daß die Gefahr einer „kriminellen Infizierung" in der Vollzugsanstalt zu befürchten ist.[306]

2. Aussetzung zur Bewährung

Aussetzung zur Bewährung

Die zeitige Freiheitsstrafe von bis zu einem Jahr kann gem. § 56 I StGB bei einer günstigen Prognose zur Bewährung ausgesetzt werden.[307] Aber auch bei einer zweijährigen Freiheitsstrafe ist dies möglich, wenn besondere Umstände vorliegen (§ 56 II StGB) wie z.B. das Handeln aus einer unverschuldeten finanziellen Notlage oder einer Ehekrise heraus, positives Nachtatverhalten o.ä.. Das Gericht kann dann die besondere Weisung der Bewährungshilfe gem. § 56d StGB anordnen.

328

Die Aussetzung unterbleibt, wenn die Verteidigung der Rechtsordnung dies gebietet (§ 56 III StGB). Dies ist möglich bei ständigem rechtsfeindlichen Verhalten, Mißbrauch einer beruflichen Stellung (z.B. Arzt, Rechtsanwalt) oder schweren Tatfolgen (z.B. Tötung eines Menschen bei einem Verkehrsunfall).

3. Aussetzung des Strafrestes

Aussetzung des Strafrestes

Nach Verbüßung von zwei Dritteln der Strafe kann gem. § 57 I StGB mit Einwilligung des Gefangenen die Vollstreckung der Reststrafe zur Bewährung ausgesetzt werden, wenn eine positive Verantwortungsprognose vorliegt. Die Anforderungen an die Prognose sind geringer als die in § 56 StGB: Es reicht, wenn das Gericht eine Bewährungschance sieht und keine durchschlagenden Sicherheitsbedenken bestehen. Generalpräventive Aspekte sind hierbei außen vor zu lassen.

329

In manchen Fällen ist bereits die Aussetzung nach der Hälfte möglich (§ 57 III StGB), wenn der Betroffene „Erstverbüßer"[308] ist oder besondere Umstände vorliegen. Hierbei ist streitig, ob generalpräventive Erwägungen mit einbezogen werden können.[309]

---

306 JESCHEK, § 72 III 1.

307 vgl. zum folgenden SCHÄFER, Rn. 118 ff.

308 streitig ist, ob unter Straftaten auch die Untersuchungshaft und die Maßregeln fallen; ablehnend STRENG, S. 102.

309 bejahend STRENG, S. 103.

II. Die lebenslange Freiheitsstrafe

Verfassungsmäßigkeit der lebenslangen Freiheitsstrafe

Das wichtigste Problem dieser schwersten Strafe ist ihre Verfassungsmäßigkeit. Das Bundesverfassungsgericht[310] hat die Verfassungsmäßigkeit bejaht, allerdings nicht ohne Bedingungen: Die Mordmerkmale des § 211 StGB müssen restriktiv ausgelegt werden und es muß - um die Menschenwürde des Betroffenen zu garantieren - die Möglichkeit der früheren Entlassung bestehen (§ 57a StGB). Wenn diese Voraussetzungen gegeben sind, ist bei besonderer Schwere der Schuld (vgl. § 57 I S.1 Nr.2 StGB) auch die lebenslange Vollstreckung nicht verfassungswidrig.[311]

> **HEMMER-METHODE:** Das BVerfG[312] fordert neuerdings eine neue Praxis bei Fragen der Restaussetzung gem. § 57a StGB: Zuständig für die Entscheidung ist gem. §§ 454, 462a StPO die Strafvollstreckungskammer. Da diese nach vielen Jahren auch gem. § 57 I S.1 Nr.2 StGB über die Schwere der Schuld entscheiden mußte, ist jetzt erforderlich, daß bereits im Urteil Feststellungen zur Schuld gemacht werden, auf die die Strafvollstreckungskammer zurückgreift. In "Altfällen" dürfen nur das dem Urteil zugrunde liegende Tatgeschehen und die dazu festgestellten Umstände berücksichtigt werden. Im übrigen muß - wenn die Restaussetzung verneint wird - zumindest die noch zu verbüßende Restdauer in der Entscheidung der Strafvollstreckungskammer festgelegt werden!

B. Die Geldstrafe

Geldstrafe

Die Geldstrafe ist die am häufigsten verhängte Strafe.

I. Tagessatzsystem

Tagessatzsystem

Bei der Bemessung der Geldstrafe wird in zwei Schritten vorgegangen:

- Zuerst wird die Tagessatz*anzahl* festgelegt (§ 40 I StGB), die sich nach der Schuld des Täters bemißt, wobei auch spezial- und generalpräventive Ziele berücksichtigt werden.

- Dann wird die Tagessatz*höhe* bestimmt (§ 40 II StGB), welche sich nach den persönlichen und wirtschaftlichen Verhältnissen (Nettoeinkommen) des Täters richtet.

Somit kann bei großer Schuld zwar eine hohe Anzahl von Tagessätzen angeordnet werden, ist der Täter jedoch verarmt, so wird die Höhe des einzelnen Tagessatzes sehr gering sein. Diese zweiaktige Bemessung soll die ungleiche soziale Wirkung der Geldstrafe abmildern.[313]

II. Sonderprobleme

Bei der Bemessung der Geldstrafe entstehen einige Spezialprobleme.

1. Schätzung der wirtschaftlichen Verhältnisse

Schätzung der wirtschaftlichen Verhältnisse durch das Gericht

Gem. § 40 III StGB können Vermögen, Einkünfte usw. vom Gericht geschätzt werden. Dies ist insbesondere dann erforderlich, wenn der Betroffene keine oder nur unglaubwürdige Angaben macht.

---

310 BVerfGE 45, 187.
311 BVerfGE 72, 105 (116); 64, 261 (272).
312 BVerfGE 86, 288.
313 STRENG, S. 50.

§ 4 SANKTIONEN

Mit der Möglichkeit der Schätzung ist die richterliche Aufklärungspflicht gem. § 244 StPO nicht völlig aufgehoben, sondern nur reduziert.[314] Gerade bei schwereren Fällen mit hoher Tagessatzanzahl sollte das Gericht Nachforschungen über die tatsächliche finanzielle Lage des Täters machen. Dies geschieht in der Praxis jedoch nur selten.[315]

2. Einbeziehung von Verpflichtungen und Vermögen

Unterhaltsverpflichtungen

Von dem ermittelten Einkommen werden Unterhaltsverpflichtungen abgezogen.[316]

334

> *Bsp.: Der Angeklagte hat Frau und Kind. Vom Einkommen wird zunächst der Unterhaltsbeitrag (minus Kindergeld) für das Kind abgezogen, dann wird das restliche Einkommen um 20 % für den Unterhalt der Ehefrau gekürzt.*

Personen ohne Einkünfte

Personen ohne Einkünfte (Arbeitslose, Hausfrauen, Studenten etc.) werden nach ihrem Unterhaltsanspruch oder nach sonstigen Leistungen (Unterstützung, monatlicher Wechsel) beurteilt.

3. Progressionswirkung der Geldstrafe

Progressionswirkung

Bei sehr hohen Tagessatzzahlen (ab 90 Tagessätze) steigt die Wirkung der Geldstrafe nicht mehr linear, sondern progressiv, weil dem Täter nichts mehr für seinen Lebensunterhalt bleibt. Daher muß bei der Tagessatzhöhe eine teleologische Reduktion dahingehend stattfinden, daß die Höhe des einzelnen Tagessatzes etwas gesenkt wird, um einen minimalen Lebensstandard zu gewährleisten.

335

C. Das Fahrverbot

Fahrverbot

Die Nebenstrafe des Fahrverbots (§ 44 StGB) setzt eine Verurteilung wegen einer Straftat im Zusammenhang mit dem Führen eines Fahrzeugs voraus. Sinn und Zweck ist die Denkzettelwirkung, die von dem Fahrverbot ausgeht, es hat somit spezial- und generalpräventive Züge. Das Fahrverbot darf nicht mit der Entziehung der Fahrerlaubnis (§ 69 StGB) verwechselt werden:[317]

336

Unterschiede zur Entziehung der Fahrerlaubnis

- Die Entziehung der Fahrerlaubnis ist eine Maßregel der Besserung und Sicherung und keine Nebenstrafe.

337

- Eine Verurteilung ist nicht erforderlich, wenn sie wegen Schuldunfähigkeit unterbleibt.

- Die Entziehung der Fahrerlaubnis setzt die Ungeeignetheit des Täters voraus. Diese liegt in der Regel vor, wenn eine Katalogtat nach § 69 II StGB begangen wurde. Die Ungeeignetheit (z.B. geistige, körperliche oder charakterliche Mängel) muß sich jedoch aus der Tat selbst ergeben.

- Es muß - im Gegensatz zum Fahrverbot - eine Prognose angestellt werden.

- Bei der Entziehung der Fahrerlaubnis erlischt diese, das Fahrverbot suspendiert die Fahrerlaubnis nur.

---

314 KAISER/SCHÖCH, Fall 10 Rn. 57.
315 JESCHEK, § 73 III 2d.
316 JESCHEK, § 73 III 2a.
317 STRENG, S. 124; SCHÄFER, Rn. 219 f.

D. Maßregeln der Besserung und Sicherung

„Vikariieren"

Die in § 61 StGB genannten Maßregeln der Besserung und Sicherung setzen immer eine Gefährlichkeitsprognose[318] voraus. Sie werden unabhängig von der Schuld angeordnet, stehen jedoch unter dem Vorbehalt der Verhältnismäßigkeit (§ 62 StGB). Maßregeln können auch neben Strafen (bei vermindert Schuldfähigen) verhängt werden, (vgl. für §§ 63, 64 StGB: § 67 I StGB).

338

Die Verbindung nach § 67 I StGB nennt man „Vikariieren".[319] Ausnahmsweise kann die Strafe vor der Maßregel vollzogen werden (§ 67 II StGB). Hiermit soll der "Leidensdruck" des Betroffenen durch die Haft verstärkt und damit die Therapiebereitschaft geweckt werden.

I. Unterbringung in einem psychiatrischen Krankenhaus, § 63 StGB

Psychiatrisches Krankenhaus

Die Unterbringung in einem psychiatrischen Krankenhaus dient dem Schutz der Allgemeinheit (also der Sicherung), wobei während des Aufenthaltes eine Heilung des Betroffenen erreicht werden soll.[320]

339

Voraussetzungen

Voraussetzung ist zum einen eine rechtswidrige Tat, die im Zustand der Schuldunfähigkeit oder der verminderten Schuldfähigkeit begangen wurde. Des weiteren muß eine negative Prognose vorliegen, d.h. von dem Täter sind aufgrund seines andauernden pathologischen Zustandes mit gewisser Wahrscheinlichkeit noch weitere erhebliche Straftaten zu erwarten.[321]

340

Eine Begrenzung der Dauer ist nicht vorgesehen (§ 67d StGB), allerdings ist immer der Verhältnismäßigkeitsgrundsatz gem. § 62 StGB zu beachten. Die Vollstreckung kann gem. § 67d II StGB beim Vorliegen einer günstigen Prognose ausgesetzt werden, wobei hier ein vertretbares Risiko ausreicht. Je länger die Unterbringung bereits andauert, desto intensiver muß die Verhältnismäßigkeit der Fortsetzung geprüft werden.[322]

II. Unterbringung in einer Entziehungsanstalt, § 64 StGB

Entziehungsanstalt

Zweck der Unterbringung in einer Entziehungsanstalt ist primär die Besserung des Täters, weniger die Sicherung.[323]

341

Voraussetzungen

Vorausgesetzt wird, daß der Täter den Hang hat, im Übermaß Rauschmittel zu konsumieren. Er muß eine Tat begangen haben, die im Rausch stattfand oder auf seinen Hang zurückgeht.

Bsp.: Dem heroinabhängigen X werden verschiedene Betrügereien zur Rauschmittelbeschaffung vorgeworfen. Während der Taten selbst war er nicht schuldunfähig, die Taten gehen jedoch auf seinen Hang zurück.

Zuletzt ist erforderlich, daß die Gefahr neuer erheblicher Straftaten aufgrund des Hanges besteht (Prognose).

Die Unterbringung ist auf zwei Jahre begrenzt (§ 67d I S.1 StGB).

---

[318] zum Begriff siehe oben Rn. 304.
[319] ROXIN, Strafrecht AT Bd.I, § 3 II Rn. 61.
[320] JESCHEK, § 77 II 1, 3.
[321] STRENG, S. 136.
[322] BVerfGE 70, 292 (311).
[323] JESCHEK, § 77 III 1.

> **HEMMER-METHODE:** Einige Paragraphen der §§ 64 ff. StGB sind verfassungswidrig (vgl. Fn. zu §§ 64, 67d V, 67 IV S.2 StGB)! Das BVerfG[324] hat entschieden, daß eine Einweisung in eine Entziehungsanstalt nur möglich ist, wenn eine hinreichende Aussicht auf den Erfolg der Entziehungskur besteht. Es muß daher eine positive Eignungsfeststellung stattfinden. Der Betroffene darf also nicht - ohne überhaupt geeignet zu sein - in einer Entziehungsanstalt untergebracht werden, was sich aus dem Gesetzestext des § 64 StGB nicht ergibt. Aus diesem Grunde ist auch die Mindestdauer nach § 67d V StGB verfassungswidrig: Das Gericht soll von vornherein die Möglichkeit der Zweckerreichung bejahen und nicht erst ein Jahr mit dieser Prüfung abwarten!

III. Unterbringung in der Sicherungsverwahrung, § 66 StGB

Sicherungsverwahrung

Die schärfste Maßregel, die Sicherungsverwahrung, hat den Schutz der Allgemeinheit vor gefährlichen Hangtätern zum Ziel.[325]

Voraussetzungen

Der Täter muß zu einer Freiheitsstrafe von mindestens zwei Jahren verurteilt sein, davor müssen bereits zwei Vorverurteilungen (zu mind. einem Jahr Freiheitsstrafe) und eine Vorverbüßung von mind. zwei Jahren liegen. Außerdem ist wiederum eine ungünstige Prognose erforderlich: der Täter muß ein Hangtäter sein, von dem aufgrund des Hanges *erhebliche* (zur Definition siehe § 66 I Nr.3 StGB) Straftaten und damit eine Gefahr für die Allgemeinheit zu befürchten sind.

Definition Hangtäter

> **HEMMER-METHODE:** Hangtäter ist, wer aufgrund seiner eingewurzelten, auf charakterlicher Veranlagung bestehenden oder durch Übung erworbenen intensiven Neigung Rechtsbrüche von besonderer Erheblichkeit begeht.[326] Um dieses festzustellen, muß die Herkunft des Täters (Sozial- und Erziehungsverhältnisse), sein krimineller Werdegang (Häufigkeit und Rückfall), die Art der Straftatenbegehung (professionelle Vorgehensweise), sein Arbeits- und Freizeitverhalten (Drogenkonsum etc.) und sein Charakter betrachtet werden.[327]

Die erste Unterbringung darf zehn Jahre nicht überschreiten (§ 67d I S.1 StGB), die darauf folgenden sind unbegrenzt.[328]

---

324 BVerfGE 91, 1.
325 JESCHEK, § 77 V 1.
326 SCHÖNKE/SCHRÖDER, § 66 Rn. 19 - 38.
327 SCHÖNKE/SCHRÖDER, § 66 Rn. 22 ff.
328 STRENG, S. 152.

§ 5 STRAFZUMESSUNG

Strafzumessung i.e.S. und i.w.S.

Die Strafzumessung meint die Bestimmung der Rechtsfolgen einer Straftat durch den Richter und umfaßt nicht nur die Art und Höhe der Strafe (Strafzumessung im engeren Sinne), sondern auch die Aussetzung zur Bewährung, die Verwarnung mit Strafvorbehalt und das Absehen von Strafe (§§ 59, 60 StGB), die Anordnung von Maßregeln usw. (Strafzumessung im weiteren Sinne). 345

A. Der gesetzliche Strafrahmen

Gesetzlicher Strafrahmen

Das StGB schreibt für fast alle Delikte einen Strafrahmen vor (bspw. in § 223 StGB: Freiheitsstrafe bis zu fünf Jahren oder Geldstrafe). Eine absolute Strafandrohung gibt es nur bei Mord und Völkermord (§ 220a StGB). Das Gesetz schreibt weiterhin gewisse Modifizierungen des Strafrahmens vor: 346

Verschiebung des gesetzlichen Strafrahmens

- minder schwere und besonders schwere Fälle (z.B. §§ 213, 212 StGB)

- Regelbeispiele (z.B. § 243 I S.2 StGB)

- Privilegierungen und Qualifizierungen

- Milderungen gem. § 49 I StGB.

HEMMER-METHODE: Trotz der absoluten Strafandrohung bei Mord hat der BGH die Milderung nach § 49 I StGB analog zugelassen, wenn dies aus Gründen der Verhältnismäßigkeit notwendig ist.[329] 347

B. Richterliche Strafzumessung

Steht der gesetzliche Strafrahmen fest, so stellt sich jetzt die Frage, inwieweit dieser ausgeschöpft wird. Dem Richter steht ein "rechtlich gebundenes Ermessen" zu.[330] 348

I. Orientierung am Regelfall

Orientierung am Regelfall

Zunächst ist problematisch, welche Strafhöhe der Richter anvisieren soll, schließlich stehen ihm weite Strafrahmen zur Auswahl. Die Rechtsprechung lehnt die Bildung des arithmetischen Mittels des gesetzlichen Strafrahmens ab. Vielmehr soll der tatsächlich vorkommende Durchschnittsfall, der in der Regel unter der rechnerischen Mitte liegt, maßgeblich sein (sog. Regelfall).[331] 349

II. Strafzumessung gem. § 46 StGB

Schuld als Grundlage richterlicher Strafzumessung

Die zentrale Strafzumessungsnorm ist § 46 StGB. Grundlage der Strafzumessung ist nämlich gem. § 46 I S.1 StGB die Schuld des Täters, wobei hierunter nicht die Charakter- oder Lebensführungsschuld zu verstehen ist, sondern die Tatschuld.[332] Andererseits hat der Richter auch die individuelle Wirkung der Strafe auf das Leben des Täters zu beachten (§ 46 I S.2 StGB). 350

---

329 BGHSt 30, 105 (118 ff.).
330 BGHSt 1, 175 (177).
331 Schäfer, Rn. 459 ff.; BGHSt 27, 2.
332 Streng, S. 168.

§ 5 STRAFZUMESSUNG

Diese Gegenüberstellung von Schuld und Spezialprävention in Form der Resozialisierung führt zu Widersprüchen, man spricht von der sog. *Antinomie der Strafzwecke*.[333]

Ob darüber hinaus auch die negative Generalprävention (außer in den gesetzlich vorgeschriebenen Fällen, vgl. §§ 47, 56, 59 StGB) in die Strafzumessung einfließen darf, ist streitig.

351

Andererseits hat der Richter auch die individuelle Wirkung der Strafe auf das Leben des Täters zu beachten (§ 46 I S.2 StGB).

> Bsp.: In Regensburg und Umland wurden in letzter Zeit erheblich mehr Raubtaten an älteren Menschen begangen. Richter Traugott fragt sich, ob er bei dem Räuber Kalle „ein Exempel statuieren" darf.

Großteile der Literatur lehnen die Generalprävention in der Strafzumessung ab, da die abschreckende Wirkung nicht ausreichend bewiesen sei.[334]

1. Strafzumessungstheorien

Strafzumessungstheorien

Um die Antinomie der Strafzwecke zu harmonisieren haben sich verschiedene Strafzumessungstheorien entwickelt. Einigkeit besteht jedoch, daß die Strafe nicht das Maß an Schuld des Täters überschreiten darf, d.h. die Strafe muß immer durch die Schuld nach oben hin begrenzt sein und darf nicht aus spezial- oder generalpräventiven Gründen darüber hinaus erhöht werden.[335]

352

a) Spielraumtheorie

Spielraumtheorie

Bei der Spielraumtheorie des BGH gibt es nicht nur eine exakte Strafhöhe, die schuldangemessen ist, sondern einen Schuldrahmen. Innerhalb dieses Spielraums ist Platz für andere Strafzwecke (bspw. Spezialprävention), was dann zur endgültigen Strafhöhe führt.[336]

353

Dieser Ansatz erlaubt zwar eine flexible Handhabung, allerdings ist die Theorie nur schwer in die Praxis umzusetzen. Außerdem ist fraglich, warum mehrere Strafhöhen (innerhalb des Spielraums) schuldangemessen sein sollen.[337]

b) Stellenwerttheorie

Stellenwerttheorie

Bei der Stellenwerttheorie wird im ersten Schritt die Strafhöhe (Strafzumessung i.e.S.) nur nach der Schuld beurteilt. Die Folgeentscheidungen (welche Art der Strafe, Verwarnung mit Strafvorbehalt, Aussetzung zur Bewährung etc., also Strafzumessung i.w.S.) werden unter spezialpräventiven und generalpräventiven (vgl. §§ 47, 56 III StGB) Gesichtspunkten getroffen.[338]

354

Hiergegen wird eingewandt, daß die Konzeption gegen § 46 I S.2 StGB verstieße, da hiernach bereits bei der Feststellung der Strafhöhe (erster Schritt) die Auswirkungen auf den Täter berücksichtigt werden müssen.

---

333 JESCHEK, § 82 III 3.
334 SCHÖNKE/SCHRÖDER, vor § 38 Rn. 13; STRENG, S. 172.
335 ROXIN, Strafrecht AT Bd.I. § 3 I Rn. 47.
336 BGHSt 7, 28 (32).
337 SCHÄFER, Rn. 349; STRENG, S.184.
338 HORN, Systematischer Kommentar zum StGB, § 46 Rn. 33 ff.

Die Stellenwerttheorie wurde noch einmal spezialpräventiv modifiziert und wird damit den Vorgaben aus § 46 I S.2 StGB besser gerecht: Die Spezialprävention, die schon bei der Strafhöhe berücksichtigt werden kann, hat Vorrang vor der Generalprävention, solange das notwendige Minimum an Generalprävention garantiert bleibt.[339]

2. Strafzumessungstatsachen

Strafzumessungstatsachen nach § 46 StGB

Für die Bemessung der Strafe stellt § 46 II StGB Richtlinien auf, die gegeneinander abzuwägen sind.

- Merkmale der Tat: Art der Ausführung, verschuldete (!) Auswirkungen der Tat, Maß der Pflichtwidrigkeit

    Bsp.: Die mit leichtester Fahrlässigkeit begangene Tat wird milder beurteilt als eine schwerwiegende Sorgfaltspflichtverletzung.

- Merkmale des Täters bei der Tat: Beweggründe und Ziele, Gesinnung und aufgewendeter Wille

    Bsp.: Strafmildernd wirkt sich aus, wenn der Täter seinem langjährigen Freund „aus der Patsche helfen" wollte und dies lange wegen Gewissensbissen nicht getan hat, bis er letztendlich doch überredet wurde.

- Merkmale des Täters allgemein: Vorleben und persönliche und wirtschaftliche Verhältnisse

- Merkmale des Täters nach der Tat: Nachtatverhalten, Schadenswiedergutmachung

Nicht genannt, aber dennoch zu berücksichtigen sind eine überlange Verfahrensdauer, die Provokation des Täters, das Opferverhalten und die Kronzeugenregelung.[340]

C. Doppelverwertungsverbote

I. Doppelverwertungsverbot gem. § 46 III StGB

Doppelverwertungsverbot gem. § 46 III StGB

Gem. § 46 III StGB dürfen bei der Strafzumessung gesetzliche Tatbestandsmerkmale nicht noch einmal berücksichtigt werden.

Bsp.: Die Tatsache, daß der fahrlässig Tötende leichtfertig gehandelt hat, darf nicht strafschärfend wirken. Ebensowenig kann bei der Tötung strafschärfend herangezogen werden, daß der Täter ein Menschenleben geringachtet.

Des weiteren darf das Fehlen von strafmildernden Umständen nicht strafschärfend und das Fehlen von strafschärfenden Merkmalen nicht strafmildernd berücksichtigt werden.[341]

Verbraucht wird durch den gesetzlichen Tatbestand jedoch nur das "Daß" der Erfüllung, nicht das "Wie". Somit können die konkreten Auswirkungen (vgl. § 46 II StGB) sehr wohl mit einbezogen werden.[342]

Bsp.: Der Unterschied zwischen einer Ohrfeige und einem Faustschlag kann sehr wohl in die Strafzumessung mit einfließen.

---

339   ROXIN, Strafrecht AT Bd.I, § 3 II Rn. 53; KAISER/SCHÖCH, Fall 10 Rn. 46.
340   STRENG, S. 177, 180 ff.
341   STRENG, S. 206.
342   STRENG, S. 205.

II. Doppelverwertungsverbot gem. § 50 StGB

Doppelverwertungsverbot gem. § 50 StGB

Ein Umstand, der die Tat zu einem minder schweren Fall macht und der zugleich ein gesetzlicher Milderungsgrund gem. § 49 I StGB ist, darf nur einmal berücksichtigt werden, § 50 StGB.

358

> *Bsp.:[343] Die schwer depressive A erstickt ihr Kind, weil sie der Überzeugung ist, ihr Baby hätte eine grauenhafte Zukunft in dieser Welt vor sich. Hier liegt zum einen wegen des Motivs, dem Kind ein unerträgliches Schicksal zu ersparen, ein minder schwerer Fall gem. § 213 StGB vor. Zum anderen ist A nur vermindert schuldfähig gem. § 21 StGB, welches zur Strafmilderung gem. § 49 I StGB führen würde. Letztere Milderung ist jedoch wegen § 50 StGB unzulässig.*

D. Probleme der Strafzumessung

Nachteile der Strafzumessung

Die Strafzumessung weist einige Schwierigkeiten auf: Zum einen sind die Strafrahmen sehr weit gefaßt und bergen daher die Gefahr der ungleichen Behandlung, was im Hinblick auf Art. 3 GG problematisch werden kann. Hierbei ist jedoch zu beachten, daß das Gegenteil - nämlich absolute Strafandrohungen - der individuellen Bestrafung des Täters nicht gerecht werden.[344] Es bestehen regionale und richterspezifische Unterschiede bei der Ausschöpfung des Strafmaßes. Des weiteren ist - wie oben schon dargelegt - die Regelung des § 46 StGB nicht vollständig. Zudem bereitet die Antinomie der Strafzwecke[345] die oben genannten Probleme.

359

Dennoch sind die obersten Instanzen bei der Überprüfung der Strafzumessung sehr zurückhaltend: Die Einbeziehung sachfremder Erwägungen durch das erstinstanzliche Gericht muß sich aufdrängen, wenn ein Verstoß gegen den Gleichheitssatz angenommen werden soll.[346]

---

[343] nach BGHSt 27, 298 (299).
[344] STRENG, S. 162 f.
[345] hierzu oben Rn. 350.
[346] JESCHEK, § 82 II 2.

WIEDERHOLUNGSFRAGEN: RANDNUMMER

FRAGEN ZUM 1.KAPITEL

1. Definieren Sie den Begriff der Kriminologie! *1*
2. Welche Verbrechensbegriff gibt es und wie unterscheiden sie sich? .... *2 ff.*
3. Was versteht man unter dem Schulenstreit? .... *9 ff.*
4. Nennen Sie zwei biologische Kriminalitätstheorien! .... *13 f.*
5. Was sagt das Freud'sche Persönlichkeitsmodell? *15*
6. Nennen Sie die drei wichtigsten sozialpsychologischen Kriminalitätstheorien! .... *17 ff.*
7. Wie erklärt Sutherland das Entstehen von Kriminalität und wie nennt man seine These? *17*
8. Welcher Kritik ist der Labeling - Approach ausgesetzt? *18*
9. Was meint der Begriff der „sekundären Abweichung"? *19*
10. Nennen Sie vier soziologische Kriminalitätstheorien! .... *20 ff.*
11. Was versteht man unter Konformität, Ritualismus, Rebellion, Apathie und Innovation? Zu welcher Theorie gehören diese Begriffe? *20*
12. Welche Delikte werden nicht in der PKS berücksichtigt? *25*
13. Welche Zahlen beinhaltet die PKS? *26*
14. Was versteht man unter einer Häufigkeitszahl und einer Tatverdächtigenbelastungszahl? *26*
15. Welche Fehlerquellen weist die PKS auf? *28*
16. Welche Faktoren müssen bei der Bewertung einer Statistik beachtet werden? *32*
17. Definieren Sie den Begriff „Dunkelfeld"! *34*
18. Welche Methoden stehen der Dunkelfeldforschung zur Verfügung? Welche Fehler können hierbei auftauchen? .... *35 ff.*
19. Erklären Sie die Abhängigkeit zwischen Hell - und Dunkelfeld! Was versteht man in diesem Zusammenhang unter einem Rückkopplungsmechanismus? *37*
20. Erklären Sie die Abhängigkeit zwischen Aufklärungsquote und Dunkelfeld am Beispiel des Ladendiebstahls und des Einbruchdiebstahls! *38*
21. Zählen Sie die einzelnen Schritte auf, die zur Durchführung einer empirischen Untersuchung notwendig sind! .... *40 ff.*
22. Was ist eine Hypothese? *41*
23. Was versteht man unter Operationalisierung? *43*
24. Welche Möglichkeiten gibt es, die Opfer einer Straftat einzuteilen? *48*
25. Nennen Sie typische Beziehungsdelikte! *49*
26. Welche Neutralisationstechniken gibt es? *50*
27. Was versteht man unter Sekundärviktimisierung? *51*
28. Was für Gründe gibt es für ein Opfer, die Straftat nicht anzuzeigen? *52*
29. Was versteht man unter dem Kriminalitätsfurcht - Paradoxon? *54*
30. Wie wird das Opfer im Straf(prozeß)recht geschützt? Nennen Sie mindestens fünf Beispiele! .... *56 f.*
31. Wie lautet der kriminologische Gewaltbegriff? *59*
32. Welche Erklärungsansätze bestehen für die Gewaltkriminalität? *61*
33. Wie lautet die vier Theorien zum Thema „Gewalt in den Medien"? *62*
34. Definieren Sie den Begriff „Organisierte Kriminalität"! Welche Unterschiede zur „Bande" bestehen? .... *64 f.*
35. Nennen Sie typische Delikte der Organisierten Kriminalität! *67*

36. Wie versucht man, die Organisierte Kriminalität zu bekämpfen? Nennen Sie die entsprechenden Gesetze! ... *70*
37. Woran orientiert sich die Rechtsprechung bei der Definition von „Wirtschaftskriminalität"? ... *72*
38. Was versteht man unter Sogwirkung? ... *74*
39. Wo liegen die Probleme in Wirtschaftsstrafsachen? ... *76*
40. Was ist zur Herabsetzung der Promillegrenze auf Null zu sagen? ... *81*
41. Was muß bei der Bewertung der Statistiken über Ausländerkriminalität beachtet werden? ... *83*
42. Wie unterscheiden sich die Erst und Zweite Gastarbeitergeneration voneinander? Welche Kriminalitätstheorie wird hier herangezogen? ... *84 f*
43. Was versteht man unter der Schrittmachertheorie? ... *88*

FRAGEN ZUM 2.KAPITEL:

1. Welche Erklärungen werden für den Anstieg der Jugendkriminalität herangezogen? ... *94*
2. Was versteht man unter der Ubiquität der Jugendkriminalität? ... *95*
3. Welche Merkmale fallen bei Intensivtätern besonders häufig auf? ... *96*
4. Erklären Sie den Anwendungsbereich des JGG! ... *97 f.*
5. Wie ist das Verhältnis von § 3 JGG zu den §§ 20, 21 JGG? ... *105*
6. Welche Rechtsfolgen werden für Heranwachsende angeordnet? ... *106*
7. Nach welchem Gesetz regelt sich die Gerichtszuständigkeit bei Heranwachsenden? ... *107*
8. Wann steht der Heranwachsende einem Jugendlichen i.S.d. § 105 I Nr.1 JGG gleich? ... *110*
9. Nennen Sie die Marburger Richtlinien! ... *111*
10. Was ist eine Jugendverfehlung? ... *112*
11. Welche Sanktionen gibt es im Jugendstrafrecht? ... *113*
12. Nennen Sie mindestens drei Sanktionskombinationen, die unzulässig sind! Wo ist dies geregelt? Welches Prinzip steht dahinter? ... *117 f.*
13. Welches Prinzip gilt bei mehreren Straftaten eines Jugendlichen? Wo ist es geregelt? ... *119 f.*
14. In welchem Fall entsteht ein Problem bei mehreren Straftaten in verschiedenen Alters - und Reifestufen? Wie wird dieses Problem gelöst? ... *124*
15. Welchen Zweck haben Erziehungsmaßregeln? ... *126*
16. Welche Grenzen müssen bei Weisungen beachtet werden? Nennen Sie jeweils ein Beispiel! ... *128 ff.*
17. Unter welchen Voraussetzungen können Zuchtmittel angeordnet werden? ... *134*
18. Was wird am Jugendarrest kritisiert? ... *139*
19. Definieren Sie „schädliche Neigungen" und „Schwere der Schuld" aus § 17 II JGG! ... *143 f.*
20. Welche Strafzwecke spielen bei der Festsetzung der Höhe der Jugendstrafe eine Rolle? ... *146 ff.*
21. Was versteht man unter der Vorbewährung? ... *152*
22. Was meint die Aussetzung der Verhängung? Kann diese mit Jugendarrest verbunden werden? ... *154 f.*
23. Wann ist die große und wann die kleine Jugendkammer zuständig? ... *160 f.*
24. Nennen Sie die Verfahrensbeteiligten im Jugendstrafverfahren! ... *164 ff.*
25. Welche Aufgaben hat die Jugendgerichtshilfe? ... *170*
26. Was versteht man unter Diversion? Wo ist sie geregelt? ... *172*
27. Welche Besonderheiten ergeben sich im Rechtsmittelverfahren für Jugendliche? ... *183 f.*
28. Kann die nächste Instanz mildere oder strengere Sanktionen anordnen? ... *185 f.*
29. Wo ist der Jugendstrafvollzug geregelt? ... *195*

WIEDERHOLUNGSFRAGEN

FRAGEN ZUM 3.KAPITEL:

1. Was taucht in der Strafverfolgungsstatistik, was in der Strafvollzugsstatistik auf? .... 201 f.
2. Was ist der Unterschied zwischen Strafvollstreckung und Strafvollzug? 203
3. Was versteht man unter einem Vollzugsziel und wo ist dieses geregelt? Warum ergibt sich hierbei ein Zielkonflikt? .... 205 ff.
4. Darf die Schwere der Schuld bei Vollzugslockerungen berücksichtigt werden? .... 208 ff.
5. Wie kann die Freiheit des Gefangenen eingeschränkt werden? 214
6. Wann kommt die Generalklausel des § 4 II S.2 StVollzG zur Anwendung? 219
7. Was versteht man unter der „Trennscheibenproblematik"? 221
8. Wie unterscheiden sich der Vollstreckungs - und Vollzugsplan? 226, 229
9. Was wird unter Klassifizierung und Differenzierung verstanden? .... 227 f.
10. Nennen Sie die Vollzugsbeteiligten! .... 232 ff.
11. Wie kann das Besuchsrecht eingeschränkt werden? .... 237 ff.
12. Erklären Sie den Unterschied zwischen Ermessen und unbestimmtem Rechtsbegriff! .... 242 f.
13. Wie kann der Schriftwechsel eingeschränkt werden? .... 245 ff.
14. Wann besteht Flucht - oder Mißbrauchsgefahr i.S.d. § 10 StVollzG? 251
15. Was sind die Voraussetzungen für die Gewährung von Urlaub? .... 253 f.
16. Was ist der Unterschied zwischen Ausführung und Ausgang? 257
17. Welche Möglichkeiten hat der Gefangene, seiner Arbeitspflicht nachzukommen? Wo ist letztere geregelt? .... 258 ff.
18. Kann die Selbstbeschäftigung auch außerhalb der Anstalt ausgeführt werden? 262
19. Hat der Gefangene einen Anspruch auf einen eigenen Fernseher? 267
20. Wann ist die Vollzugsbehörde und wann die Vollstreckungsbehörde zur Festnahme berechtigt? 271
21. Was sind die Voraussetzungen für die Anwendung von unmittelbarem Zwang? 272
22. Welche Voraussetzungen müssen für die Anordnung von Disziplinarmaßnahmen gegeben sein? 275
23. Können gegen „Ausbrecher" Disziplinarmaßnahmen verhängt werden? 276
24. Geben Sie einen Überblick über die Rechtsbehelfe des Gefangenen! .... 277 ff.
25. Welche Punkte werden beim Antrag auf gerichtliche Entscheidung gem. §§ 109 ff. StVollzG in der Zulässigkeit geprüft? .... 280 ff.
26. Wann kann ein Antrag gem. §§ 23 ff. EGGVG in Betracht kommen? 286
27. Welche Normen gelten für die Untersuchungshaft? 288
28. Unterliegt der Untersuchungshäftling einer Arbeitspflicht? Wie ist dies bei Jugendlichen? 290

FRAGEN ZUM 4.KAPITEL:

1. Nennen Sie die bekannten Straftheorien! .... 292 ff.
2. Wo liegen jeweils die Vor - und Nachteile? .... 294 f.,297 f.,300 f.
3. Welche Dreiteilung wird in der Spezialprävention vorgenommen? 296
4. Welche Aussagen treffen Prognosen? 303
5. Wann sind Prognosen erforderlich? Nennen Sie mindestens drei Beispiele! .... 304 f.
6. Welche Prognosemethoden gibt es und wie funktionieren Sie? .... 306 ff.
7. Welche Merkmale tauchen besonders häufig in Prognosetafeln auf? 312
8. Welches sind die Vor - und Nachteile der einzelnen Prognosen? .... 314 ff.
9. Was versteht man unter dem „Ideal - typischen Vergleich"? 313

10. Was ist der Unterschied zwischen endogenen und exogenen Psychosen? Nennen die für jede zwei Beispiele! .... *312 f.*

11. Was versteht man unter einer tiefgreifenden Bewußtseinsstörung? *323*

12. Nennen Sie drei Beispiele für eine schwere andere seelische Abartigkeit! *325*

13. Wie unterscheiden sich Strafe und Maßregeln? *326*

14. Warum wird die kurzfristige Freiheitsstrafe zurückgedrängt? Wo ist dies geregelt? *328*

15. Ist die lebenslange Freiheitsstrafe verfassungsgemäß? *330*

16. Was versteht man und dem Tagessatzsystem? Was bedeutet Progressionswirkung der Geldstrafe? *332, 335*

17. Wie unterscheiden sich das Fahrverbot und die Entziehung der Fahrerlaubnis? *337*

18. Warum sind einige der §§ 64 ff. StGB verfassungswidrig? *342*

19. Was ist ein Hangtäter? *344*

20. Was ist die Grundlage der Strafzumessung? *350*

21. Was versteht man unter der Antinomie der Strafzwecke? *350*

22. Was sagt die Spielraumtheorie, was die Stellenwerttheorie? .... *353 f.*

23. Welche Doppelverwertungsverbote kennen Sie? Nennen Sie Beispiele? .... *357 f.*

24. Welche Probleme ergeben sich bei der Strafzumessung? *359*

STICHWORTVERZEICHNIS

Die Zahlen verweisen auf die Seiten des Skripts

Abgeurteilter	69		Dunkelfeldforschung	11; 12; 18
Absehen von Verfolgung	61		Dunkelzifferrelation	12
Adoptionsforschung	4		Durchsuchung	80
Alkohol	29		Durkhem	7
Altersstufen	37			
Angleichungsgrundsatz	72		Eingliederungshilfe	72
Anomietheorie	6; 35		Einheitsprinzip	43
Anstaltsbeirat	79		Einsichtsfähigkeit	37
Anstaltsleiter	79		Einstellung des Verfahrens	62
Antrag auf gerichtliche Entscheidung	93; 95		Endogene Psychosen	104
Apathie	7		Entkriminalisierung	2
Arbeitspflicht	87		Entlassungsvorbereitungsurlaub	85
Arbeitsurlaub	85		Entziehungsanstalt	111
Ätiologie	1		Erziehungsgedanke	51
Aufklärungsquote	9		Erziehungsmaßregeln	42
Auflage	42; 49		Erziehungsregister	68
Ausbildung	87		ethologisches Modell	4
Ausländerkriminalität	30		Etikettierungsansatz	6; 31
Außenbeschäftigung	86		Exogene Psychosen	104
			Experiment	12; 15
Bande	24			
Beccaria	2		Fahrverbot	109
Befragung	12; 15		Fernsehen	89
Befriedungseffekt	98		Feuerbach	98
Behandlungsplan	75		Forensische Psychologie	1
Behandlungsuntersuchung	78		Fortbildung	87
Beobachtung	15		Franz von Liszt	3
Berufsausbildung	75		Freies Beschäftigungsverhältnis	87
Beschwerde	93		Freigang	86
Besuch	80		Freiheitsbeschränkungen	72
Besuchsverbot	74; 81		Freiheitsstrafe	106
Bewährung	52; 107		kurze	107
Bewährungshilfe	53		lebenslange	108
Beziehungsdelikte	17		zeitige	107
			Freizeit	89
Camorra	25		Freizeitgegenstände	90
Chikago-Schule	7		Freud	5
Cohen	8		Frustrations - Aggressions - Hypothese	5
Cosa Nostra	25			
			Gastarbeitergeneration	
Debilität	105		dritte	31
delinquency areas	7		erste	31
Differenzierung	77		zweite	31
Disziplinarmassnahmen	92		Gefangenenmitverantwortung	79
Diversion	60		Gegenwirkungsgrundsatz	72
Dokumentenanalyse	15		Geldbuße	42
Dollard	5		Geldstrafe	108
Doppelverwertungsverbot	115		Tagessatzsystem	108
Drogen	32		Geldwäschegesetz	26
Drogenkriminalität	32		Generalprävention	51; 52; 98; 107
Dunkelfeld	11		negative	98
Konstanz	13		positive	98
Rückkopplungen	13		Geschichte	2
Dunkelfeldbegriff	12		Gewaltkriminalität	21

Habitualisierungstheorie	23
Handlungsfähigkeit	38
Häufigkeitszahlen	9
Hegel	97
Heimerziehung	43
Hellfeld	13
Heranwachsende	39
Idealkonkurrenz	43
Idiotie	105
Imbezillität	105
Inhibitionstheorie	23
Innovation	7
Institutionenforschung	1
Intensivtäter	35
Jugendarrest	42; 43; 49; 55; 67
Jugendgerichtsgesetz, Anwendungsbereich	36
Jugendgerichtshilfe	59
Jugendkammer	57
große	57
kleine	57
Jugendkriminalität	34
Jugendrichter	56; 58
Jugendschöffengericht	56
Jugendstaatsanwaltschaft	58
Jugendstrafe	42; 43; 50; 67
Jugendstrafrecht	34
Jugendstraftat	42
Jugendverfehlung	39; 41
Kaiser	22
Kant	97
Katharsistheorie	23
Klassifizierung	76
Kölner Richtlinien	59
Konformität	7
Korruptionsbekämpfungsgesetz	26
Krankenhaus, psychiatrisches	110
Krankhafte seelische Störung	104
Endogene Psychosen	104
Exogene Psychosen	104
Kriminalität, Begriff	1
Kriminalitätsarten	20
Kriminalitätsbelastungsziffern	35
Kriminalitätsfurcht	19
Kriminalitätsfurcht - Paradoxon	19
Kriminalitätstheorien	3
Anomietheorie	6
biologische	4
ethologisches Modell	4
Frustrations - Aggressions - Hypothese	5
Kulturkonfliktstheorie	7
labeling - approach	6
Mehrfaktorenansätze	8
ökologische	7
Psychoanalytisches Persönlichkeitsmodell	4
psychologische	4
sozialpsychologische	5
soziologische	6
Subkulturtheorie	8
Theorie der differentiellen Assoziation	5
Theorie der sekundären Abweichung	6
Kriminalitätsverteilung	10
Kriminaltherapie	1
Kulturkonfliktstheorie	7; 31
labeling - approach	6; 11; 31
Lacassagne	3
Lemert	6
Lerneffekt	98
Lockerungen	85
Lombroso	2
Lorenz	4; 22
Mafia	25
Marburger Richtlinien	41
Massenmediale Gewaltdarstellung	23
Maßnahme	93
Mendelsohn	17
Merton	7
Minderbegabung	105
Neukriminalisierung	2
Neurosen	105
Neutralisationstechniken	17
Offener Vollzug	83
Operationalisierung	15
Opfereinteilung	16
Opferentschädigungsgesetz	20
Opferschutzgesetz	20
Organisierte Kriminalität	23
Persönlichkeitsstörungen	105
Phänomenologie	1
Pilotstudie	16
PKS, Fehlerquellen	9
Poenologie	1
Polizeiliche Kriminalstatistik	8
Primärviktimisierung	18
Prisonisierung	72
Prognose	99
Entlassungsprognose	100
Gefährlichkeitsprognose	100
Urteilsprognose	99

STICHWORTVERZEICHNIS

Prognosemethoden	100
idealtypisch-vergleichende Methode	102
Intuitive Methode	100; 102
Klinische Methode	100; 102
Statistische Methode	101; 103
Psychiatrie	1
Psychoanalytisches Persönlichkeitsmodell	4
Punkteverfahren, einfaches	101
Punktwertverfahren	101
Realkonkurrenz	43
Rebellion	7
Rechtsbehelfe	67; 93
Rechtsbeschwerde	95
Rechtsmittelverfahren	64
reformatio in peius	65
Reifestand	40
Reifestufen	37
Reliabilität	15
Resozialisierung	70; 98
Revision	57
Ritualismus	7
Rückfallprävention	34
Rundfunk	89
Russenmafia	25
Schadenswiedergutmachung	20
Schädliche Neigungen	50
Schizophrenie	104
Schriftwechsel	82
Schrittmachertheorie	33
Schuldfähigkeit	39
Schuldgedanke	52
Schuldunfähigkeit	104
Schulenstreit	3
Die Französische Schule	3
Die Italienische Schule	3
Die Marburger Schule	3
Schwachsinn	105
Schwere der Schuld	51
seelische Abartigkeit	105
Sekundärviktimisierung	18
Selbstbeschäftigung	87
self-fulfilling-prophecy	104
Sellin	7
short sharp shock	49
Sicherheit und Ordnung	90
Sicherungsverwahrung	111
Sogwirkung	27
Sozialtherapeutische Anstalt	78
Spezialprävention	98; 107
Statistik	1; 8; 34
Auswertung	11
Stichprobe	16
Stimulationstheorie	23
Strafantritt	75
Strafmakelbeseitigung	68
Strafregister	68
Straftheorien	97
absolute Straftheorie	97
Theorie der Generalprävention	98
Theorie der Spezialprävention	98
Vereinigungstheorien	99
Vergeltungstheorie	97
Strafverfolgungsstatistik	11; 69
Strafvollstreckung	69
Strafvollzug	68; 69
Strafvollzugsstatistik	11; 69
Strafzumessung	51; 112
Strafzumessungstheorien	113
Spielraumtheorie	114
Stellenwerttheorie	114
Strukturprognosetafeln	101
Subkulturtheorie	8
Sucht	32; 105
Sutherland	5
Tarde	3
Täter-Opfer-Ausgleich	20
Tatverdächtigenbelastungszahl	9
Tatverdächtigenzahl	9
teilnehmende Beobachtung	12
Theorie der differentiellen Assoziation	5
Theorie der sekundären Abweichung	6
Tiefgreifende Bewußtseinsstörung	105
Trennscheibe	74
Trennungsprinzipien	76
Triebstörungen	105
Über-Ich	5
Überwachung	81; 82
Gesprächsüberwachung	81
Sichtüberwachung	81
Ubiquität	35
Unmittelbarer Zwang	91
Untersuchung, empirische	14
Untersuchungshaft	65; 95
Urlaub	84
v. Hentig	16
Validität	15
Verantwortlichkeit	37
Verbrechen	1
Begriff	1
Verbrechensbegriff	1
formeller	1
materieller	2
natürlicher	1

soziologischer	2
Verbrechensbekämpfungsgesetz	26
Vergütung	88
Verhängung	54
Verkehrskriminalität	28
verminderte Schuldfähigkeit	104
Verteidiger	58
Vertrauenseffekt	98
Verurteilter	69
Verwarnung	42; 43; 48
Verwendung	88
Viktimologie	1; 16
Vollstreckung	66
Vollstreckungsleiter	66
Vollstreckungsplan	76
Vollzugshelfer	79
Vollzugsleiter	67
Vollzugsplan	76; 77
Vorbewährung	54
Weisung	42; 46
Whyte	8
Wirtschaftskriminalität	26
Zeitschriften	89
Zeitungen	89
Zuchtmittel	42; 48
Zuwanderer	31
Zwillingsforschung	4
Zyklotomie	104

INFO '97

"Wer den Hafen nicht kennt, für den ist kein Wind günstig."
(Seneca)

Der Wind war günstig.

*** *Examensergebnisse Januar 1997* ***
*** *z.B: Kursteilnehmer München* ***
*** *in einem Termin!* ***

2x sehr gut: 14,04; 14,00
14x gut: 13,41; 13,40; 13,30; 13,10; 13,00; 13,00; 12,80; 12,56; 12,50; 12,04; 11,70; 11,56; 11,56; 11,50
20x vollbefriedigend: 11,12; 10,93; 10,83; 10,80; 10,66; 10,62; 10,45; 10,45; 10,30; 10,10; 10,00
9,93; 9,90; 9,87; 9,81; 9,70; 9,54; 9,50; 9,10; 9,10

*** *insgesamt also 36x über 9 Punkte!* ***

**Der Wind war nur günstig,
weil der Hafen bekannt war!**

examenstypisch • anspruchsvoll • umfassend

Juristisches Repetitorium
hemmer

**hemmer/wüst
Verlagsgesellschaft**

Unsere Skripten

hemmer! Die Skripten

.mini-basics

BGB für Einsteiger

.Basics

Basics

Assessor-Basics

.Zivilrecht

BGB-AT/SchR-AT

Schadensersatzrecht I–III

Schuldrecht-BT I/II

Gewährleistungsrecht

Bereicherungsrecht

Deliktsrecht I–II

Sachenrecht I–III

Kreditsicherungsrecht

Erb-/Familienrecht

ZPO I/II

Handels-/Gesellschaftsrecht

Arbeitsrecht

Rückgriffs-/Herausgabeansprüche

IPR

Privatrecht für BWL'er, WiWis & Steuerberater

Überblick

EXAMENSTYPISCH · ANSPRUCHSVOLL · UMFASSEND

auf einen Blick

hemmer! Die Skripten

.Strafrecht

- Strafrecht AT I/II
- Strafrecht BT I/II 
- StPO 
- Kriminologie, Jugendstrafrecht und Strafvollzug 

.Öffentliches Recht

- Verwaltungsrecht I–III
- Staatsrecht I–II 
- Europarecht 
- Völkerrecht 
- Baurecht 
- Polizeirecht 
- Kommunalrecht 
- Steuererklärung leicht gemacht 

.Classics

- Classics

.Fallsammlungen

- Musterklausuren für die Scheine
- Musterklausuren für's Examen 

Überblick

EXAMENSTYPISCH · ANSPRUCHSVOLL · UMFASSEND

Der Aufbau

Neues Lernen mit der Hemmer-Methode

hemmer! Die Skripten

Unsere Skriptenreihe ist logisch und durchdacht aufgebaut:

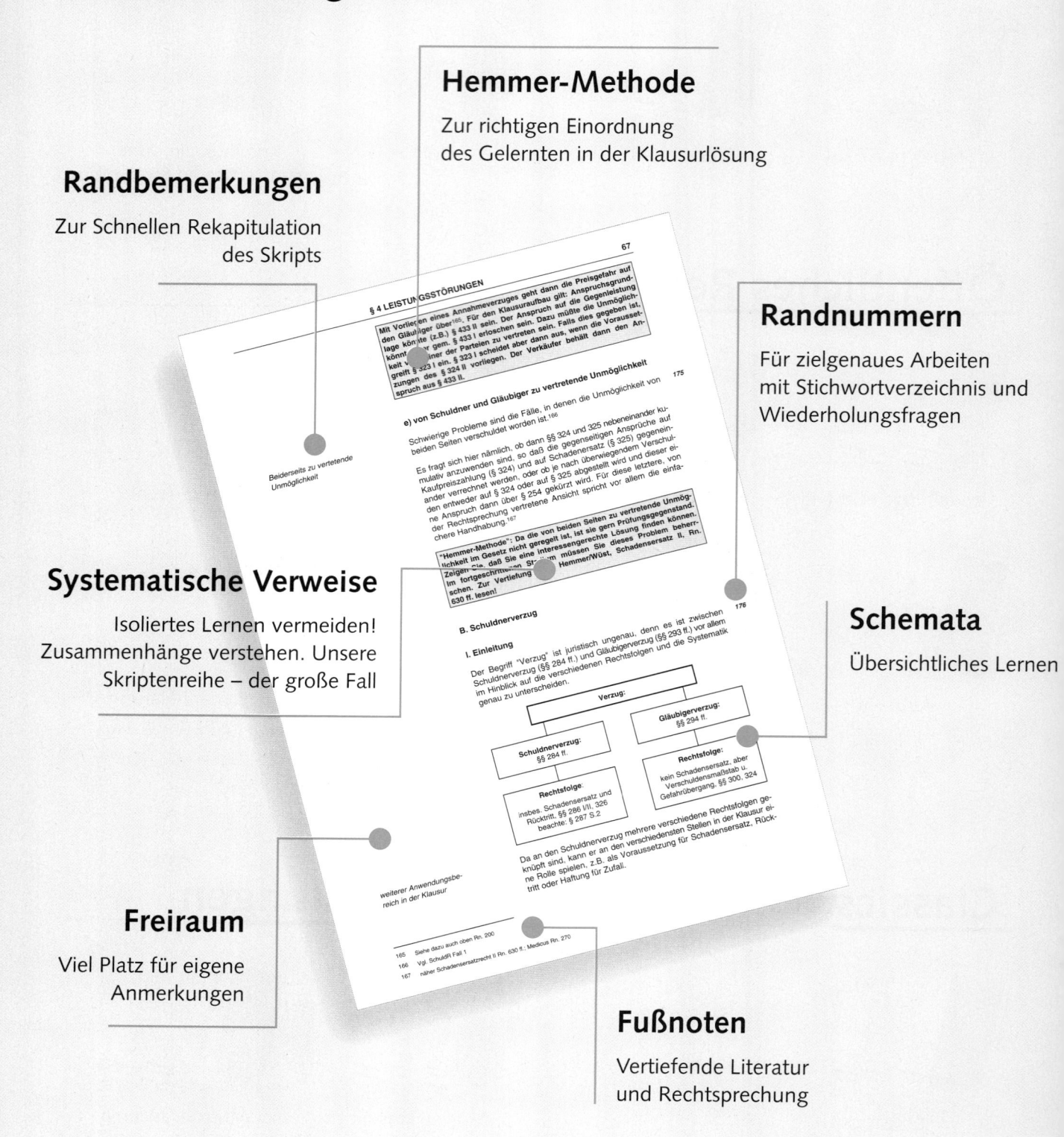

Hemmer-Methode
Zur richtigen Einordnung des Gelernten in der Klausurlösung

Randbemerkungen
Zur Schnellen Rekapitulation des Skripts

Randnummern
Für zielgenaues Arbeiten mit Stichwortverzeichnis und Wiederholungsfragen

Systematische Verweise
Isoliertes Lernen vermeiden! Zusammenhänge verstehen. Unsere Skriptenreihe – der große Fall

Schemata
Übersichtliches Lernen

Freiraum
Viel Platz für eigene Anmerkungen

Fußnoten
Vertiefende Literatur und Rechtsprechung

EXAMENSTYPISCH · ANSPRUCHSVOLL · UMFASSEND

mini-basics
Basics

Neues Lernen mit der Hemmer-Methode

hemmer! Die Skripten

Das Wichtigste in möglichst knapper Form leicht verständlich und klausurtaktisch aufbereitet. Konkrete Hinweise und Hintergrundinformationen erleichtern den Einstieg. Nichts ist wichtiger als richtig zu lernen! Sie sparen Zeit und Nerven! Das Studium macht Ihnen mehr Spaß, wenn Sie schon in den ersten Semestern wissen, mit welchem Anforderungsprofil Sie in Prüfungen zu rechnen haben und wie Sie den Vorstellungen, Ideen und Denkweisen von Klausurerstellern und Korrektoren möglichst nahe kommen. Die Basics behandeln das absolut notwendige Grundwissen. Die Hemmer-Methode vermittelt Ihnen Hintergrundwissen und gibt Ihnen Tips, wie Sie möglichst sicher durch Klausur und Hausarbeit kommen. Stellen Sie die Weichen für ein erfolgreiches Studium mit der Hemmer-Methode frühzeitig richtig.

.BGB für Einsteiger — nur DM 14,80

Jura leicht gelernt! Prüfungstypische Problemfelder des BGB im Westentaschenformat. Der ideale Einstieg ins Zivilrecht für Juristen, aber auch für BWL'er und WiWi's. Verschaffen Sie sich einen schnellen Überblick u.a. über BGB-AT, Schuldrecht, Bereicherungsrecht und Sachenrecht. Leicht und verständlich formuliert und mit vielen kleinen Beispielen. Und Jura macht Spaß!

.Basics Zivilrecht — nur DM 19,90

Vom Vertragsschluß bis zum EBV zeigt Ihnen dieses Skript, worauf es im Zivilrecht ankommt. Die wichtigsten Problemfelder des BGB werden mit der Hemmer-Methode kommentiert und zusätzlich anhand von Grafiken veranschaulicht. Dieses Skript ist sowohl für den Studienanfänger als auch für Endsemester ein unverzichtbares Hilfsmittel zur Prüfungsvorbereitung!

.Basics Strafrecht — nur DM 19,90

Alle klausurwichtigen Probleme und Fragestellungen des materiellen Strafrechts auf einen Blick: Vom StGB-AT bis hin zum StGB-BT finden Sie all das dargestellt, was als Grundlagenwissen im Strafrecht angesehen werden muß. Außerdem werden die wichtigsten Aufbaufragen mit der Hemmer-Methode einfach und leicht nachvollziehbar erläutert.

.Basics Öffentliches Recht — nur DM 19,90

Materielles und prozessuales Verfassungsrecht, ebenso wie Grundfragen des allgemeinen und besonderen Verwaltungsrechts, bilden zusammen mit wichtigen Problemstellungen des Staatshaftungsrechts die Grundlage für dieses Skript. Öffentliches Recht setzt Basiswissen voraus. Nur wenn Sie darin sicher sind, schreiben Sie die gute Klausur. Mit der Hemmer-Methode vermeiden Sie die typischen Fehler.

EXAMENSTYPISCH · ANSPRUCHSVOLL · UMFASSEND

Basics

Neues Lernen mit der Hemmer-Methode

BGB-AT
Schuldrecht-AT

Die Aufteilung der Unwirksamkeitsgründe nach den verschiedenen Büchern des BGB (z.B. BGB-AT, Schuldrecht) entspricht nicht der Struktur des Examensfalls. Unsere Skripten Primäranspruch I–III unterscheiden entsprechend der Fallfrage in Klausur, Hausarbeit und Examen zwischen wirksamen und unwirksamen Verträgen. Die Skripten Primäranspruch I–III sind als großer Fall gedacht und dienen auch als Checkliste für Ihre Prüfung.

.BGB-AT/SchR-AT

nur DM 19,90

BGB-AT · Der Primäranspruch I: Besteht der Vertrag, so kann der Anspruchsteller Erfüllung, z.B. Übereignung, Überlassung der Mietsache verlangen. Dies setzt unter anderem Rechtsfähigkeit der Vertragspartner, eine wirksame Willenserklärung, Zugang und ggf. Bevollmächtigung voraus. Nur wenn ein wirksamer Vertrag vorliegt, entsteht die Leistungspflicht des Schuldners und deren Folgeproblematik wie Wandelung und Schadensersatz.

BGB-AT/SchR-AT · Der Primäranspruch II: Scheitert der Vertrag von vornherein, so entfallen Erfüllungsansprüche. Die Unwirksamkeitsgründe sind im Gesetz verstreut, wie z.B. § 125, § 134, § 2301 BGB. Als konsequentes Rechtsfolgenskriptum sind alle klausurtypischen rechtshindernden Einwendungen zusammengefaßt. Lernen Sie mit der Hemmer-Methode frühzeitig, die im BGB verstreuten Unwirksamkeitsgründe richtig einzuordnen.

BGB-AT/SchR-AT · Der Primäranspruch III: Der Primäranspruch (bzw. Leistungs- oder Erfüllungsanspruch) fällt nachträglich weg, wie z.B. durch Erfüllung, Aufrechnung, Anfechtung, Unmöglichkeit. Nur wer Unwirksamkeitsgründe im Kontext des gescheiterten Vertrags einordnet, lernt richtig. Die rechtshemmenden Einreden bewirken, daß der Berechtigte sein Recht nicht (mehr) geltend machen kann.

EXAMENSTYPISCH · ANSPRUCHSVOLL · UMFASSEND

Schuldrecht-AT/BT

Neues Lernen mit der Hemmer-Methode

hemmer! Die Skripten

Fast in jeder Prüfung werden Sie mit Schadensersatzansprüchen konfrontiert. Schadensersatz ist Ausgleich eines vom Schädiger erlittenen Nachteils, nicht Strafe. Die klausurtypischen Problemfelder des Schadensersatzes (wie u.a. Vermögens-/Nichtvermögensschaden; unmittelbarer/mittelbarer Schaden; Primär- und Sekundärschadensansprüche) werden grundlegend dargestellt. Dabei wird der Reihenfolge in der Klausur Rechnung getragen. Wiederum gilt: Schadensersatz I–III sind Checkliste zur Vorbereitung auf Klausur und Hausarbeit.

.Schadensersatzrecht
nur DM 19,90

Schadensersatzrecht I: Unterschieden wird zwischen vertraglichem Primäranspruch auf Schadensersatz (z.B. selbständiger Garantievertrag), gesetzlicher Garantiehaftung (z.B. §§ 463 S.1, 538 I 1.Alt. BGB) verschuldensabhängigen Gewährleistungsansprüchen sowie Rechtsmängelhaftung. Wichtig ist, die verschuldensunabhängige Schadensersatzverpflichtung von der schuldhaften abzugrenzen.

Schadensersatzrecht II: Behandelt die Klassiker wie Unmöglichkeit, Verzug, pVV, c.i.c. Dabei wird insbesondere Wert gelegt auf die Nahtstellen zum Besonderen Schuldrecht. Das Skriptum will Verständnis schaffen auch für neue Tendenzen im Schadensersatzrecht, wie z.B. die immer weitergehende Billigkeitshaftung bei der c.i.c.

Schadensersatzrecht III: Befaßt sich schwerpunktmäßig mit dem Anspruchsinhalt, d.h. mit der Frage des Umfangs der Ersatzpflicht, also dem "wieviel" eines dem Grunde nach bereits bestehenden Anspruchs. Ein Schadensersatzanspruch setzt bekanntlicherweise voraus, daß sowohl Anspruchsgrund (Haftungstatbestand) als auch der Anspruchsinhalt (Rechtsfolge) gegeben ist.

.Schuldrecht-BT I/II
in Vorbereitung — **nur DM 19,90**

Schuldrecht-BT I: Kaufrecht, Tausch, Schenkung, Miete, VerbrKrG, HaustürWG.

Schuldrecht-BT II: Pacht, Leihe, Darlehen, Leasing und Factoring bis hin zu Schuldversprechen und Schuldanerkenntnis werden umfassend dargestellt. Auch die examenstypischen Problemkreise des Dienst- und Werkvertrags sowie des Reisevertrags dürfen nicht fehlen. Natürlich mit der Hemmer-Methode kommentiert. Ein "Muß" für jeden Juristen.

Erscheinungstermin voraussichtlich Mai 1998

EXAMENSTYPISCH · ANSPRUCHSVOLL · UMFASSEND

Neues Lernen mit der Hemmer-Methode

Schuldrecht-BT

Gewährleistungsrecht, Bereicherungsrecht und Deliktsrecht sind die "Klassiker" jedes Examens. Genaue Kenntnisse der Zusammenhänge innerhalb der einzelnen Rechtsgebiete sowie deren Konkurrenzverhältnis sind absolut unerläßlich. Die Hemmer-Methode schärft Ihr Problembewußtsein.

.Gewährleistungsrecht

nur DM 19,90

Im Vordergrund des Gewährleistungsrechts steht die Störung des Äquivalenzinteresses: Leistung und Gegenleistung sind nicht gleichwertig. Nur wer die Möglichkeiten des Gläubigers wie Erfüllung/Nachlieferung/Nachbesserung/ Wandelung/Minderung/Schadensersatz im Verhältnis zu den allgemeinen Bestimmungen (z.B. §§ 119 II; 320 ff. BGB; pVV) verstanden hat, hat klausurtypisch gelernt. Die Hemmer-Methode dient der Orientierung und erleichtert es, das Gewährleistungsrecht als Ganzes einzuordnen und zu verstehen.

.Bereicherungsrecht

nur DM 19,90

Die §§ 812 ff. BGB sind regelmäßig die Folge unwirksamer Verträge. Abgrenzungsprobleme gibt es u.a. zum Wegfall der Geschäftsgrundlage (z.B. Rückabwicklung bei der nichtehelichen Lebensgemeinschaft) und §§ 987 ff. BGB. Die Hemmer-Methode versteht sich als Gebrauchsanweisung für die erfolgreiche Bewältigung des anspruchsvollen Rechtsgebiets Bereicherungsrecht. Ohne Verständnis für dieses Rechtsgebiet bleibt der Zusammenhang im Zivilrecht im Dunkeln.

.Deliktsrecht

nur DM 19,90

Deliktsrecht I: Sämtliche klausurrelevanten Problemfelder der §§ 823 ff. werden umfassend behandelt. § 823 I BGB ist als elementarer, strafrechtsähnlicher Grundtatbestand leicht erlernbar. Die typischen Klausurprobleme wie Kausalität wurden besonders mit der Hemmer-Methode kommentiert. So vermeiden Sie häufig vorkommende Fehler. Auch bei § 831 BGB sollte nicht zu oberflächlich gelernt werden. Keinesfalls darf man sich zu früh auf den sog. "Entlastungsbeweis" stürzen.

Deliktsrecht II: Bei der Gefährdungshaftung steht im Vordergrund nicht die Tat, sondern die Zurechnung für einen geschaffenen Gefahrenkreis. Aus diesem Grund entfällt z.B. die Adäquanz bei § 833 S. 1 BGB im Rahmen der Kausalitätsprüfung. Klausurrelevant sind auch die Haftung nach StVG und ProdHaftG.

EXAMENSTYPISCH · ANSPRUCHSVOLL · UMFASSEND

Sachenrecht

Neues Lernen mit der Hemmer-Methode

Sachenrecht ist durch immer wiederkehrende examenstypische Problemfelder gut ausrechenbar. Anders als das Schuldrecht ist es ein klar strukturiertes Rechtsgebiet. In der Regel besteht deswegen eine feste Vorstellung, wie der Fall zu lösen ist. Deshalb gilt es gerade hier, mit der Hemmer-Methode den Ersteller der Klausur als imaginären Gegner zu erfassen. Es gilt, Begriffe wie Widerspruch und Vormerkung in ihrer rechtlichen Wirkung zu begreifen und in den Kontext der Klausur einzuordnen.

.Sachenrecht — nur DM 19,90

Sachenrecht I: Die allgemeinen Lehren des Sachenrechts wie z.B. Abstraktionsprinzip, Publizität, numerus clausus sind für den Einstieg und ein grundlegendes Verständnis der Materie unabdingbar. Die Hemmer-Methode vermittelt den ständigen Fallbezug, "trockenes" Lernen wird vermieden. Im Vordergrund stehen Be-sitzrecht und das examenstypische Eigentümer-Besitzer-Verhältnis. Schließlich lernen Sie auch den Beseitigungsanspruch aus § 1004 BGB kennen.

Sachenrecht II behandelt den Erwerb dinglicher Rechte an beweglichen Sachen. Neben dem Erwerb kraft Gesetzes ist Schwerpunkt der rechtsgeschäftliche Erwerb des Eigentums. Daneben geht es um die klausurrelevanten Probleme beim Pfandrecht, der Sicherungsübereignung und dem Anwartschaftsrecht des Vorbehaltsverkäufers. Zahlreiche Beispiele und Hinweise in der Hemmer-Methode ermöglichen ein anschauliches Lernen und stellen die nötigen Querverbindungen her.

Sachenrecht III gibt einen umfassenden Überblick über die examensrelevanten Gebiete des Grundstückrechts. Lernen Sie die klassischen im Examen immer wiederkehrenden Probleme gutgläubiger Erst- und Zweiterwerb der Vormerkung, Mitreißtheorie beim gutgläubigen Erwerb einer Hypothek etc., richtig einzuordnen.

.Kreditsicherungsrecht — nur DM 19,90

Der Clou! "Wettlauf der Sicherungsgeber", "Verhältnis Hypothek zur Grundschuld", "Verlängerter Eigentumsvorbehalt und Globalzession/Faktoring" sind häufig Prüfungsgegenstand. Lernen Sie das, was zusammen gehört, als zusammengehörend zu betrachten: Wie sichere ich neben dem bestehenden Rückzahlungsanspruch einen Kredit? Unterschieden werden Personalsicherheiten (Bürgschaft, Schuldbeitritt, Schuldmitübernahme und Garantievertrag), Mobiliarsicherheiten (Sicherungsübereignung, Sicherungsabtretung, Eigentumsvorbehalt und Pfandrecht) sowie Immobiliarsicherheiten (Grundschuld und Hypothek). Nur wer die Unterscheidung zwischen akzessorischen und nichtakzessorischen Sicherungsmitteln verstanden hat, geht unbesorgt in die Prüfung.

EXAMENSTYPISCH · ANSPRUCHSVOLL · UMFASSEND

Neues Lernen mit der Hemmer-Methode

Erbrecht Familienrecht

Grundlegendes zum Erb- und Familienrecht gehört schon fast zum "Allgemein-Wissen". Das Gesetz selbst ist klar strukturiert. Es geht hier um Nachvollziehbarkeit und Berechenbarkeit. Für den Ersteller der Klausur ist Erb-/Familienrecht eine dankbare Fundgrube für Prüfungsfälle (u.a.: im Erbrecht die gesetzliche oder die gewillkürte Erbfolge, Widerruf, Anfechtung, gemeinschaftliches Testament, Vermächtnis; u.a. im Familienrecht: Ehestörungsklage, Zugewinnausgleich, nichteheliche Lebensgemeinschaft, Kindschaftsrecht).

.Erbrecht

nur DM 19,90

"Erben werden geboren, nicht gekoren" oder "Erben werden gezeugt, nicht geschrieben" deuten auf germanischen Einfluß mit seinem Sippengedanken. Das Prinzip der Universalsukzession und die Testamentsidee sind römisch-rechtliche Tradition. Die Spannung zwischen individualistischem (der Erbe steht im Vordergrund) und kollektivistischem Ansatz (die Sippe ist privilegiert) ist auch für die Klausur von großer praktischer Relevanz, z.B. gesetzliche oder gewillkürte Erbfolge, Formwirksamkeit des Testaments (auch gemeinschaftliches Testament und Erbvertrag), Widerruf und Anfechtung, Bestimmung durch Dritte, Vor- und Nach- sowie Ersatzerbschaft, Vermächtnis, Pflichtteilsrecht, Erbschaftsbesitz, Miterben, Erbschein. Auch die dingliche Surrogation, z.B. bei § 2019 BGB, und das Verhältnis Erbrecht zum Gesellschaftsrecht sollten als prüfungsrelevant bekannt sein.

.Familienrecht

nur DM 19,90

Das Familienrecht wird häufig in Verbindung mit anderen Rechtsgebieten geprüft. So sind z.B. §§ 1357, 1365, 1369 BGB Schnittstelle zum BGB-AT und nur in diesem Kontext verständlich. Die sog. "Ehestörungsklage" hat ihre Bedeutung bei §§ 823 und 1004 BGB. Da nur der geschädigte Ehegatte einen eigenen Schadensersatzanspruch gegen den Schädiger hat, stellen sich Probleme der Vorteilsanrechnung, vgl. § 843 IV BGB und Fragen beim Regreß. Von Bedeutung sind bei der "Nichtehelichen Lebensgemeinschaft" Bereicherungsrecht und, wie bei Eheleuten auch, familienrechtliche Bestimmungen sowie das Recht der BGB-Gesellschaft. Die typischen Problemkreise des Familienrechts sind berechenbar und damit leicht erlernbar.

EXAMENSTYPISCH · ANSPRUCHSVOLL · UMFASSEND

ZPO · HGB · ArbR

Neues Lernen mit der Hemmer-Methode

ZPO, HGB und Arbeitsrecht werden auch im Ersten Examen immer beliebter. Grund dafür ist die überragende Bedeutung dieser Rechtsgebiete in der Praxis. Nur wer rechtzeitig prozessuale, handelsrechtliche und arbeitsrechtliche Fragestellungen beherrscht, meistert dann auch die verkürzte Referendarzeit.

.Zivilprozeßrecht I/II

nur DM 19,90

Versäumnisurteil, Erledigung, Streitverkündung, Berufung (ZPO I, sog. Erkenntnisverfahren) sowie Drittwiderspruchsklage, Erinnerung (ZPO II, sog. Vollstreckungsverfahren) sind mit der Hemmer-Methode leicht verständlich für die Klausuranwendung aufbereitet. Von den vielen Bestimmungen der ZPO sind insbesondere diejenigen, die mit materiellrechtlichen Problemen verknüpft werden können, klausurrelevant. ZPO-Probleme werden nur dann richtig erfaßt und damit auch für die Klausur handhabbar, wenn man den praktischen Hintergrund verstanden hat. Dies erleichtert Ihnen die Hemmer-Methode.

.Handels-/Gesellschaftsrecht

nur DM 19,90

Handelsrecht ermöglicht den Klausurerstellern bestehende BGB-Probleme durch Sonderbestimmungen (z.B. § 15 HGB, Prokura) und/oder Handelsbrauch zu verlängern. Fragen des Gesellschaftsrechts, insbesondere die Haftungsproblematik, sind schwerpunktmäßig mit der Hemmer-Methode für die Klausurbearbeitung aufbereitet. Dabei gilt: Richtig gelernt ist häufig mehr! Mit Kenntnis der angesprochenen Problemkreise gehen Sie sicher in die (Examens-)klausur.

.Arbeitsrecht

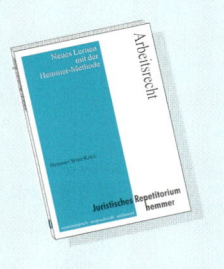

nur DM 19,90

Arbeitsrecht ist stark von Richterrecht geprägt und hat sich auch, wie z.B. im Streikrecht, praeter legem entwickelt. Gerade aus diesen Gründen ist die Arbeitsrechtsklausur im Regelfall standardisiert: Kündigungsschutz (Feststellungsklage) und Lohnzahlung (Leistungsklage) bilden häufig das Grundgerüst. Eingestreut sind regelmäßig Probleme wie z.B. Gratifikationen, Urlaubsabgeltungsanspruch, faktische Bindung und Anwendbarkeit der Grundrechte. Das Skript ist klausurorientiert aufgebaut und wird mit der Hemmer-Methode zur idealen Gebrauchsanweisung für Ihre Arbeitsrechtsklausur.

EXAMENSTYPISCH · ANSPRUCHSVOLL · UMFASSEND

hemmer! Die Skripten

Neues Lernen mit der Hemmer-Methode

Sonderskripten

Über 20 Jahre Erfahrung in der Juristenausbildung kommen jetzt auch BWL'ern, WiWi's und Steuerberatern zugute. Gerade nicht verwissenschaftlicht kommt Jura 'rüber.
Wegen der ständig zunehmenden Verflechtung der internationalen Beziehungen gewinnt das IPR immer mehr an Bedeutung. Fälle mit Auslandsberührung sind inzwischen alles andere als eine Seltenheit.

.Herausgabeansprüche
nur DM 19,90

Der Band setzt das konsequente Rechtsfolgesystem der bisherigen Skripten fort. Ansprüche auf Herausgabe sind in Klausur (klassisches Examensproblem) und Praxis von wesentlicher Bedeutung. Die Anspruchsgrundlagen sind in verschiedenen Rechtsgebieten verstreut. Verschaffen Sie sich frühzeitig einen Überblick.

.Rückgriffsansprüche
nur DM 19,90

Der Regeß ist examenstypisch. Dreiecksbeziehungen sind nicht nur im wirklichen Leben problematisch, sondern auch im Recht. Der Band gibt unsere Erfahrungen mit den verschiedenen Examenskonstellationen wieder. Beispielshaft ist die Begleichung einer Schuld durch einen Dritten und der Regreß beim Schuldner. In Betracht kommen häufig GoA, Gesamtschuld und Bereicherungsrecht.

.Internationales Privatrecht
nur DM 19,90

In der Praxis wird der Jurist von morgen nicht darum herumkommen, sich mit IPR zu beschäftigen. Internationale Verflechtungen gewinnen an Bedeutung. Es wird auch den nationalen "Scheuklappen" entgegen gewirkt. Das Skript ist fallorientiert und ermöglicht den leichten Einstieg.

.Privatrecht für BWL'er, WiWis & Steuerberater
nur DM 19,90

Schneller – leichter – effektiver! Denken macht Spaß und Jura wird leicht. Gerade für "Nichtjuristen" ist wichtig, was und wie Sie Jura lernen sollen, wie Gelerntes in der Klausur angewendet wird. Wir geben Ihnen gezielte Tips und verraten typische Denkmuster von Klausurerstellern. Viele Fallbeispiele erleichtern das Verstehen.

EXAMENSTYPISCH · ANSPRUCHSVOLL · UMFASSEND

Strafrecht
Strafprozeßrecht
Kriminologie

Neues Lernen mit der Hemmer-Methode

hemmer! Die Skripten

Eine zweistellige Punktezahl ist im Strafrecht immer im Bereich des Möglichen. Gerade im Strafrecht ist es wichtig, die Klassiker genau zu kennen. Im Strafrecht/Strafprozeßrecht wird Ihre Belastbarkeit getestet: Innerhalb relativ kurzer Zeit müssen viele Problemkreise "abgehakt" werden.

.Strafrecht-AT I/II

nur DM **19,90**

Im Strafrecht-AT I finden Sie u.a. allgemeine Hinweise zum Aufbau von Klausur und Hausarbeit, das vorsätzliche Begehungs- wie auch Unterlassungsdelikt sowie das Fahrlässigkeitsdelikt. Anwendungsorientiert werden Ihnen im AT II z.B. die Problemkreise Versuch (insbesondere Rücktritt vom Versuch), Täterschaft und Teilnahme (z.B. "Täter hinter dem Täter"), die Irrtumslehre (z.B. "aberratio ictus") usw. vermittelt.

.Strafrecht-BT I/II

nur DM **19,90**

Bei den Klassikern wie u.a. Diebstahl, Betrug einschließlich Computerbetrug, Erpressung, Hehlerei, Untreue (BT I) und Totschlag, Mord, Körperverletzungsdelikten, Aussagedelikten, Urkundsdelikten, Straßenverkehrsgefährdungsdelikten (BT II) sollte man sich keine Fehltritte leisten. Mit der Hemmer-Methode wird der verständnisvolle Umgang mit Fällen, die im Grenzbereich eines oder mehrerer Tatbestände liegen, eingeübt. Auf klausurtypische Fallkonstellationen wird hingewiesen.

.StPO

nur DM **19,90**

Strafprozeßrecht hat durch die Verkürzung der Referendarzeit auch im Ersten Juristischen Staatsexamen an Bedeutung gewonnen: Begriffe wie Legalitätsprinzip, Opportunitätsprinzip, Akkusationsprinzip dürfen dann keine Fremdworte mehr sein. Lernen Sie spielerisch die Abgrenzung von strafprozessualem und materiellem Tatbegriff. Finden Sie stets den richtigen Kontext mit der Hemmer-Methode.

.Kriminologie, Jugendstrafrecht und Strafvollzug

nur DM **19,90**

Kriminologie ist eine interdisziplinäre Erfahrungswissenschaft und umfaßt im wesentlichen Aspekte des Strafrechts, der Soziologie, der Psychologie und der Psychatrie. Erscheinungsformen und Ursachen von Kriminalität, der Täter, aber auch das Opfer und Kontrolle und Behandlung des Straftäters stehen im Mittelpunkt. Nicht nur ideal für die Wahlfachgruppe.

Strafrecht · Strafprozeßrecht · Kriminologie

EXAMENSTYPISCH · ANSPRUCHSVOLL · UMFASSEND

Neues Lernen mit der Hemmer-Methode

Verwaltungsrecht

hemmer! Die Skripten

Auch die Verwaltungsrechtsskripten sind klausur- und hausarbeitsorientiert und damit als großer Fall zu verstehen. Trainieren Sie Verwaltungsrecht mit uns so, wie Sie es in der Klausur brauchen. Lesen Sie die Skripten wie ein großes Schema. Lernen Sie mit der Hemmer-Methode die richtige Einordnung. Im öffentlichen Recht gilt: Wenig Dogmatik – viel Gesetz. Gehen Sie deshalb mit dem sicheren Gefühl in die Prüfung, die Dogmatik genau zu kennen und zu wissen, wo Sie was wie zu prüfen haben. Wie Sie mit der Dogmatik in Klausur und Hausarbeit richtig umgehen, vermittelt Ihnen die Hemmer-Methode.

.Verwaltungsrecht

nur DM **19,90**

Verwaltungsrecht I: Die zentrale Klageart in der VwGO ist die Anfechtungsklage. Wie ein großer Fall sind im Verwaltungsrecht I die klausurtypischen Probleme sowohl der Zulässigkeit (z.B. Vorliegen eines VA, Probleme der Klagebefugnis, Vorverfahren) als auch der Begründetheit (z.B. Ermächtigungsgrundlage, formelle Rechtmäßigkeit des VA, Rücknahme und Widerruf von VAen) entsprechend der Reihenfolge in der Klausur grundlegend dargestellt.

Verwaltungsrecht II: Auch hier wird die richtige Einordnung der Prüfungspunkte im Rahmen der Zulässigkeit und Begründetheit von Verpflichtungsklage, Fortsetzungsfeststellungsklage, Leistungsklage, Feststellungsklage, Normenkontrolle eingeübt. Die gleichzeitige Darstellung typischer Fragestellungen der Begründetheit der einzelnen Klagearten, macht dieses Skript zu einem unentbehrlichen Hilfsmittel für die Vorbereitung auf Zwischenprüfungen und Examina.

Verwaltungsrecht III: Widerspruchsverfahren, vorbeugender und vorläufiger Rechtsschutz (insbesondere §§ 80 V, 123 VwGO), Rechtsmittel (Berufung und Revision) sowie Sonderprobleme des Verwaltungsprozeß- und allgemeinen Verwaltungsrechts sind danach für Sie keine "Fremdwörter" mehr. Profitieren Sie von unseren gezielten Tips! Wir sind als Repetitoren Sachkenner von Prüfungsfällen.

.Steuererklärung leicht gemacht

nur DM **19,90**

Das Skript gibt alle erforderlichen Anleitungen und geldwerte Tips für die selbständige Erstellung der Einkommensteuererklärung. Zur Verdeutlichung sind Beispielsfälle eingebaut, deren Lösungen als Grundlage für die eigene Steuererklärung verwendet werden können.

EXAMENSTYPISCH · ANSPRUCHSVOLL · UMFASSEND

Staatsrecht
Europarecht
Völkerrecht

Neues Lernen mit der Hemmer-Methode

hemmer! Die Skripten

Stoffauswahl und Schwerpunktbildung von Verfassungsrecht (Staatsrecht I) und Staatsorganisationsrecht (Staatsrecht II) orientieren sich am praktischen Bedürfnis von Klausur und Hausarbeit. Da in diesem Bereich häufig nach dem Prinzip "terra incognita" gelernt wurde, gilt es Lücken zu schließen. Wer Staatsrecht richtig gelernt hat, kann sich jedem Fall stellen. Lernen Sie mit der Hemmer-Methode, sich Ihres Verstandes zu bedienen. Es gilt der Wahlspruch der Aufklärung: "sapere aude" (Wage Dich Deines Verstandes zu bedienen); Kant, auf ihn Bezug nehmend Karl Popper (Beck'sche Reihe "Große Denker").

.Staatsrecht
nur DM 19,90

Staatsrecht I: Die Grundrechte sind das Herzstück der Verfassung. Zulässigkeit und Begründetheit der Verfassungsbeschwerde geben jedem Klausurersteller die Möglichkeit, Grundrechtsverständnis abzuprüfen. Die einzelnen Grundrechte werden im Rahmen der Begründetheit der Verfassungsbeschwerde umfassend erklärt. Lernen Sie mit der Hemmer-Methode den richtigen Fallaufbau, auf den gerade im öffentlichen Recht besonders viel Wert gelegt wird.

Staatsrecht II: Speziell hier gilt: Die wenigen Klassiker, die immer wieder in der Klausur eingebaut sind, muß man kennen. Dies sind im Prozeßrecht: Organstreitigkeiten, abstrakte und konkrete Normenkontrolle, föderale Streitigkeiten (Bund-/Länderstreitigkeiten); im materiellen Recht: Staatszielbestimmungen (Art. 20 GG), Finanzverfassung, oberste Staatsorgane, Gesetzgebungskompetenz und -verfahren, Verwaltungsorganisation, politische Parteien, auswärtige Gewalt.

.Europarecht
nur DM 19,90

In Zeiten unüberschaubarer Normenflut (jetzt auch noch Prüfunggegenstand EG-Recht!) ermöglicht dieses Skript die zum Verständnis notwendige Orientierung und Vereinfachung. Die klausurtypische Darstellung stellt die Weichen für Ihren Lernprozeß. Das Skriptum erfreut sich großer Beliebtheit bei Studenten und Referendaren. Verständlich und klar strukturiert erspart es Zeit und dient dem Allgemeinverständnis für dieses in Zukunft immer wichtiger werdende Prüfungsgebiet.

.Völkerrecht
nur DM 19,90

Die Probleme im Völkerrecht sind begrenzt. Der Band vermittelt den Einstieg in die Rechtsmaterie und stellt die wichtigsten Probleme des Völkerrechts dar. Ergänzt durch Beispielsfälle und die Judikatur des IGH ist dieses Skript ein unverzichtbares Hilfsmittel.

EXAMENSTYPISCH · ANSPRUCHSVOLL · UMFASSEND

Neues Lernen mit der Hemmer-Methode

Landesrechtliche Skripten

Das besondere Verwaltungsrecht ist schwerpunktmäßig in den jeweiligen Ländergesetzen geregelt. Erfolgreiche und examenstypische Vorbereitung ist daher nur mit solchen Materialien möglich, in denen die landesspezifischen Besonderheiten dargestellt werden. Auch die Praxis kann nur mit den jeweils einschlägigen landesrechtlichen Vorschriften arbeiten – und die gilt es in Lehrbüchern erst einmal zu finden. Für solche hochspezialisierten Anforderungen wurde unsere landesrechtliche Reihe konzipiert – jedes Skript mit Hemmer-Methode zum günstigen Einzelpreis von 19,90 DM!

.Baurecht

nur DM **19,90**

Bauplanungs- und Bauordnungsrecht werden in klausurtypischer Aufarbeitung so dargestellt, daß selbst der Anfänger innerhalb kürzester Zeit die Systematik des Baurechts erlernt. Vertieft dargestellt werden darüber hinaus alle wichtigen Spezialprobleme des Baurechts wie gemeindliches Einvernehmen, Vorbescheid, Erlaß von Bebauungsplänen etc. – ein Muß für jeden Examenskandidaten!

Bislang für folgende Länder*
Bayern, Thüringen, Sachsen-Anhalt, NRW, Rheinland-Pfalz, Saarland

.Polizeirecht

nur DM **19,90**

Gerade das Polizei- und/oder Sicherheitsrecht stellt sich von Bundesland zu Bundesland unterschiedlich dar: Hier kommt die Stärke der landesrechtlichen Skripten voll zur Geltung! Lernen Sie im jeweils regionalen Kontext die Begriffe Primär- und Sekundärmaßnahme, Konnexität, Anscheins- und Putativgefahr usw. Der Aufbau des Skripts orientiert sich an der typischen Systematik der Polizeirechtsklausur.

Bislang für folgende Länder*
Bayern, Thüringen

.Kommunalrecht

nur DM **19,90**

In vielen Bundesländern ist Kommunalrecht das Herz der verwaltungsrechtlichen Klausur, da es sich mit den meisten anderen Bereichen des Verwaltungsrecht-BTs hervorragend verbinden läßt: Begriffe wie eigener und übertragener Wirkungskreis, Kommunalaufsicht, Verbands- und Organkompetenz, Befangenheit von Gemeinderäten, Kommunale Verfassungsstreitigkeit, gemeindliche Geschäftsordnung und vieles mehr, werden in gewohnt fallspezifischer Art dargestellt und erklärt.

Bislang für folgende Länder*
Bayern, NRW

* Weitere Skripten in Vorbereitung

EXAMENSTYPISCH · ANSPRUCHSVOLL · UMFASSEND

Classics Fallsammlungen

Neues Lernen mit der Hemmer-Methode

hemmer! Die Skripten

Die Classics-Skripten fassen die examenstypischen Entscheidungen der Obergerichte zusammen. Wir nehmen Ihnen die Auswahl und die Aufbereitung der Urteile ab. Leicht ablesbar und immer auf den "sound" bedacht, machen Originalentscheidungen plötzlich Spaß. Die Fallsammlungen sind die Musterklausuren für die Scheine und das Examen. Was kommt immer wieder dran? Aufbau und Sprache werden inzident mitgeschult. Mit den Musterklausuren sind Sie fit für die Prüfung!

Classics

nur DM 19,90

Rechtskultur und Verständnis des Gesetzes werden in weiten Teilen von der Rechtsprechung geprägt. Die wegweisenden Entscheidungen müssen Student, Referendar und Anwalt bekannt sein. Auf leicht erfaßbare, knappe, präzise Darstellung wird Wert gelegt. Die Hemmer-Methode sichert den für Klausur und Hausarbeit notwendigen "background" ab.

Fallsammlungen

nur DM 19,90

"Exempla docent – beispielhaft lernen". Für kleine/große Scheine und das Examen gilt: Wer den Hafen nicht kennt, für den ist kein Wind günstig. Profitieren Sie von unserer langjährigen Erfahrungen als Repetitoren. Musterklausuren, kommentiert durch die Hemmer-Methode, vermitteln technisches know how, nämlich wie man eine Klausur schreibt, und inhaltliche Beschreibung, was überhaupt als Prüfungsthema typisch ist.

Classics · Fallsammlungen

EXAMENSTYPISCH · ANSPRUCHSVOLL · UMFASSEND

Neues Lernen mit der Hemmer-Methode

Assessor-Basics

Die neue Reihe mit der Hemmer-Methode

Ergänzend zur großen Skriptenreihe nun auch unsere Assessor-Basics: Die Gebrauchsanweisung für das Assessorexamen! Als Einstieg in die Referendarzeit oder zur kompakten Wiederholung der wichtigsten Probleme. Klausurtechnik und -taktik dargestellt am "Großen Fall".

Klausuren-Training Zivilprozeß — nur DM 24,90

Drittwiderklage · "Baumbach'sche Formel" · Versäumnisurteil · Klagerücknahme nach VU · Einseitige Erledigungserklärung · Streitverkündung · Parteiwechsel · gewillkürte Prozeßstandschaft · einverständliche Teilerledigung · unselbständige Anschlußberufung · einstweilige Verfügung · Vollstreckungsabwehrklage · Vollstreckungsbescheid und und und …

Das Hilfsmittel zur erfolgreichen Bewältigung der Referendarstation!

Klausuren-Training Arbeitsrecht — nur DM 24,90

Streitgegenstandstheorie · verhaltensbedingte Kündigung · betriebsbedingte Kündigung · personenbedingte Kündigung · Änderungskündigung · befristeter Arbeitsvertrag · Aufhebungsvertrag · Weiterbeschäftigungsanspruch · Gläubigerverzug · EntgeltFG · innerbetrieblicher Schadensausgleich · Karenzentschädigungen gemäß §§ 74 ff. HGB.

Klausurtypische Darstellung der wichtigsten arbeitsrechtlichen Problemstellungen!

Klausuren-Training Strafprozeß — nur DM 24,90

Abschlußverfügungen · Plädoyer des Staatsanwalts · Strafurteil · Revisionsrecht (Gutachten und Revisionsbegründung).

Eine Zusammenfassung der wichtigsten Probleme des Strafprozeßrechts unter besonderer Berücksichtigung typischer Verknüpfungen mit dem materiellen Strafrecht.

EXAMENSTYPISCH · ANSPRUCHSVOLL · UMFASSEND

Juristisches Repetitorium
hemmer

gegründet 1976 in Würzburg

hemmer! Die Skripten

Profitieren Sie
von unserer sog. „Integrierten Lösung"!

12
Skripten
Ihrer Wahl
kostenfrei

In folgenden Städten erhalten Sie mit Beginn des Haupkurses 12 Skripten kostenfrei:

- Würzburg
- Passau
- Konstanz
- Tübingen
- Gießen
- Dresden
- Leipzig
- Rostock
- Erlangen
- Augsburg
- Mainz
- Münster
- Potsdam
- Marburg
- Saarbrücken
- Greifswald
- Regensburg
- Frankfurt/M.
- Berlin
- Hamburg
- Hannover
- Trier
- Bremen
- Frankfurt/O.
- München
- Bochum
- Göttingen
- Osnabrück
- Kiel
- Jena
- Halle
- Bielefeld
- Köln
- Bonn

Unsere Empfehlung:

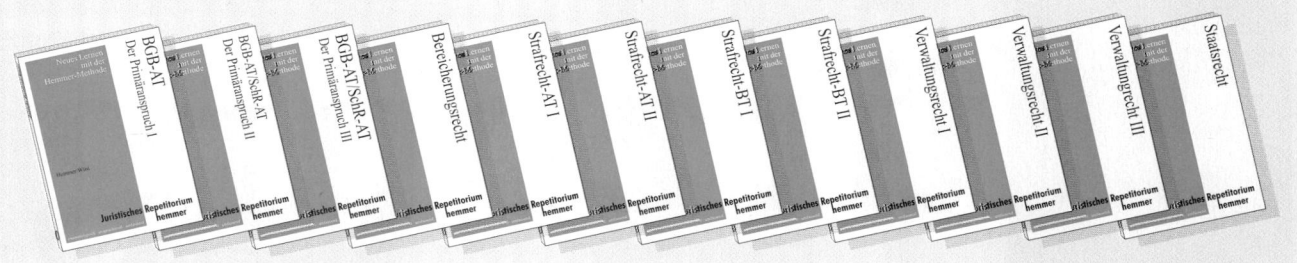

BGB-AT Der Primäranspruch I | BGB-AT/SchR-AT Der Primäranspruch II | BGB-AT/SchR-AT Der Primäranspruch III | Bereicherungsrecht | Strafrecht-AT I | Strafrecht-AT II | Strafrecht-BT I | Strafrecht-BT II | Verwaltungsrecht I | Verwaltungsrecht II | Verwaltungsrecht III | Staatsrecht

Die „Integrierte Lösung"

EXAMENSTYPISCH · ANSPRUCHSVOLL · UMFASSEND

20 Jahre

Spitzenergebnisse

sind

richtungsweisender

Maßstab

in Würzburg seit '91 bis Dez. '97

6x „sehr gut"
50x „gut"

Seit 1980 in 32 Terminen bis 1996
von zehn mit „sehr gut"
9 von uns!
Januar 1997: Der Beste 14,79

Juristisches Repetitorium hemmer in Würzburg

gegründet 1976

hemmer! Das Repetitorium

20 Jahre hemmer

hemmer

Qualität

§ by hemmer

aus Würzburg

für ganz Deutschland

Die Ergebnisse der Würzburger Zentrale und die Mitarbeiterstruktur sind Garant für die gleichbleibend hohe Qualität des Juristischen Repetitoriums und der hemmer-Skripten.

In den 6 Terminen (Ergebnisse) 1995/96/97 erreichten in der Zentrale unsere Kursteilnehmer 5x Platz 1 – alle spätere Mitarbeiter – und mehrfach Platzziffer 2! Ergebnis Januar 1995 die sechs Besten – alle Freischützen – Schnitt 13,39.

Zusammenfassung 1991–1997:

15,08 · 14,3* · 14,08 (alle 3 Landesbeste ihres Termins) · 14,08* (Bester des Termins in Würzburg 96 I) 14,04* (Bester des Termins 94 II) · 13,87 · 13,8* 13,7 (Siebt-Semester, Bester des Termins in Würzburg 95 II) · 13,7 (Siebt-Semester) · 13,66* (Bester des Termins 97 I, 7. Semester) · 13,6* · 13,54* 13,41* · 13,3* (Bester des Termins 95 I in Würzburg) 13,3* (Beste des Termins 93 I in Würzburg) 13,29* · 13,02* (Bester des Termins 95 I in Würzburg) · 13,0 · 13,0 · 12,91* · 12,87* (Siebt-Semesterin) · 12,8* · 12,75* · 12,62 · 12,6 · 12,6 12,58* · 12,58* · 12,54* · 12,5* · 12,5* · 12,37 (Siebt-Semester) · 12,3* · 12,2 · 12,2 · 12,2* · 12,2* 12,08 · 12,18* · 12,12 · 12,08* · 12,0 · 12,0* · 12,0* 12,0* · 12,0* · 11,8 · 11,8 · 11,75* · 11,75* · 11,58* 11,5 …

* hemmer-Mitarbeiter bzw. ehemalige hemmer-Mitarbeiter

… der Erfolg gibt uns Recht

hemmer – die Zeitschrift ...

Life & LAW

... warum erst jetzt?

„kairos" (griech.) – Der rechte Zeitpunkt, das richtige Team! Nach jahrelanger Erfahrung (Repetitorium in Würzburg seit 1976) in der Examensausbildung, wissen wir, was für das Examen wichtig ist. Und wie es optimal aufbereitet wird. Repetitorium, Skriptenreihe und die neue Zeitschrift sind aufeinander abgestimmt. Die Zeitschrift, die ideale Ergänzung zu unserem Programm, ermöglicht dem Leser, aktuelle Rechtsprechung *hemmer*-typisch zu interpretieren.

... warum überhaupt?

Bestehende Ausbildungszeitschriften werden dem Examen nicht gerecht und gehen damit größtenteils an den Bedürfnissen der Leser vorbei. Häufig steht bei Aufsätzen und Rezensionen die eigene Karriere und nicht die des Lesers im Vordergrund.

Außerdem fehlt die Einbindung der Einzelentscheidung in die Gesamtdogmatik. Vielfach wird die Entscheidung nur eingescannt und ist so für Sie unbrauchbar. Wer sich stundenlang durch umfangreiche Sachverhalte und BGH-Sätze gequält hat, weiß worüber wir reden. Die Rechtsprechung hat das Gesetz und „billige" Lösung im Auge, nicht das Examen. Außerdem gilt für die Rechtsprechung anders als für den Ersteller einer Examensklausur: „Probleme wegschaffen, nicht schaffen. Der BGH kann es sich auf Grund seiner Machtposition leisten, sich über Literatur und manchmal auch über das Gesetz hinwegzusetzen. Gefährlich kann es für den Examenskandidaten werden, wenn er sich unreflektiert dem BGH anschließt.

Die Zeitschrift schult Ihre Aufmerksamkeit so, daß Sie zweckrational im Hinblick auf das Examen mit der Rechtsprechung umgehen. Sie verstehen, wie diese Rechtsprechung in das examenstypische Spiel eingebaut wird. Der konkrete sprachliche Gebrauchszusammenhang wird erklärt. Die Rechtsprechung wird für Ihr Examen übersetzt, wir filtern heraus, was für Sie wichtig ist. Arbeit wird abgenommen, Lesen wird effizient, das Gelesene leichter abrufbar.

... warum hemmer?

Examenstypischer Sprachgebrauch ist einzuüben. Lernen Sie mit unseren Spitzenjuristen (10 Juristen mit der Examensnote „sehr gut", viele mit „gut"). Wir sind weder Richter noch Professoren. Als Repetitoren ist es unsere alleinige Aufgabe, Sie gut durchs Examen zu bringen. Dementsprechend unterscheiden wir Examenswichtiges von Unnützem, setzen die Schwerpunkte für Ihr Examen richtig. Wir setzen richtungsweisende Maßstäbe auch mit der Zeitschrift.

... warum so?

Die Entscheidung ist optisch modern aufbereitet. Leichte Lesbarkeit, gut erfaßbare Zwischenüberschriften und klare Gliederung sorgen für den schnellen Überblick:

- **schnell** der Überblick
- **knapp** der Leitsatz
- Der Sachverhalt ist auf das **Wesentliche** gekürzt
- **präzise** die Entscheidungsgründe
- **examenstypisch** die Aufbereitung
- **informativ** der background

hemmer/wüst
Verlagsgesellschaft

hemmer/wüst Verlagsgesellschaft mbH
Mergentheimer Str. 44 · 97082 Würzburg
Tel.: 0931/78 31 60 · Fax: 0931/78 15 35

Skripten Bestellformular

hemmer! Die Skripten

Anz.	Titel		Anz.	Titel
	BGB für Einsteiger · mini-basics (neu)	nur DM 14,80		StPO
	Basics Zivilrecht · 2. Aufl.	je DM 19,90		Kriminologie, Jugendstrafrecht und Strafvollzug (neu)
	Basics Strafrecht · 2. Aufl.			Verwaltungsrecht I · 2. Aufl.*
	Basics Öffentliches Recht · 3. Aufl.			Verwaltungsrecht II · 2. Aufl.*
	BGB-AT · Der Primäranspruch I · 2. Aufl.*			Verwaltungsrecht III · 2. Aufl.*
	BGB-AT/SchR-AT · Der Primäranspruch II · 2. Aufl.*			Steuererklärung leicht gemacht
	BGB-AT/SchR-AT · Der Primäranspruch III · 2. Aufl.*			Staatsrecht I · 2. Aufl.*
	Schadenersatzrecht I*			Staatsrecht II · 2. Aufl.*
	Schadenersatzrecht II*			Europarecht · 2. Aufl.
	Schadenersatzrecht III · 2. Aufl.*			Völkerrecht
	Schuldrecht-BT I (ab Mai 1998) (neu)			Baurecht/Bayern
	Schuldrecht-BT II (ab Mai 1998) (neu)			Baurecht/NRW
	Gewährleistungsrecht*			Baurecht/RhPfz
	Bereicherungsrecht*			Baurecht/Saarland
	Deliktsrecht I*			Baurecht/Sachsen-Anhalt
	Deliktsrecht II*			Baurecht/Thüringen
	Sachenrecht I · 2. Aufl.*			Polizeirecht/Bayern · 2. Aufl.
	Sachenrecht II · 2. Aufl.*			Polizeirecht/Thüringen
	Sachenrecht III			Kommunalrecht/Bayern
	Kreditsicherungsrecht*			Kommunalrecht/NRW
	Erbrecht*			BGH-Classics Zivilrecht
	Familienrecht*			BGH-Classics Strafrecht
	Zivilprozeßrecht I*			Classics Ö-Recht (neu)
	Zivilprozeßrecht II*			Basics Zivilrecht · Musterklausuren für die Scheine (neu)
	Handelsrecht*			Basics Strafrecht · Musterklausuren für die Scheine (neu)
	Gesellschaftsrecht*			Basics Öffentliches Recht · Musterklausuren f. d. Scheine (neu)
	Arbeitsrecht · 3. Aufl.			Musterklausuren für's Examen · Zivilrecht (neu)
	Herausgabeansprüche			Musterklausuren für's Examen · Strafrecht (neu)
	Rückgriffsansprüche			
	Internationales Privatrecht			Superpaket (28 Stück · alle Skripten mit *) 444,-
	Privatrecht für BWL'er, WiWis & Steuerberater (neu)		**Assessorbasics:**	je DM 24,90
	Strafrecht-AT I*			Klausurentraining Zivilprozeß · 2. Aufl.
	Strafrecht-AT II*			Klausurentraining Arbeitsrecht · 2. Aufl.
	Strafrecht-BT I*			Klausurentraining Strafprozeß · 2. Aufl.
	Strafrecht-BT II*			

Gesamtsumme (bitte eintragen):
zzgl. Versandkostenanteil: + 6,40 DM
Endsumme (bitte eintragen):

Ich weiß, daß meine Bestellung nur erledigt wird, wenn ich einen Verrechnungsscheck in Höhe meiner Bestellungs-Gesamtsumme zzgl. des Versandkostenanteils beilege oder zum Einzug ermächtige. Bestellungen auf Rechnung können leider nicht erledigt werden. Bei fehlerhaften Angaben wird eine Unkostenpauschale in Höhe von 30 DM fällig. Die Lieferung erfolgt unter Eigentumsvorbehalt.

Bitte alle Angaben deutlich in Druckschrift angeben!

Vorname, Name

Straße, Nr.

PLZ, Ort

Telefon, ggf. Kunden-Nr.

Buchen Sie die Endsumme von meinem Konto ab:

Kreditinstitut

BLZ, Konto-Nr.

Datum, Unterschrift

Bestellformular

Unsere Philosophy-Principles

Was den Erfolg der hemmer-Methode ausmacht

Es besteht eine allgemeine Übereinkunft: Juristische Methode kann nicht in derselben Weise erlernt werden wie Algebra; anders ausgedrückt: Es gibt in der Juristerei kein vollständiges System von Regeln, bei deren Befolgung man notwendigerweise zum richtigen Ergebnis gelangt.

kein schematisches Lernen

Von daher ist das zu schematische Lernen eine falsche, der Rechtsanwendung nicht entsprechende Lernmethode. Es besteht bei diesem, als träges Wissen bezeichnetem Lernen die Gefahr, daß abstrakte, anwendungsunspezifische Inhalte den Lernstoff bestimmen. Der Stoff wird dann in systematisch geordneter Weise dargestellt, das im Stoff enthaltene Wissen kann jedoch gerade für die in Frage stehenden Probleme nicht verwandt werden. Die unnatürlich klare Problemstellung läßt keine Fragen offen.

Assoziatives Lernen heißt: Problem erkannt, Gefahr gebannt

Die im Examen zu lösende Fallfrage ist in der Regel viel komplexer und nicht wohldefiniert. Im Gegenteil, man muß zunächst überhaupt erst einmal erkennen, daß ein Problem vorliegt. Fehlt das Gespür für das Aufstöbern des Problems, nützt dann auch das zum Problemfeld vorhandene Wissen nichts. Dieses entsprechende „feeling" für die Juristerei ist mit unserer Assoziationsmethode erlernbar.

Neben dem Fehlen von Problembewußtsein besteht ein weiteres Defizit des herkömmlichen Lernens in der Zersplitterung der Lerninhalte. Durch die künstliche Trennung von z.B. BGB-AT und Bereicherungsrecht wird der Anschein erweckt, die Inhalte hätten wenig miteinander zu tun. Schon bei den Scheinen, spätestens aber im Examen zeigt sich der Irrtum. So hat gerade der fehlgeschlagene Vertrag seine Bedeutung im Bereicherungsrecht; Minderjährigenprobleme stellen sich besonders hier (z.B. Entreicherung und verschärfte Haftung). Auch im Öffentlichen

Über das schematische Lernen

Man kann sich irren, aber es lohnt sich nicht, sich selbst zu betrügen!

Das sogenannte *schematische Lernen* suggeriert eine Einfachheit, die weder der Komplexität des Lebens noch der des Examens gerecht wird. Schematisches Lernen verführt dazu, der eigentlich im Examen gestellten Aufgabe auszuweichen. Das schematische Lernen führt zwar zu einem *kurzfristigen* Erfolgserlebnis, löst aber nicht die gestellte Aufgabe. Unterscheiden Sie zwischen kurzfristigem und langfristigem Gewinn. Es geht – anders als teilweise in der Schule – *nicht mehr* darum, sich mit dem geringsten Widerstand durchzumogeln. Sie leben in einer Konkurrenzgesellschaft. Schöpfen Sie Ihre eigenen Ressourcen aus. Lernen Sie, spielerisch mit dem Examensfall umzugehen. Gefragt sind nämlich *eigene Verantwortung, richtiges Gewichten* und *Sich-Entscheiden-können*. Textverständnis für den Examensfall kann *nur so* entstehen und vertieft werden.

Recht und Strafrecht ist das Auseinanderhalten von AT und BT künstlich und entspricht nicht der Examensrealität. Durch die schematische Trennung besteht die Gefahr, daß das Wissen in verschiedenen Gedächtnisabteilungen abgespeichert wird, die nicht miteinander in Verbindung gebracht werden.

Diesem Gesichtspunkt trägt die HEMMER-METHODE Rechnung: Wissen wird von Anfang an unter Anwendungsgesichtspunkten erworben – das gilt sowohl für unsere Skripten als auch im verstärkten Maß für den Hauptkurs. Damit wird die Kompetenz der Wissensanwendung gefördert. Gezielte Tips, wie Sie sich Zeit und Arbeit ersparen, begleiten Sie schon ab dem ersten Semester. Wir setzen unsere Ausbildung dann in unserem Examenskurs fort, indem wir auf anspruchsvollem Niveau Examenstypik umfassend einüben.

Anders als im wirklichen Leben gilt für Klausuren und Hausarbeiten:

„Probleme schaffen, nicht wegschaffen".

Mit der von uns betriebenen Assoziationsmethode lernen Sie, richtig, nämlich problemorientiert, an den Examensfall heranzugehen. Sie lernen damit, „wie" Sie an einen Examensfall herangehen und „was" das nötige Rüstzeug ist. Mit Beendigung unseres Kurses ist in der Regel das entsprechende „feeling" für Examensfälle erlernt!

Die ersten beiden Stunden in der Klausur sind entscheidend: Diese üben wir mit Ihnen in unserem Kurs immer wieder ein. Wir lassen Sie bei dem oft mühevollen Schritt vom bloß abstrakten Wissen zur konkreten Examensanwendung nicht allein. Das häufig gehörte Argument, man müsse erst 200 Klausuren schreiben, – für Freischüßler ohnehin kaum praktikabel – wird überflüssig, wenn man unter Anleitung examenstypisch trainiert.

Training unter professioneller Anleitung

Erst das ständige Training unter professioneller Anleitung führt zur Sicherheit im Examen. In den Examensfällen geht es auch häufig nicht um ein

EXAMENSTYPISCH · ANSPRUCHSVOLL · UMFASSEND